U0522833

普列汉诺夫文集
第 5 卷

跨进二十世纪的时候
——旧《火星报》论文集

王荫庭 高敬增 等译

王荫庭 校

中译本序言

在评述这本《旧〈火星报〉论文集》之前，我想谈谈对普列汉诺夫的一个总评价问题。尽管我国改革开放以来，对这个问题从许多方面进行了拨乱反正，人们的观念因而发生了根本的转变，但仍有些地方需要继续澄清，其中之一就与本书直接有关。

普列汉诺夫这个名字，中国人并不陌生，特别是上了岁数的人。早在20世纪二三十年代，他的几乎全部最重要的哲学和美学著作都有了中译本。一些先进的中国人如鲁迅、瞿秋白、博古等都翻译过他的作品，介绍过他的生平和哲学美学思想。新中国成立以后，普列汉诺夫著作更是得到大量翻译出版。迄今为止，这些著作的译文共约600万字，其字数在所有中译的外国哲学家著作中仅次于马克思、恩格斯和列宁，甚至超过了黑格尔。不过一般人对普列汉诺夫的了解主要还是来自《联共（布）党史简明教程》（以下简称《联共党史》）。该书除了在许多相应的地方批判他的错误的政治立场和策略思想外，还有一节文字专门介绍"普列汉诺夫及其劳动解放社"。20世纪四十年代以来的20多年间，这本《联共党史》一直被列为十几种"干部必读"的"经典著作"之一。新中国成立以后不久，该书又获得"马克思主义百科全书"的"荣名"，并作为"马列主义基础"，成了当年我国所有高校学生必修的政治理论课程。随后,1957年,三联书店翻译出版了苏联学者福米娜的专著《普列汉诺夫的哲学观点》。如果说那时一般中国人对普列汉诺夫的了解大都来自《联共党史》的话,那么五六十年代我国许多普列汉诺夫研究者主要是在这本专著影响下形成自己的观点的。尽管福米娜对三四十年代苏联学术界过低评价普列汉诺夫的功绩表示了不满,但总的说来其思想体系依然是三四十年代那一套传统的陈词滥调,它们在一系列重大问题上根本背离了历史真实,也违反了列宁对普列汉诺夫种种著名的经典式的正确评价。造成这种现象的原因可以列举许多,其中最根本最有决定意义的恐怕还是政治的,其表现之一就在于把普列汉诺夫1903年以后犯的严重政治错误,跟他的哲学、美学、历史、经济等学术思想的演化混为一谈,明显地夸大了他后期理论著作中个别失误和不足,特别是贬抑了他在斯托雷平反动时期俄国先进阶级进行哲学整顿中所起的伟大作用,从而否定了列宁关于普列汉诺夫的"全部哲学著作"(包括1903—1917年的著作在内)都是"整个国际马克思主义文献中的优秀作品","应当列为必读的共产主义教科书"[①]的明确指示,否定了列宁关于普列汉诺夫在孟什维主义时期采取的是"特殊的立场",即在1904—1914年这十年期间作为"孟什维克—马克思主义者"[②]"理论上的激进主义,实践上的机会主义"的著名观点。[③]

随着我国改革开放的深入发展,自八十年代开始,思想获得解

[①] 《列宁选集》(中文第3版),第4卷,第419—420页。
[②] 《列宁全集》(中文第2版),第25卷,第141页。
[③] 同上书,第26卷,第107页。

放的人们，通过仔细认真地重新阅读和思考普列汉诺夫和列宁的著作，在一系列问题上纠正了长期流传的错误观点，对其中某些重要问题进行了广泛的讨论，提出了种种不同的新见解，大大地促进了对普列汉诺夫的科学研究，甚至可以说开创了我国普列汉诺夫研究的一个新时期。但毋庸讳言的是，迄今为止，这种研究仍然存在着不少缺失和不足。比如我们一直没有明确认识到列宁对普列汉诺夫一生的历史地位和学术功绩曾经有两条基本的纲领性的评价。一条说，他是杰出的马克思主义哲学家，"不研究他所写的全部哲学著作就不能成为一个有觉悟的真正的共产主义者"。另一条说，他是俄罗斯民族的文化巨人，是和车尔尼雪夫斯基齐名的"大俄罗斯"进步"民族文化"的卓越"代表"①。

70多年来，这两条评论在文献中倒是经常为人们所引证，但至今人们仅仅对前一条真正进行过深入研究和系统阐发，而且在相当长时期内一直是在错误的、片面的、背离列宁正确思想的基础上进行研究和阐发的。对于后一条评论，俄罗斯和苏联的学者几乎没有做过任何一次全面探讨的尝试，以致连许多专门研究普列汉诺夫著作的专家对这一评论也显得几乎印象淡漠。这种情况甚至发生在苏联大俄罗斯民族沙文主义泛滥成灾的时期。这是一种十分有趣然而令人遗憾但也值得深思的文化现象。

不过这种现象的产生确实有其客观原因。普列汉诺夫不但是世界著名的马克思主义哲学家，同时还是卓有成就的美学家、文艺评论家、历史学家、思想史家、经济学家、伦理学家、宗教学家、散文

---

① 《列宁全集》(中文第2版)，第24卷，第134页。

家、翻译家、政论家、策略家、国际工人运动著名领袖等。在他已经发表的一千几百万字的著作中,笔锋所至几乎涉及当时人类知识的一切领域。要从俄罗斯民族文化发展的角度正确审视他的历史地位和学术功绩,评论者本人如果没有相当广博的知识是难以胜任的。光凭这一点就在很大程度上说明为什么半个多世纪以来研究普列汉诺夫的哲学思想或经济思想等等的著作层出不穷,而全面论述他怎样是或何以是大俄罗斯民族文化杰出代表的著作却一本或一篇也没有。这里再一次证明:民族文化的真正繁荣昌盛必须有宽松自由的精神氛围。

与这本论文集直接相关的是:能不能说普列汉诺夫是一个政论家、策略家,而且一度是杰出的马克思主义政论家和策略家? 就我所看到的有限的中、俄文材料而言,似乎还没有一个研究普列汉诺夫思想的人曾经称呼或承认他是一个政论家、策略家,更谈不上是杰出的马克思主义的政论家、策略家了。

什么是"家"? 家者,掌握某种专门学识或从事某种专门活动的人之谓也。

普列汉诺夫究竟写了多少政论著作? 我们大致地来算一笔账。

迄今为止他的已经译成中文的纯粹的政论共有三本(不算单篇的),即:《普列汉诺夫机会主义文选》(上下册);《论战争》;《在祖国的一年》。普列汉诺夫后期这些反面政论总合起来约有110多万字。这个数字不包括他这个时期就俄国国内和国际上发生的种种政治事件所发表的大量观点正确、作用良好的政论(约10多万字),特别是为反对取消派所写的、受到列宁高度评价的政论(约30—40万字)。如果再加上他在革命民粹主义时期的政论(约10

万字)和劳动解放社时期(包括旧《火星报》时期)的政论(约40—50万字),他一生的全部政论当在200万字以上。这个数字仅指"纯粹政论"而言,不包括不纯粹的政论。比如拿已有中译本的普列汉诺夫著作来说。《工团主义与社会主义》一书集录作者1905年和1907—1908年写的6篇文章。1910年普列汉诺夫把这些文章收进自编文集《从防卫到进攻》时曾给它们冠以"政论"的标题。尽管如此,这些文章毕竟不是纯粹的政论,其中有相当大的篇幅是讲历史观和经济学问题的。同样,《我们的意见分歧》一书也是如此。而《社会主义与政治斗争》则既是政论又是历史哲学著作,《无政府主义和社会主义》既是政论又是关于无政府主义思想演化的历史文献[①]。

对于普列汉诺夫是不是政论家和策略家这个问题,普列汉诺夫本人和列宁又是怎样看的呢?据笔者记忆,普列汉诺夫唯一自称为"家"的,似乎就是"政论家"。1907—1908年他写了好几篇"政论家短评"。1910年他写的一篇评托尔斯泰的文章,题目就是《"如此而已"——一个政论家的札记》。列宁则多次公开称呼他为"策略家"。比如他写道:"作为俄国资产阶级革命中俄国社会民主党的政治领袖,作为一个策略家,普列汉诺夫却不值一评。"[②]

普列汉诺夫19岁参加革命,到1918年5月去世时为止,一生40年活动期间从未间断过分析俄国革命政党策略问题的政论写作。

所以,无论就掌握某种专门知识还是就从事专门活动而言,他

[①] 《列宁全集》(中文第2版),第31卷,第99页。
[②] 同上书,第14卷,第225页。

都当之无愧地可以百分之百地称为政论家、策略家。关键在于我们对待普列汉诺夫的政论，绝不能像戚本禹当年评李秀成时那样，采取"晚节不终，一笔抹煞"的态度。因为这个臭名昭著的观点是跟马克思、列宁的历史主义原则格格不入的。要知道，普列汉诺夫全部政论中至少有一半是推动历史前进的革命著作，而且这些著作的绝大部分都是或基本上是杰出的马克思主义文献。

本书就是作者全部政论中最革命最优秀的作品，是他政治上最光辉的时期，即在与列宁并肩战斗、共同编辑《火星报》和《曙光》杂志的三年中发表在旧《火星报》上的论文结集。

所谓旧《火星报》是相对于新《火星报》而言的。19世纪末，俄国各地以及西欧俄国侨民中间存在着许多分散的社会民主主义小组。为了把它们联合起来，形成一个统一的、用马克思主义思想武装起来的俄国社会民主工党，当务之急就是出版秘密的马克思主义报纸，作为集体的宣传者、鼓动者和组织者。在普列汉诺夫为首的劳动解放社的支持、合作和共同编辑下，列宁创办了全俄第一张这样的报纸——《火星报》。从1900年12月到1903年10月共出51号。由于《火星报》的出版发行和《火星报》派的积极活动，1903年7—8月，俄国社会民主工党召开了第二次代表大会，终于重建了企盼已久的新型马克思主义政党，通过了党纲、党章，选举了中央委员会，并决定由普列汉诺夫、列宁、马尔托夫三人为编委的《火星报》为中央机关报。但在讨论党章时会议分裂为两派，即以列宁为首的马克思主义多数派和以马尔托夫为首的机会主义少数派。"多数派"一词的俄文音译是"布尔什维克"，"少数派"的音译则为"孟什维克"。在整个大会期间，普列汉诺夫都坚定地支持了列宁

中译本序言　vii

的立场。大会结束后,孟什维克开始了夺取中央机关报的疯狂活动。起初普列汉诺夫采取调和退让的态度,但很快自己就倒向孟什维克一边。1903年11月,列宁不得不宣布正式退出《火星报》编辑部。这样,从第52号起《火星报》就变成了机会主义的孟什维克派的喉舌。史称51号以前为旧《火星报》,其后为新《火星报》。

对于普列汉诺夫在旧《火星报》时期的活动,列宁多次给予了高度的评价。1900年9月,当列宁和普列汉诺夫就创办《火星报》进行艰难谈判刚刚结束时(关于这次谈判的详细经过,见第4卷,第293—311页),列宁在一封信中写道:"我们是一个独立的著作家小组。我们要保持独立。我们并不认为,没有像普列汉诺夫和'劳动解放社'这样的力量,工作可以进行,但是谁也无权由此得出结论说,我们会失去一点独立性。我们现在可以告诉那些希望首先知道我们对'劳动解放社'的态度的人的就是这些话。"①因为当时包括列宁在内的"千万个年轻的俄国社会民主党人,为艰巨的实际工作贡献出了全部力量,'劳动解放社'则为运动提供了所必需的渊博的理论知识、广阔的政治眼界、丰富的革命经验。"②1903年9月,列宁曾经强调指出:从《火星报》创刊到第二次党代会召开,共出刊45号,这"45号《火星报》没有一号不是马尔托夫或列宁编的(从编辑技术工作上来说)。除了普列汉诺夫,谁也没有提出过一个重大的理论问题。"(第7卷,第10页)所有这些都说明,为什

---

①　《列宁全集》(中文第2版),第44卷,第44页。
②　同上书,第5卷,第332页。

么列宁当时会"完全愿意接受"普列汉诺夫在俄国社会民主主义运动中的"思想领导"①。

我们知道,列宁一直充分肯定普列汉诺夫在劳动解放社时期(1883—1903年)的伟大历史功勋,包括他在旧《火星报》上发表的政论,多次称他是俄国社会民主党的创立者和领袖。1914年他写道:"普列汉诺夫个人的功绩在过去是很大的。在1883—1903年的20年间,他写了很多卓越的著作,特别是反对机会主义者、马赫主义者和民粹主义者的著作"。② 俄国社会民主党内第一个机会主义思潮就是经济主义。"反对经济派的起先只有普列汉诺夫和整个'劳动解放社'……后来是《火星报》(从1900年到1903年8月……)"。③ 而且,经济主义和司徒卢威主义这两个机会主义之间的联系,"当时不论是普列汉诺夫还是阿克雪里罗得或是全体旧火星派分子,都不止一次地作过说明。"④

跟列宁的这种充分肯定的评价相反,《联共党史》作者们对此采取的却是不屑一顾的虚无主义态度。正是这个态度导致了后来苏联学术界长期不承认普列汉诺夫曾经是一个杰出的马克思主义政论家。

现在我们简要地介绍一下本书的主要内容。

这本主要讨论策略问题的政论集,收录了普列汉诺夫在旧《火星报》上发表的文章26篇,以及1903年7—8月他在俄国社会民

---

① 《列宁全集》(中文第2版),第4卷,第301页。
② 同上书,第25卷,第294页。
③ 同上书,第25卷,第103页。
④ 同上书,第15卷,第254页。

主工党第二次代表大会上的讲话。

何谓策略？普列汉诺夫指出，策略一词是政治活动家从战争艺术理论家那里借用来的。战争艺术在于使统帅拥有的手段适合于他所追求的目的。策略一词的本义是调动部队作战并在会战时指挥部队的艺术。这个概念较之同政治策略一词相联系的那个概念要狭窄得多。政治活动家常常把军事理论家称之为战略的东西叫作策略。所以，除了作为战术策略的狭义策略以外，还有包括战术策略和战略策略在内的广义策略。

什么是正确的策略、好的策略呢？普列汉诺夫认为，对于无产阶级革命政党——俄国社会民主党说来，一切正确的、好的策略必须遵循以下两条原则：第一，有利于而不是有害于无产阶级实现社会革命这一宏伟事业的胜利，而在当时俄国尚不具备直接进行这种革命的条件下，则是促进而不是妨碍无产阶级政治觉悟和组织水平的提高，从而为即将到来的社会革命作好准备；第二，在马克思唯物史观学说的指导下，辩证地全面考察特定国家现实的社会关系，分析阶级力量对比，力图预见社会客观过程的方向，并据以制定自己的行动计划，然后坚定不移地实行之。

普列汉诺夫为当时俄国社会民主党制定的战略（或曰策略基础），其要点是：

（一）即将来临的俄国革命还不是社会主义革命，而是资产阶级民主革命。革命的目的不是消灭资本主义，而是推翻沙皇专制制度，为俄国人民争取政治自由和民主权利，从而扫清阻碍资本主义经济顺利发展的道路。

（二）在这场革命中，革命的主要动力不是资产阶级，而是社会民主党领导下的广大无产阶级,因为现代社会中,只有这个阶级才是唯一彻底革命的阶级。不过,和西欧的无产阶级不同,俄国无产阶级当前的任务不在于阻止资本主义的发展,而在于利用这一发展来促进社会革命,不在于立即夺取政权,而在于争得自由民主,在于提高自己的阶级觉悟和组织水平,第一步则是组成统一的战斗的以马克思主义为行动指南的革命工人政党。

(三)在这场革命中,革命的对象也不是资产阶级,而是沙皇专制制度,因为它不仅是俄国中世纪封建宗法制度残余势力的最大代表,而且是欧洲反动势力的最后堡垒。

(四)在这场革命中,俄国资产阶级具有两重性。就其反对君主专制、反对中世纪土地占有制度、要求自由民主而言,它是革命的,这时社会民主党应当支持它,为此无产阶级思想家有必要和有可能走进"上层"阶级,同他们保持牢固的联系,因为在那里暂时还存在着很大数量的能够为社会民主党服务的手段和力量;就其阶级利益同工人阶级的利益相对立而言,它是反动的,这时社会民主党一分钟也不要停止揭露它的狭隘和自私,因为这个阶级为了维护其阶级利益,必然同沙皇政府勾结起来,出卖工人阶级,必然千方百计地模糊无产阶级阶级利益同资产阶级阶级利益相对立的意识,而这种意识乃是无产阶级成为独立的强大的政治力量的根本保证。

(五)在这场革命中,俄国农民也具有两重性。严格说来,农民不是阶级,而是阶层,它包括按其经济地位极不相同的分子。有完全靠出卖劳动力为生的农村雇工;有劳动农民,也就是拥有一定数量的生产资料、不购买他人劳动力,或者有时甚至还不得不出卖自己部分劳动力以维持生计的农村小生产者；还有小业主农民，即中等殷实农户，他们主要靠自己双手劳动过活，但不放过可以靠自己邻人劳动过活的机会。农村雇工按其经济地位、而不是按其有时还很落后的意识，属于无产者。所谓农民的两重性，指的是劳动农民和小业主农民，主要指劳动农民。就他们是小私有者，力求维护自己的私有者地位而言，他们不主张社会革命，而倾向于社会改革，所以他们不会成为革命者，而是成为保守分子，甚至反动分子，企图使历史车轮倒退。他们只有在对捍卫或恢复自己的经济独立的可能性感到绝望而转到无产者立场上来，并力求不再维护小生产资料所有制和取消私人对生产资料的侵占时，才会成为革命者。然而由于俄国特殊的历史条件，这些劳动农民和小业主农民作为受压迫受侮辱的等级，他们的根本利益在于推翻俄国分等级的国家制度，他们同旧的封建领地的贵族进行着殊死的斗争。因此现在农民是作为革命力量出现的。社会民主党应当在一定条件下把他们吸引到自己方面来，同时一刻也不放弃自己的阶级观点。当然，农民的两重性与资产阶级的两重性有根本性质的不同。资产阶级是剥削者，而绝大多数农民则是被剥削者。

收入本书的这些论文的作者，正是根据上述原则和基本策略思想，针对当时俄国发生的一些重大政治事件（如罗斯托夫罢工；俄国内政部长西皮亚金被社会革命党人暗杀；沙皇政府逮捕、毒打、审判参加示威和罢工的工人；基什尼奥夫发生反对犹太人的暴行等等)，以及当时报刊上登载的某些重要消息和政论，发表了自己的评论。在这些文章中，他热烈欢呼俄国革命运动的日益高涨，对工人群众阶级意识的迅速觉醒表示由衷的欣慰，并高度赞扬社会民主工党罗斯托夫区委领导罢工的策略艺术,同时也具体地明确指出当觉悟工人的力量尚不足以实行革命突击时应该如何行动;他严厉谴责沙皇政府残酷镇压和迫害罢工工人,痛斥它利用民族矛盾和宗教偏见制造反犹丑闻,揭露它外强中干、色厉内荏的本质;他反复说明,个人恐怖这一民粹主义策略为什么过去、现在和将来都是无产阶级革命事业的腐蚀剂,丝毫无损于反动统治的根基;他指出,资产阶级自由派虽然同情反对沙皇专制的斗争,但在斗争紧急关头表现出不应有的犹豫和妥协;他在说明工人同企业主的经济斗争必然转变为反对沙皇专制的政治斗争时强调,社会民主党应当扮演好鼓吹工人只应进行经济斗争的"经济主义者"不明智地加以拒绝的"革命霉菌"的角色,毫不拖延地支持工人同沙皇专制制度的斗争,"并利用这一斗争作为政治上教育无产阶级的不可替代的手段",社会民主党这一"久经考验的策略","既避免空想的'经济主义'的卡律布狄斯,又避免资产阶级民主主义的斯库拉"(本书见《不久前的罢工》第1页)。

必须着重指出,列宁所谓"45号《火星报》……除了普列汉诺夫,谁也没有提出过一个重大的理论问题",主要指编辑部内部讨论,而不是就《火星报》上发表的文章说的。比如"什么是社会阶级"这个重大的理论问题。普列汉诺夫在《无产阶级和农民》中写道:社会阶级,"这是不同程度的大规模的人群等级,这些人在对其他等级的关系上处于相同的生产关系中。社会之划分为阶级是由社会中现存的生产关系决定的。"不能像庸俗经济学家和空想社会主义者那样,按照社会收入的分配关系来决定社会阶级的划分。分配关系本身是生产关系的产物。不仅如此,"任何特定社会的生产关系……还决定着一切伟大的社会运动的方向。"普列汉诺夫这些刊登在1903年2月1日出版的第33号《火星报》上的话,跟列宁在《社会革命党人所复活的庸俗社会主义和民粹主义》一文中(载1902年11月1日第27号《火星报》)所讲的意思①是一模一样的。显然不能根据《火星报》上发表文章的先后来推翻列宁上述关于除普列汉诺夫外谁也没有提出一个重大的理论问题的论断。

不过本书考察的重大理论问题,也有列宁在旧《火星报》上发表的文章中不曾提到或者不曾先行讨论的。比如策略分歧的必然性和意义问题。普列汉诺夫在《罗斯托夫罢工的意义》中写道:"俄国无产阶级在自己政治发展的道路上新迈出的每一步都要在我国革命队伍中引起关于策略问题的新争论。这是十分自然的和很好的。说它自然是因为工人运动的新步骤为我们提供着'新的生活教训',而这种教训迫切需要我们去理解。说它好是因为策略的争论有助于这种理解,从而至少使我们避免某些实践错误"。他在《泛论策略……》一文中还指出,同一政党内原则一致或者说目标一致的人们常常发生策略分歧,在一定范围内这些分歧不致造成分裂,但如果越出某种界限,策略分歧就会变成原则分歧,这时分裂往往必不可免,人为地阻止分裂意味着危害事业。

正是普列汉诺夫的这些卓越的理论思想,对列宁早期的政治观点和以后的政治活动发生了重大而深远的影响。这里特别要提到的是普列汉诺夫在第二次党代会上的讲话。克鲁普斯卡娅告诉我们,这些发言曾给列宁留下深刻的印象。普列汉诺夫说:对每一

---

① 《列宁全集》(中文第2版),第7卷,第30—31页。

个特定的民主原则都不应就其抽象性自在地加以考察,而要从"革命的成功是最高的法律"这一根本原则来考察;为了革命的成功,有时可以暂时限制一下某个民主原则的作用,甚至对普选权原则也可以如此看;为了革命的成功,有时可以限制一些上层阶级的政治权利,有时可以使议会成为短暂的,可以驱散它。(本书原稿第393—394页)克鲁普斯卡娅指出,过了 14 年,当解散立宪会议问题完全摆在布尔什维克面前时,列宁还提到普列汉诺夫的这次讲话[1]。克鲁普斯卡娅还指出,"普列汉诺夫的另一次关于国民教育的意义、关于国民教育是'无产阶级权利的保证'的发言,在弗拉基米尔·伊里奇的思想上也引起了共鸣。"[2]正是在这一发言的启示下,后来列宁在《青年团的任务》中提出了一条著名的原理:"在一个文盲的国家内是不能建成共产主义社会的"。

和列宁发表在旧《火星报》上的著作相比,本书无疑有其缺点和局限,其中最突出的是它的抽象性。这是它的作者长期脱离俄国现实的革命运动的结果。其次,它对资产阶级自由派及其政治代表的揭露和批判也是非常苍白无力的。同时,由于《无产阶级和农民》一文没有完稿,作者对具体的俄国农民问题,几乎未作任何分析。正是这些缺点以及它们隐含着的错误的膨胀和发展,导致了后来普列汉诺夫机会主义策略思想的形成。

总起来说,这本论文集毕竟是一部重要的历史文献,它的翻译出版,无论对研究普列汉诺夫本人的思想,还是对研究列宁早期政

---

[1] 娜·康·克鲁普斯卡娅:《回忆列宁》,人民出版社 1982 年版,第 1 卷,第 329 页。
[2] 同上。

治思想的发展，或者对研究共产主义运动（特别是俄国共产主义运动）的历史，都是很有参考价值的。这里同样表明，在政治思想领域，在政论方面，在策略问题上，列宁对普列汉诺夫的关系，也是"青出于蓝而胜于蓝"。

王荫庭
1998年2月

目 录

跨进二十世纪的时候

（载 1901 年 2 月《火星报》第 2 期）……………………… 1

旧瓶新酒

（载 1901 年 6 月《火星报》第 5 期）……………………… 6

总论策略，部分地论尼古拉的列阿德将军的策略，特别是论波·
克里切夫斯基的策略

（载 1901 年 11 月《火星报》第 10 期）…………………… 16

关于示威

（载 1902 年 1 月 1 日《火星报》第 14 期）………………… 29

寄自布鲁塞尔

（载 1902 年 1 月 15 日《火星报》第 15 期）……………… 35

西皮亚金之死和我们的鼓动任务

（载 1902 年 5 月 1 日《火星报》第 20 期）……………… 42

俄国的工人阶级和警察的鞭子

（载 1902 年 7 月《火星报》第 22 期）…………………… 49

被迫的论战

（载 1902 年 8 月 1 日《火星报》第 23 期）……………… 56

和一位读者"朋友"的谈话

　　（载1902年9月15日《火星报》第25期）⋯⋯⋯⋯⋯ 60

俄国"恐怖主义"的逻辑不是我创造我向往的，而是我做我不向往的⋯⋯

　　（载1902年10月15日《火星报》第26期）⋯⋯⋯⋯ 65

"历史在重演"

　　（载1902年11月1日《火星报》第27期）⋯⋯⋯⋯⋯ 76

罗斯托夫罢工的意义

　　（载1903年1月15日《火星报》第32期）⋯⋯⋯⋯⋯ 82

无产阶级和农民

　　（载1903年1月15日、2月1日、2月15日、3月1日、5月1日《火星报》第32、33、34、35和39期）⋯⋯⋯⋯⋯⋯ 90

再论罗斯托夫罢工

　　（载1903年2月1日《火星报》第33期）⋯⋯⋯⋯⋯ 132

卡尔·马克思

　　（载1903年3月1日《火星报》第35期）⋯⋯⋯⋯⋯ 143

3月望日

　　（载1903年3月15日《火星报》第36期）⋯⋯⋯⋯⋯ 153

废除连环保

　　（载1903年4月15日《火星报》第38期）⋯⋯⋯⋯⋯ 162

布列什柯夫斯卡娅女士和奇吉林事件

　　（载1903年4月15日《火星报》第38期）⋯⋯⋯⋯⋯ 172

沙皇制度最后一张牌

　　（载1903年5月1日《火星报》第39期）⋯⋯⋯⋯⋯ 181

时代变了

 （载1903年5月1日《火星报》第39期）……………… 191

"正统的"咬文嚼字

 （载1903年6月1日、6月15日、7月1日《火星报》第41、

 42、43期）………………………………………………… 196

在俄国社会民主工党第二次例行代表大会上的讲话

 （1903年7、8月）………………………………………… 241

南方的"总"罢工

 （载1903年8月15日《火星报》第46期）……………… 262

不久前的罢工、社会主义和争取政治自由的斗争

 （载1903年9月1日《火星报》第47期）……………… 270

白色恐怖

 （载1903年9月15日《火星报》第48期）……………… 277

红色国度中的红色代表大会

 （载1903年10月1日《火星报》第49期）……………… 286

警察的反犹太人运动

 （载1903年10月15日《火星报》第50期）…………… 298

普列汉诺夫生平简介 ……………………………………… 309
译者后记 …………………………………………………… 316

跨进二十世纪的时候

(载 1901 年 2 月《火星报》第 2 期)

19 世纪结束了。它给了工人阶级什么呢？这个阶级从刚刚开始的 20 世纪那里又能够期待什么呢？

19 世纪的显著特征是技术的惊人发展。文明社会的生产力在这 100 年中达到了空前巨大的规模。它们的增长自然导致了社会财富的增加。然而各文明国家迅速增多的财富并未消除它们那里存在着的贫困。恰恰相反。生产力的空前发展是贫困加剧的新因素。这一点已由英国王室任命的一个研究工业停滞和商业萧条(Trade Depression)原因的委员会的某些成员很准确地指出和很好地阐明了。在作为委员会"总结报告"(Final Report)组成部分的一份特别材料中，这些成员说，由于生产力的增长，文明社会的生存条件发生了根本变化：从前文明社会的主要困难是日常生活必需品的奇缺和昂贵；而现在主要困难在于——因为机器生产的发展——对除了自己的体力就一无所有的人们（即无产者）来说，找到工作，因而也就是找到糊口之资变得更加困难。

这意味着，19 世纪文明社会的生产力越增长，即从这个社会环境中消除贫困和与贫困相联系的苦难的物质可能性越大，这个社会中为生存而进行的斗争就变得更加困难和残酷。

贫困是由过剩引起的。天才的傅立叶早已指出的这个矛盾到 20 世纪仍然没有得到解决。消除这个矛盾是本世纪最主要的社会任务。

19 世纪各文明社会里的生存斗争越是困难和残酷，对这些社会的某些成员来说，道德下降甚至道德沦丧的可能性就越大。他们的犯罪率一般说来比他们的人口增长得快得多，并且犯人数目中累犯者的百分比越来越大，这显然证明文明社会为自己道德状况的健康化而采取的那些措施是完全无济于事的。

由此可见，如果生产力的增长在它能够创造出前所未有的富裕的物质生活的地方引起了贫困，那么它在能够——通过消除为生活而进行的经济斗争的诱惑——最有力地推动文明人类精神面貌的提高的地方，由于使生存斗争困难化和社会生活复杂化，从而导致了精神痛苦和道德败坏的加剧。

这个矛盾 19 世纪也没有解决，又完整地转给了 20 世纪。

不管公开的和隐蔽的、自私的和无私的资本主义辩护士们怎样说，毫无疑问，生存斗争困难的扩大以及道德败坏机会的这种增加，意味着工人生活的恶化。在这方面 19 世纪对工人是不利的。

但是它在别的方面对工人却是极其有利的。它给了工人们，或者至少是他们中间先进的、最敏感最成熟的部分这样一种东西，这种东西对他们说来比所有物质财富都更重要，并且如果没有它就不可能根本改善他们的命运，它就是：对他们的利益同剥削者的利益不可调和的对立性的明确意识和对工人的解放应该是和可能是工人自己的事情的坚定信念。

正像 16、17 和 18 世纪是资产阶级解放运动的标志一样，19

世纪则是工人阶级解放运动的世纪。这就是它的文化史的最主要特点和它转交给 20 世纪的最珍贵的遗产。

然而在资产阶级解放运动和无产阶级解放运动之间存在着本质的差别。过去资产阶级解放运动是在有利于少数人的情况下实现的。它的胜利没有消灭人剥削人的现象,而只是改变了剥削的形式。现在工人阶级解放运动在有利于绝大多数人的情况下实现,它的胜利会永远结束一些人对另一些人的剥削。正因为如此,无产阶级的胜利将同时是文明人类所想到的那一切道德理想中最高尚的理想的实现。尽管许多人——故意或者出于误会——硬说工人运动只具有狭隘的、粗野的、"生理需要的"目的,实际上工人运动的胜利将是道德理想主义最伟大的凯旋。

但是在战斗的无产阶级和它的伟大目的之间横隔着上层阶级凶残而短视的利己主义,这些阶级觉得自己在现今的社会制度下过得不错,顶多能够自愿同意只对它进行某些局部的改造。由于这种凶残而短视的利己主义,在 19 世纪,工人们流了很多血,大概在 20 世纪还要流不少血。而要反对这种利己主义,无产阶级只有一种手段:联合自己的力量以夺取政权。当工人阶级通过这种或那种途径争得政治统治的时候,剥削者的顽固守旧将在被剥削者的革命毅力面前碰得粉碎,我们指出的 20 世纪从 19 世纪继承下来的种种矛盾将被消除;资本主义的王国将要完蛋;社会主义的时代将要开始。

20 世纪将实现 19 世纪最好的、最激进的意图。然而不管我们怎样坚信无产阶级的胜利,不管我们怎样清楚地看到无产阶级面临的伟大目标,我们都不想欺骗自己,也不想欺骗我们的读者。

我们完全不认为,等待着我们的是唾手可得的胜利。相反,我们清楚地知道,我们面前的道路多么艰难。在这条道路上等待着我们的是许多局部的失败和沉痛的失望。沿着这条道路行进时,不少似乎被同一些意向紧密团结在一起的人们分道扬镳了。现在,在伟大的社会主义运动中已经出现两个不同派别,而且也许20世纪的革命斗争会导致可以 mutatis mutandis① 称之为社会民主党"山岳派"同社会民主党"吉伦特派"的分裂的那种现象。

然而革命无产阶级在它的斗争中不管遇到怎样的困难、挫折和失望,它的彻底胜利都是不容置疑的。无论是文明世界社会发展的一般进程,还是——尤其是——马克思称之为所有事物中最重要的东西的那个生产力即工人阶级本身的发展都会保证这种胜利。社会主义理想越来越深入地在无产阶级队伍中间传播,提高他们的思想,十倍地增加了他们的道义力量。资产阶级现在已经只能以赤裸裸的暴力和某一部分——的确暂时还是很大的部分——劳动群众的不觉悟来对抗为这个理想而斗争的人们。但是不觉悟会让位于觉悟,先进的工人在推动着落后的工人,那时……那时资产阶级就只有"勿以暴力抗恶"了,因为站在革命者一边的那时还有物质力量。

这就是西方的情况。那么对于我们的祖国有什么可说呢?俄国远不像西欧诸国那样富有,也远不那样有教养。但是在俄国,社会发展对社会主义来说不是没有留下痕迹地过去了。在俄国,19世纪给20世纪留下了珍贵的遗产:社会民主主义工人政党的萌

---

① mutatis mutandis:变通地。——译者

芽。历史环境对这个萌芽的迅速发展无疑是很有利的。如果一个国家可以而且应该向另一些超过它的国家学习这个说法是对的,那么社会主义的俄国可以而且应该向西欧社会主义者们学习许多东西。整个西欧社会主义的历史给我们的最主要的和无可替代的教训就是:在每个特定国家里,工人政党的最近任务和策略是由这个国家现实的社会关系决定的。忘记这些关系而用社会主义的一般原理作指导,意味着离开现实的基础。我们俄国社会民主党人必须记住,20世纪在我们面前提出这样的政治任务——这个任务在西方已经或多或少充分地解决了;在我们这里,西欧的人们只是根据传闻才知道的那个专制制度正在欣欣向荣。专制制度的崩溃对于我们党顺利地和正确地发展说来是绝对必要的。如果在西欧社会主义者和他们的伟大目的之间横隔着有产阶级的利己主义,那么在我国刚诞生的党和西欧社会主义者家庭之间就横隔着像中国长城一样的专制沙皇和他的警察国家。然而不能被人类力量摧毁的那种长城是没有的。俄国社会民主党主动发起同专制制度的斗争,它将给专制制度以致命的打击,因为它依靠着所有现在受到绝对君主制度那沉重、丑陋的建筑物压迫的社会成员或多或少强有力的、直接或间接的支持。

  政治自由将是20世纪俄国第一个巨大的文化成就。

旧 瓶 新 酒

（载 1901 年 6 月《火星报》第 5 期）

在社会革命党人的报纸《革命俄国报》[①]第 1 期的一个地方，我们读到了短文《革命出版物述评》。文章说，俄国革命思想现在正实现《革命俄国报》出版者"预言"的"向民意时代原则方面转变"[②]。尽管在民意时代不同社会政党遵循着不同的原则，但我们是这样理解上述意见的：俄国革命思想现在正走向所谓民意主义方面。这个意见很使我们惊讶，而且老实说，给了我们不少的烦忧。一方面我们没有看到革命思想向民意主义原则转变（更确切些本应说：回归）的任何标志，另一方面，《革命俄国报》抱着这样一种不可动摇的、以致在我们这里产生了怀疑的信念谈到它所预言的这一转变。难道我们连那个大象也没有看见么？[③] 难道我们忽略了这一重要的社会现象么？为了使自己回答这些令人忧虑的问题，我们以双倍的注意力开始注视俄国的革命书刊。在这种情况

[①] 《革命俄国报》，1900—1905 年由俄国社会革命党人出版的秘密报纸。共出 77 期。1902 年 1 月起成为该党中央机关报。——译者

[②] 着重号是我们加的。——作者

[③] "没有看见大象"，语出克雷洛夫寓言《好奇的人》。寓言中的主人公在动物博物馆中参观，各种小虫标本都注意到了，就是没有看见大象，比喻见小不见大，忽略了最主要的东西。——译者

下,不仅没有忽略上述转变,而且甚至预言过这一转变的那些人的出版物就最使我们感兴趣了。例如,当我们得到社会革命党各个联合小组的代表们在代表大会上制定的《社会革命党宣言》时,我们是非常高兴的。我们曾相信,正是而且尤其是在这里,我们会明显看到《革命俄国报》的出版者所预言的转变。我们读完了宣言,然而……大失所望。宣言里既没有"所预言的"转变的痕迹,也没有这一转变的影子。完全相反! 它最清楚和最鲜明地证明这样一个——我们早已认为无可争辩的——情况:俄国革命思想越来越向俄国社会民主主义诸原则的方面倾斜。《宣言》作者们的思想十分接近这些原则。这里令人惊讶的只是,无论是《革命俄国报》的出版者,还是《宣言》的作者仿佛都完全没有看到这一点。

大家都知道,民意党是"密谋家"的政党。这是任何有见识的、认真读过《民意日历》上刊登的短文《党的准备工作》的人都容易相信的。在这篇短文中我们读到,党应该准备起义,这种起义大概将由于人民暴动、战争受挫、国家破产之类对革命者有利的种种情况的结合而变得容易些。这些意见本身自然还不包括会使我们有权称民意党人 par excellence(大都)是密谋家的那种东西。然而在同一篇短文中接着就有一段画龙点睛的文字。在那里正是这样说的:

"党应该及时利用这些有利情况的每一种会合,但是它在自己的准备工作中则不应把自己的全部希望寄托在这些会合上面。党无论如何一定要完成自己的任务,所以它应该这样进行自己的准备工作,以便即使在最恶劣最困难的条件下也

8　跨进二十世纪的时候

不会有辱使命。

　　这些最不利的条件正是表现于这样的场合,即党不得不独自开始起义,而没有跟民众运动结合起来,同时这时也没有任何有助于第一次进攻的异常有利的偶然机会。对这样一种局面我们也应当作好准备。党应该有力量为自己创造有利的行动时机,开始工作并把它进行到底。巧妙地完成一系列同时消灭十至十五个人——现政府要人——的恐怖行动,会使政府惊慌失措,失去行动的统一性,同时鼓舞着人民群众:即创造进攻的合适时机。事先集合起来的战斗力量利用这一时机开始起义,并力图占领最主要的各政府机关。这种进攻可以容易地以胜利而圆满结束,如果党保证自己有可能推动或多或少相当大量的工人群众和其他群众去帮助自己的先锋队的话。为了胜利,同样必须使自己在各省处于相当牢固的地位,以便一听到革命的消息就把他们发动起来,至少是使他们保持中立。同样应当事先使起义不会由于欧洲列强对政府的援助而受到危险,等等。总之,党的准备工作应该完成为甚至在没有任何异常有利的条件下即类似俄国现在所处的这样一种局势下党发动的起义获得成功所必需的一切。"

　　这一切本来是很好的、聪明的和合情合理的。然而任何人都会看出这完全是密谋家的行动纲领,如果俄国革命思想中真正实现了社会革命党人机关报所"预言"和赞成的转变,那么社会革命党人也会向我们提供多少巧妙地适合于密谋的行动纲领。然而他们的宣言提出的是某种完全不同的东西。它把在工厂工人中进行鼓动活动提到首位,并用以下的方式规定这一活动的任务：

"社会主义政党应该主动担当起领导的作用,把人民不满情绪的个别爆发和纯粹自发表现统一为一个和谐的整体;它应该利用这一斗争来达到鼓动的目的,从而强调和表述事变的进程本身所提示的结论,并经常扩大它的新的政治性要求和法律性要求的范围"。

这恰恰是俄国社会民主主义作者们如此经常地指出其必要性的那种政治鼓动①,也是俄国社会民主主义者们以十分明显的成就——现在可以不怕夸大其词地这么说——所从事的那种政治鼓动。这种活动是绝对必要的,我们极为高兴的是社会革命党人正向它这方面"转变"。

"我们确信,——宣言的作者们这样概括自己的思想,——党领导的示威、抗议、罢工和整整一系列对现存社会关系的集体不满的其他表现,在逐渐地增强,不断蔓延到越来越广泛的人民群众,动摇着警察官僚制度的国家,并使之彻底垮台"。

如果这种信念是"向民意时代原则方面转变"的标志,那么无疑,这种转变早已由社会民主主义团体"劳动解放社"完

---

① 关于这种鼓动,例如参见格·普列汉诺夫的小册子《论社会主义者在同俄国饥荒作斗争中的任务》,日内瓦,1892年版。——作者

成了，它从1883年自己刚一诞生起就不断地证明，只有越来越波澜壮阔的人民群众运动才能结束俄国专制制度的存在。民意党人指责"劳动解放社"，说它的宣传同民意原则是背道而驰的。社会革命党人显然认为这种指责是完全没有根据的。

"在专制国家里，——宣言说——由于事物的进程本身，社会主义团体应该力求成为按其构成和人数都是有限的、党的隐蔽的和严格秘密的核心组织"。

这是正确的，然而这里没有"向民意时代方面转变"的任何东西。俄国革命者们在任何人都还没有想到俄国革命者们在"民意原则"的那个时期就已经意识到了"党的隐蔽的和严格秘密的核心组织"的必要性。为了不致扯得太远，且举出70年代"隐蔽的"、"严格秘密的"和集中主义的组织"土地与意志"。至于俄国社会民主党人，那么应该说实话：他们中间许多人迄今都没有完全认识到这类组织有益到何种程度。这就是俄国社会民主党的弱点之所在，这个弱点妨碍它在社会生活中扮演它有权扮演的那个角色。痛苦的经验每天和每时都告诉我们，必须完全和坚决地排除产生我们相对的弱点的这个根本原因。而且我们当然能够克服这一弱点。但是当我们把它克服掉的时候，那些以为我们回到"民意时代的原则方面"的人是很错误的，因为隐蔽的、严格秘密的和集中主义的组织对于现今俄国条件下坚决斗争着的任何革命政党说来都是必要的；这种组织不能视为这些政党中任何一个政党的特殊的特点。

我们往下看。宣言说：

"我们确信，没有（农民方面的）同情和支持，工厂的工人阶级以及整个工业的工人阶级就不能摧毁俄国政府的实力和争得任何一种政治自由，更谈不上对社会的经济改造了①。而且我们应当承认，在农民中间开展革命活动现在是完全可能的，因为在这个阶层内部已经形成了一些像工业无产阶级一样关心于消灭现存经济制度和政治制度的人数众多的团体。"

在"民意原则占统治地位"的时代，革命者们的议论完全是另外一种样子。

"吸收能够参加组织的农民中间的某些人加入组织，自然总是被认为合乎愿望的，——关于"（民意）党的准备工作"……的一篇短文说，——但是说到现在农民群众中的组织，那么在起草（民意党）纲领的时期，这种组织被认为是十足的幻想，而且如果我们没有弄错的话，往后的实践在这方面不可能改变我国社会主义者的见解。"

难道宣言的作者们看不出，这里他们是在离开民意主义原则，

---

① 我们觉得，甚至在各工业中心，社会主义运动可能和应当囊括的也不只是一些"工业工人"，而是一般说来这些中心的全体无产者、全体劳动者和被资本剥削的全体居民。因此我们认为，那些谈到一些工业工人的人说得不对，因为他们这样说，就赋予很广泛的思想以比较狭隘的表达形式。——作者

而不是"转向"这些原则"方面"么?

而社会革命党人同样不是"转向"70年代民粹派"方面"。他们距离集中农村中一切革命力量的思想是很遥远的。

"无论农村中的革命活动多么重要和必要,——他们说,——我们现在,按照纯粹策略的考虑,将努力把自己在城市里现有力量集中起来,这主要是由于城市工人居民比农村居民有较高的文化程度,在这种环境中有较大的工作效率。"

这很像"劳动解放社"制定的俄国社会民主党人的纲领草案,草案提出必须开辟"使工人政党同农业居民相接近的广阔道路"的一系列要求,草案同时指出,革命者的工作"应该首先放在较为开展的劳动居民阶层即工业工人上面。"[1]

总的说来社会革命党人对革命活动的观点几乎直到细微末节都同"劳动解放社"的观点相吻合。例如宣言说:

"至于能够在农村进行宣传和鼓动的人员名额本身,我们认为这样的人一方面是某一部分按其个人生活条件不得不经常在农村生活的知识分子,同时也是这样一些工业工人,他们从各个城市转到设在农村地区的工厂和工场,或者虽然经常生活在城市,同时保持着同农村的联系,或多或少

---

[1] 参见《俄国社会民主主义者纲领第二草案》,载《普列汉诺夫哲学著作选集》,三联书店1962年版,第2卷,第420页。译文有改动。——译者

时常去农村访问。"

"劳动解放社"提出的纲领草案表示希望:

"作为公社的贫穷了的社员而被抛出农村的无产者在适当的情况下会成为社会民主主义的鼓动者回到农村。"

谈到按其个人生活条件不得不经常在农村生活的人时,草案说:

"不言而喻,甚至现在和农民有直接接触的人们也会以自己在他们中间的活动给予俄国社会主义运动重要的帮助。社会民主主义者们不仅不要推开这些人,而且要尽一切力量使自己活动的基本原则和方法方面同他们协调一致。"①

社会革命党人在自己的宣言中说,虽然资产阶级按其利益的实质本身是同他们敌对的,但是不能否认这一事实:关于政治自由的问题乃是社会主义政党同"第三等级"的先进部分走到一起的共同基础,跟他们说的几乎所有的话一样,这也是正确的。但是在这里他们不是像民意党人那样说话,而是像社会民主党人那样说话。为了确认这一点,他们不妨读一读巴·阿克雪里罗得论策略问题

---

① 参见《俄国社会民主主义者纲领第二草案》,载《普列汉诺夫哲学著作选集》,三联书店1962年版,第2卷,第420页。译文有改动。——译者

的小册子,并把其中所捍卫的对争取政治自由的斗争的观点同在《民意公报》第二册上刊登的文章《我们期待于革命的是什么?》中所说的观点加以比较。

诚然,社会革命党人宣言中有一些思想,正确些说有一个思想,会引起俄国社会民主党人尖锐的反驳:我们指的是关于当今的农村公社可能有助于革命者在农村中的工作的意见。

"因为任何协会和组织,无论它们产生在什么基础上,都会造成作为成员加入其中的那些民众集团的利益的某种共同性,因而它们也就会成为有利于影响这些集团的条件。"

首先,这很不清楚;其次,这同宣言关于现今俄国农村状况所说的一切相抵触。实际上,宣言的作者们本身就已指出农民现在分裂为三个集团:(1)农村无产阶级,(2)"在自己的经营中经常剥削雇佣劳动"的农村小资产阶级,以及(3)耕地少的农民。我们完全同意说最后这个阶层的"政治利益和法律利益""完全符合(正像宣言现在所说的和劳动解放社过去所说的那样)无产阶级的政治利益和法律利益",但是我们不能理解,公社在剥削农村无产阶级的农村资产阶级和成为其剥削对象的无产阶级之间会造成什么样的"利益的共同性"。在这一点上社会革命党人考虑得还很不清楚;在这里他们还没有做到自圆其说;而且在这里不能说他们在"转向"民意原则。不,说在这个地方可以看出不知道农村群众分化的民粹主义对他们的影响则较为正确。

但是,除了这一个地方之外,宣言的所有其余部分都是对俄国社会民主主义原则的阐述,我们不理解,它的作者们怎么会琢磨不到这一点,或者怎么会认为必须隐瞒这一点。也许那些否认政治斗争并认为任何对专制制度的进攻都是他们所痛恨的民意主义的社会民主主义的纨绔子弟把他们弄糊涂了么?然而要评判俄国社会民主主义,就应当考虑它的成熟的和真正的代表。而这些代表早已向俄国社会主义者推荐宣言的作者们现在向之"转变"的那个行动纲领。社会革命党人同俄国社会民主主义者是骨肉相连的。这就是为什么他们应当同社会民主主义者联合起来,而不是从后者"转变"到在一切方面都可尊敬、然而已经无可挽回地过时了的革命古董方面的缘故。或者他们担心同我们联合会"背弃旗帜"?然而我们的旗帜是所有文明国家革命无产阶级的红色旗帜,站在它的下面并不意味着背弃已故俄国革命者的荣名。完全相反,现在在这面旗帜下战斗在俄国的人都会继续完成这些英勇斗士们的业绩中曾是最重要的那种工作,而仅仅抛弃他们那些为地点和时间的种种条件所引起的错误。难道社会革命党人以为,当佩罗夫斯卡娅和热利亚波夫大概会有另外称呼的那个时候,他们在道义上应该像佩罗夫斯卡娅和热利亚波夫那样称呼自己[①]?

[①] 我们说:称呼自己,因为社会革命党人在按现在的方式即作为社会民主主义者进行思考。另一方面,甚至称呼自己是民意主义者,社会革命党人也没有下定决心。而在这种场合,他们关于向民意主义方面"转变"的言论就会失去最后一点意义。——作者

总论策略，部分地论尼古拉的列阿德将军的策略，特别是论波·克里切夫斯基的策略

(载1901年11月《火星报》第10期)

策略一词是政治活动家从战争艺术理论家那里借用来的。大家知道，战争艺术就在于使统帅拥有的手段适合于他追求的目的。至于策略一词的本义，人们把它理解为调遣部队来作战并在会战时指挥部队的艺术。这个概念较之同政治策略一词相联系的那个概念要狭窄得多。政治活动家常常把军事理论家称之为战略的东西叫作策略。但是不论怎样，任何人都不难承认：政党或军事长官所追求的目的是一回事，使这个党或者这个统帅拥有的手段适合这一目的则是另一回事。对目的的清楚认识还完全保证不了手段的巧妙运用。谁出发去作战时以为他只要知道为什么打仗便足够了，他就有遭受惨重失败的危险。

对这个公理的认识在社会主义文献中表现为党的原则和它的策略之间的区别。原则上彼此一致的人们可能在这个或那个策略问题上产生分歧。这是不言自明的。因此试问：是否可以把策略分歧算作其存在会使某些政治活动家可能不再属于同一政党的那些意见分歧呢？

如果用粗心大意的态度看问题，也许觉得这个问题除了否定之外不能有其他回答。策略问题不应该导致分裂；如果人们原则上彼此一致，如果他们都追求一个共同的目的，那么他们就是同志，而且应该始终如此；由于次要的局部问题而分裂对他们说来是有罪过的……

对社会主义一知半解的人通常都这样说。而他们之所以这样说，自然是因为一知半解使他们看问题粗心大意。他们以为，策略问题同原则问题之间隔着不可逾越的鸿沟。实际上这种鸿沟不存在，这就说明为什么策略分歧越过某种界限会变为原则分歧。

要证明是不难的，只需举出法国就够了。饶勒斯过去和现在都确信，他只是在策略问题上同盖得、瓦扬和其他革命社会民主主义的拥护者有分歧。在某种意义上他也许是对的。如果把原则理解为社会主义的普遍原理，例如资本家剥削工人、剥削应当消灭、为了消灭剥削必须使生产资料社会化等原理，那么几乎可以有把握地说，饶勒斯真心实意地赞同这些原则。然而，任何人现在都明白，盖得和瓦扬不可能同饶勒斯走在一起。在这些老战士和冯·米勒兰男爵阁下①能说善辩的朋友之间存在的策略分歧，无疑现在达到了已开始成为原则分歧的程度。

问题在于，除了上边列举的表述和论证社会主义最终目的的那些原则之外，还有为此目的而斗争的策略所依据的那些原则。对后边这些原则彼此看法有分歧的人，不管他们在社会主义普遍原理上有多大的一致意见，也不可能走在一起。譬如就拿空想社

---

① 大家知道，米勒兰不久前被奥地利皇帝授予男爵头衔。——作者

会主义者来说，他们把阶级斗争看成最大的灾难，硬说完全停止这种斗争是无产阶级解放首要的实际条件。社会民主党人即使当自己在确定最终目的上同这些社会主义者完全没有分歧时，也不会认为他们是自己的同志。前边我们说过，对目的的清楚认识还完全保证不了善于运用手段来达到目的。现在我们补充说，正因为如此不能把最终目的问题上的意见一致看成是将实践的战士团结在一个政党的旗帜下的充分条件。

诚然，饶勒斯及其同伙宣布自己同盖得主义者或布朗基主义者一样，都是阶级斗争始终不渝的和坚定不移的拥护者。但是他们的例子比任何别的例子都更好地表明，不是任何承认某种原则的人在自己的实际活动中都遵循它。

无产阶级同资产阶级的阶级斗争要求提高工人的阶级觉悟。所以不能认为那些把不仅不会提高这种觉悟，而且直接使这种觉悟变得模糊的策略强加给工人政党的人是阶级斗争的真正拥护者。在这里，为什么正是这些人坚持这种有害的策略？是因为他们在欺骗自己，还是因为他们想欺骗别人，几乎都一样。主要问题在于他们在自己的实际政策中企图把无产阶级运动拉向后退。革命社会民主党同这些人——饶勒斯主义者无疑也在其中——是没有任何共同之处的。

为了使两个社会主义团体（或组织，或派别，或政党）能够联合起来有利于事业，因此，除在对待最终目的方面意见一致之外，必须使它们当中任何一个团体都不坚持可能会使另一个团体（或组织，等等）觉得不利于提高工人的阶级觉悟的那种策略。这是不可以也不应该越过的界限。两个团体之间的策略分歧一旦越过这个界限，分歧便具有原则性的意义，那时分裂就会成为不可避免的了：阻止分裂意味着危害事业。

从我们的观点看来，这个问题就是如此。不过我们不应忘记，我们的观点未必可以承认是正确的。大家知道，我们是沾染了"教条主义"，被盲目信仰弄昏了头脑，而且犯了一大堆滔天大罪的宗派主义者。因此，听听一个由于造物主没有按照我们的形象和模样创造他而有充分权利感谢造物主的人的话，对我们将是有益的。此人就是波·克里切夫斯基。

他在第10期《工人事业》杂志上刊登了一篇文章：《原则、策略和斗争》。他在文章中阐明了自己同《曙光》杂志和《火星报》的意见分歧。在阐明过程中，被他提到首位的是这样的问题："原则和策略之间的正确的和正常的关系是怎样的以及要如何理解策略的本来意义"（波·克里切夫斯基的着重点）。这恰恰也是我们所需要的。且听听克里切夫斯基的话。

他说："正确的策略是指明运动的目的的诸原则和运动由此发生的种种具体条件之间相互作用的结果"（《工人事业》杂志第10期第5页，着重点是克里切夫斯基加的）。

克里切夫斯基给了我们这个定义之后补充说，他所谓的策略这里是指"活动的总的指导精神，活动的哲学，可以说，它不同于活动本身，不同于实践活动的一般性质意义下的策略，因而更不同于作为技术的策略，不同于活动的一些个别的方式和手段"。

就是说，我们有三种类型的策略：（1）哲学策略；（2）活动策略；（3）技术策略。且把"技术"放在一边不予考虑，我们仔细看看前两类策略。

从"哲学策略"开始。根据克里切夫斯基给出的定义的意思可以得出,(党的)活动哲学,它的指导精神是指明运动目的的诸原则和运动由以发生的种种具体条件之间相互作用的结果。而既然完全有权可以把指明运动目的的诸原则称为指导原则,又既然这些原则显然无非是指导党的活动,因而也就成为这种活动的指导精神,那么我们就得到以下意义深刻的论题:

(党的)活动的指导精神,这种活动的哲学,是活动的指导精神和这种活动得以进行的那些具体条件之间相互作用的结果。

什么是 A 呢？A 是 A 和 B 之间相互作用的结果。我不知道读者您怎么样,不过我们不是这种"哲学"的爱好者,我们以为,如果波·克里切夫斯基不妄谈"哲学",而是简单地表达他想表达的那个简单的思想,即如果他说:社会主义政党的活动应该不仅决定于社会主义的普遍原理,而且也决定于周围现实的特定条件,那他就会做得好得多。这种表达方式会具有一种不可争辩的优点,即它完全不会有……"哲学的"胡言乱语"成分"。当然,它也会有巨大的缺陷,即它会导致"活动策略"同"哲学策略"完全融合,那时我们就只会有两种策略。然而波·克里切夫斯基能容忍这种尴尬局面,令人宽慰的是他还备有两种类型的策略:计划策略和过程策略。

我们的作者宣称:"计划策略自然只能建立在诸原则的基础上,还建立在活动的最一般条件的基础上,例如在俄国就建立在专制制度存在的基础上"。因此这种策略是不适合的,它归根到底会导致有害的动摇。波·克里切夫斯基确信,当李卜克内西拿计划策略同当年维也纳的参谋会议主席(Ober-Kriegsrat)给正在同法国人打仗的奥地利将军制定的那些计划相比较时,他很中肯地评价了这种策略。李卜克内西说:"这些计划从某种意义看是无可指责的,但它们不适合于这个场合,法国的将军们没有可爱到根据维也纳参谋会议主席的设想行事,于是战争就按照艺术的全部规则失败了。"

波·克里切夫斯基根据这一切最坚决地谴责"计划策略"。他声称:"总之,看来《火星报》和《曙光》杂志倾向于把策略看成是预先制定的和不变的活动计划。我们就在策略中看到同党一起增长的党的任务的增长过程"(第11页)。

同党一起增长的任务的增长过程!波·克里切夫斯基这里说的是怎样的任务呢?显然是策略任务。由此可见,按照他的观点,策略是同党一起增长的策略任务的增长过程。策略就在于策略任务的增长。这真是无与伦比!简单的头脑永世也想不出来!

我们这位策略家——看来他并非命中注定同党一起增长——拿李卜克内西做挡箭牌完全是白费气力。为了给这种策略找到根据,他本应首先指明,这位已故的德国社会民主党领袖按其实践观点是同他接近的。然而要使我们相信这一点是困难的,我们清楚地记得,波·克里切夫斯基在德国报刊上所说的关于法国社会党人策略的某些见解如何激怒了李卜克内西。因此我们就不去管李卜克内西,而来讨论我们的作者。

李卜克内西的话使他产生了深深的误解。他以为同奥地利将军作战的法国将军轻视计划,而且也像他一样局限于这样一种深思的见解:策略是与战役进程一起增长的策略任务增长过程。然而克里切夫斯基不妨看一看例如拿破仑一世著名的 Commentaires[①]：他会从中看到，那位使奥地利（而且不止一个奥地利）遭到最惨重失败的法国统帅如何细心思考以及如何认真制定自己的战略计划和策略计划。拿破仑不仅不敌视"计划策略"，而且坚决主张在认真制定计划时应该事先采取防止各种各样偶然事件的措施[②]。如果当年有某个深思熟虑的克里切夫斯基忽然想使他相信，"计划"是小事，成功的主要保证在于策略是发展着的策略任务的增长过程等等，那么这位专制的科西嘉人大概会迅速地用他那通常的士兵式的无礼态度粗暴地打断他。

从战争历史上的所有英雄中，我们只知道一个人多少接近波·克里切夫斯基的理想。这就是尼古拉的列阿德将军，即被认为是列·托尔斯泰伯爵写的著名诗歌中利普兰季所说的那个列阿德：

不需要聪明人到那里去，
您派个列阿德吧，
我看……

看来列阿德完全鄙视"计划策略"：

列阿德突然无缘无故地，

[①] Commentaires：回忆录。——译者

[②] 请波·克里切夫斯基注意，拿破仑事先制定的不仅有策略计划，而且有战略计划，也就是说不仅有个别战斗的计划，而且有整个战役的计划。——作者

带领我们直奔桥头，

喊着乌拉冲锋！

正当我们"乌拉"声在喧哗，

后备队却没有跟上……等等。

一句话，胜利不愿意向玛尔斯①的天真无邪的儿子发出微笑。假如波·克里切夫斯基记得他的不光彩的历史，他也许不会写出从此以后有名的"历史转变"，这种转变就是真正的列阿德式的"喊着乌拉冲锋！"

为什么波·克里切夫斯基认为，"计划策略"只能以诸原则以及最一般的现实条件为根据呢？这是没有人知道的秘密。我们根本不理解由于什么原因俄国社会民主党人在制定行动计划时应当考虑的只是"专制制度的存在"，而不是俄国各种社会力量的对比，不是俄国无产阶级发展的程度，不是本身的组织性（或者无组织性），以及最后，不是它们钱柜里"富余现金"的数量。根据我们肤浅的看法，可以得出结论说，这一切——十分"具体的"——条件，更可能得多地被读过波·克里切夫斯基的著作因而轻视"计划"并且硬说"策略是发展的任务增长的过程"等等的那种人所忽略。我们确信——而且克里切夫斯基的例子更加巩固了我们的信念——如果谁注定要不断"动摇"，那正是这号才智水平的聪明人。

波·克里切夫斯基断言，《曙光》杂志和《火星报》迷恋着不变的行动计划。他想引用第4期《火星报》社论来证实这种看法。社

---

① 玛尔斯，战神，是和朱庇特等并列的最重要的古罗马神祇之一。——译者

论说,只有系统地和坚定不移地实行的活动计划才配称为策略。然而坚定不移地实行通常的计划完全不意味着决心在任何时候也不改变计划。这一点从波·克里切夫斯基引证的社论中可以清楚地看出来。它的作者直率地说,策略是可以改变的,不过他不无挖苦地同时补充说,只有讲究策略的人才能改变策略,没有坚强组织因而没有统一行动的政党是谈不上策略的。他的这些看法也是对波·克里切夫斯基的嘲笑。因为克里切夫斯基暴露出可以"在24小时内"仓促改变策略的轻率意见和企图掩饰自己对待李卜克内西的权威的幼稚的轻率态度。上述社论的作者指出,"《工人事业》杂志之借用李卜克内西的名义自然是徒劳的。24小时内可以改变关于某个专门问题的鼓动策略……然而不仅在24小时内,甚至哪怕在24个月之内,要改变自己对于整个说来是否始终和绝对需要战斗组织与在群众中进行政治鼓动的看法,只有没有任何原则的人才有可能。"这个意见击中了克里切夫斯基的要害,他看到自己可笑的失误之后,马上开始关于策略的"不宜说出口的"议论,以便想个什么办法向广大读者掩盖自己论点的难处。

《工人事业》杂志的策略家接着说:"过程策略——这是根据原则永远探索新的道路,这种探索像任何人类探索一样,都会有错误,然而它是运动向前增长的唯一保障。人们早就知道,什么事也不做的人才不犯错误。"

"我的朋友,阿尔卡季·尼古拉耶维奇,请不要说漂亮话!"永远探索新道路,而且还是在原则的光照下探索,不用说是好事情。但是只有当"探索者"找到某种真正新的东西时,它才是好事情。当他"永远"发现着早已发现、可他却由于自己极其无知而怀疑其存在的那些美洲的时候,那么他的"永远的探索"只是意味着同样"永远"没有能力弄明白较有经验的人向他所说的话。那时这种"永远的探索"决不是什么"高尚的作风"。那时它应该得到的不是赞扬,而是严厉的谴责。

根据以上所述,读者自己已经能够对波·克里切夫斯基所介绍的几种类型的策略的优点做出应有的理解。不过为了印象完整起见,他应当再读一读下面的几行话:

"革命社会民主党人的任务只是通过自己的自觉工作来加速客观的发展,而不是取消这种发展,或者代之以主观的计划。《火星报》理论上知道这一切。然而马克思主义正确地赋予自觉的革命工作的巨大意义,由于《火星报》对待策略的教条主义观点,使得该报在实践中低估了发展的客观因素或自发因素的意义。我们已经指出,计划策略是同马克思主义基本精神相抵触的。因此不足为怪,《火星报》由于接受了计划策略,也就不得不违背自己的意志,接近于阴谋家对待革命'准备'的观点,也就是在革命发展的最后行动中把客观的或自发的过程放在次要地位上。"

很好。波·克里切夫斯基"指明"(我们已经知道他怎样指明的),"计划策略"是同马克思主义基本精神相抵触的;所以我们只好着手分析著名的"过程策略"或同样著名的"活动策略"。而当我们发现认清这种策略的内容是不无裨益的时候,我们的哲学家就"拿起自己的章程"傲慢地对我们重复说,这种策略在于同党的增长一起增长的策略任务的增长过程。如果我们不满意这种回答,那么所有的人和每个人都会明白:我们中了教条主义策略观点的流毒。这真是妙哉论证!

该放弃"计划策略"了,何况我们本应给予"客观过程"以较之我们迄今都很重视的"主观计划"更多得多的地位。那时我们才是真正的马克思主义者。这又是极端深刻的见解。只可惜我们的作者没有完全成功地叙述自己的思想,因此他那里存在着一些模糊不清的地方。我们试用别林斯基的说法,擎着诗的火炬进入问题的黑暗处。我们以为,波·克里切夫斯基的策略哲学用科济马·普鲁特科夫[①]的诗《面向尘世》可以很好地说明:

> 我常常站在岩石上:——
> 让我投身大海吧……
> 命运会送给我什么:
> 欢乐还是悲愁?
>
> 也许他困惑,
> 也许他不怨恼……
> 瞧,鸟禽在跳跃,
> 而往何处去——他却不知道。

这首诗很久以来之所以受到我们的喜爱,因为它对"自发的客观过程"做出了应有的评价,而对"计划策略"根本不予重视。

[①] 科济马·普鲁特科夫,俄国诗人 A. K. 托尔斯泰(1817—1875)、A. M. 热姆丘日尼科夫(1821—1908)兄弟合署的笔名。19世纪50—60年代,他们用该笔名在《现代人》杂志和《火星》杂志等刊物上发表作品。这个笔名的讽刺形象寓意思想上的停滞不前、政治上的安分守己、文字上的陈陈相因。——译者

à la① 卡列耶夫和米哈伊洛夫斯基先生之流的主观唯心主义者认为,马克思的理论把人们的主观计划同社会关系的客观发展过程对立起来,并且谴责这些计划 ad majorem gloriam② 客观过程。根据这一点,他们指责马克思主义者鼓吹无为主义。人们揭穿了"主观主义者"先生们对马克思的错误理解。人们曾向他们指出,从《资本论》作者的观点看来,上述对立是没有意义的,因为人们的主观计划是客观发展的表现。在这种情况下本来可以期望,"主观主义者"所臆想的对立至少在那些自封为马克思主义者的著作家的著作中不会出现。现在,这个期望原来是没有根据的。波·克里切夫斯基出现了,并且在根据自己的"策略哲学"修正和补充了"主观主义者"陈旧的臆造以后又重新使这种臆造振奋了精神。如果卡列耶夫先生有幸拜读克里切夫斯基先生的大作,他会满意地发现,"主观主义者们"的错误其实是很小很小的:他们认为真正的马克思主义者毫不尊重人们的主观计划;而根据波·克里切夫斯基的言论则是,马克思主义者不能承认那些力图预见社会发展客观过程的方向并且据以制定计划的革命者是自己哲学上的同志。C'est tout comme(这完全一样),可以不无根据地大声说:"一个老讲废话的人"。

波·克里切夫斯基深信,他的策略观点是"把马克思最深刻的历史哲学原理之一运用于党派斗争"。我们打赌,读者您猜不着他

---

① à la,法文,"像……之流"的意思。——译者
② "以便以更大的光荣赋予"。拉丁成语 ad majorem Dei gloriam,意思是:为了上帝更大的光荣。最后这句话应译成:并且为了客观过程的更大光荣而谴责这些计划。——译者

指的到底是什么"原理"。听我说出来您会惊讶的。波·克里切夫斯基所谓著名原理就是人类只会给自己提出可以实现的任务:"像人类一样,——克里切夫斯基说——在我们的时代代表前进运动的社会民主党给自己提出……一个接一个的策略任务是以产生完成这种任务的'物质条件'为前提的"(第26页)。

这句话中令人惊讶的是这样一种情况:社会民主党竟然站在人类的范围之外。的确,它"代表"人类的前进运动;然而从它模仿人类,"像人类一样"行动中可以看出,它不是人类的组成部分。我们这位"类人的"策略家只是忘了告诉我们,社会民主党站在人类的哪一方面:它是在上面还是在下面?

最后要指出,波·克里切夫斯基还遗漏了一种类型的策略,即废话策略。这种非常重要的类型的策略照样可以看成:(1)计划废话,(2)过程废话和(3)技术废话。我们可以同意,如果我们从计划废话和过程废话的观点来看类人的波·克里切夫斯基的文章,我们也许会觉得这篇文章具有全新的面貌。

关 于 示 威

(载 1902 年 1 月 1 日《火星报》第 14 期)

一天一天的过去，然而一天比一天不同。自认为是有经验的"实践家"的人们也许早就力图使"理论家"相信，"向俄国工人群众谈论消灭资本主义、谈论社会主义，最后谈论消灭专制制度——一般说来是荒唐的事"，他们尖锐地指责"劳动解放社"，说它似乎想"在乌拉声中攻下专制制度"。现在这些"批评家"的声音已经彻底消沉了，现在甚至不可救药的"经济派分子"也力求使自己的言论带上政治色彩，而且看来现在实际上出现了这样一些人，他们认为专制制度可以靠一次坚韧的努力"在乌拉声中"攻下来。谁提醒这些人，说我们对沙皇制度的胜利尚未临近，他们就指责谁给革命者"泼冷水"。这当然是轻率的指责：关于他们面临长期斗争的任何提醒都不是给严肃的革命者泼冷水，而这样的提醒能够使谁感觉受到压抑，谁的热情就只是表面的。战胜敌人的不是那些天天强调我们正处在"革命前夜"的人，而是那些准备孜孜不倦地完成一切为革命前夜最迅速的到来所必需的——无论是愉快的还是枯燥的——工作的人。那些刚刚离开自己农村的十字军骑士没有到过巴勒斯坦，每看到一座钟楼就问："这是不是耶路撒冷？"耶路撒冷是那些有经验的战士攻下的，他们知道自己面前的路程，并采取措施来克服道路上的种种困难。在我们的事业中，欺骗自己对于我们来说比我们阴险的敌人的所有军事诡计都要危险。

作为1901年开始的标志的示威在年底再次发生了。一切都使人想到，在新的1902年里将有和前一次同样激烈的示威，如果不是更大规模的话。工人阶级将最积极地参加示威；它的大部分是示威的主力。但它不会用空话欺骗自己。工人阶级参加示威的其实只是自己的某些阶层。就自己的整体来说它还没有动起来。作为这一原则的例外，也许只有著名的莫斯科动乱。正是并非全体工人群众都参加示威这种情况说明警察暂时还很容易对付"秩序的破坏者"。它在任何地方都还没有遇到反击。而反击在心理上是必要的，因为如果长期还不进行反击，那么示威就会失去自己对群众的教育作用，并且在他们的心目中就会获得将证明根本不可能公开反抗政权这样一种经验的意义。那时自然就不可避免地会产生这样一些斗争形式：它们使革命者同工人群众疏远并极大地妨碍他们解决他们任何地方任何时候都不应该忘记的最重要的任务——有条不紊地和经常不断地促进无产阶级阶级觉悟全面发展的任务。谁善于珍视示威的教育意义，谁愿意保持示威的这种意义，他就应该竭尽全力使示威越来越具有群众性。在群众性示威还不可能的地方，最好暂时不要上街。然而在那里应以更大的精力立刻着手为群众性示威做准备。

到目前为止对事情的这个方面没有给予足够的注意。我们面前放着一封信，它是《火星报》编辑部几个星期前从一个有大学的俄国城市收到的，它绝妙地证明了我们言论的正确。信的作者说："这里现在又开始了有可能发展成为新的'群众性骚乱'的学潮。

看来早就应该向工人散发叙述大学生中间发生的事件的过程、解释骚乱的原因等等的传单,但是任何类似的事情都没有做。我不知道用什么来解释这种情况……为什么不把大学生们怎样为自己的权利而斗争告诉工人,为什么不阐明他们同国民教育部的斗争在所有反对派分子同政府的总斗争中的意义,为什么不指出各个城市的学生们的坚韧不拔和相互支援?……知识分子似乎对聚集在他们的小圈子内的两三百名工人都了解他们这个圈子所创造的一切感到满足……消失在这些特选者后面的那些群众,跟他们是不相干的……"。

我们不想保证这段描述没有任何夸大。绝对不想!我们清楚地知道,在密切和认真地观察他所珍重的事业的进程从而对他发现的种种过失和缺点特别感到惊讶的那种人的口头和笔头上,夸大是完全可能的。然而相信作者所指出的那些缺点和过失确实存在,这对我们说来是不容置疑的。群众中的政治鼓动还不够周密、广泛和系统。工人群众就整体而言还不大知道在已经充满"群众性骚乱"精神的那些居民阶层——工人和知识分子中正在做什么。因此他们并未给这些阶层以他们能够给予和本来应当给予的那一切支持。如果示威之前在工人群众中进行了像在大学生中间进行的那种周密的、系统的和广泛的鼓动,——在大学生中间每次大的示威之前都要举行许多有准备的协商和会议,——那么响应我们号召的就不会是几千工人,而是几万工人,那时我们就会同我们的"镇压者"进行完全不同的谈判。

为准备合乎目的的示威而在群众中进行周密、积极和广泛的鼓动,其前提是革命社会民主主义力量的严密坚固的组织的存在,这当然是对的。而没有这种组织,现在对我们说来一般是应付不了的。

再说一遍:现在示威应该具有越来越多的群众性。但这是不够的。在每次示威中应该善于用有组织的反抗抵御警察的暴行。怎样组织反抗呢?对这个问题的最好回答自然将由经验提供。然而为获得经验不得不付出异常昂贵的代价。因此我们应该事先细心听取来自我国现时政治制度的反对者营垒的一切实际的启示。

不那么久以前在国外出版的小册子《关于街头群众性骚乱(一个军人的想法)》就怎样抵抗沙皇政府有组织的和武装的力量问题向我们提出某些建议。诚然,这位小册子的作者正赶在这样的时刻尚未到来并且暂时还不知道何时到来提出自己的建议。他建议在人民同军队斗争一开始的时候尽可能迅速地"取缔"民政、警察和军事当局。这个建议本身很不坏。当革命社会民主党牢固地组织起自己的力量,取得对人民群众、从而也对社会事件整个过程的决定性的影响,有力量发动武装起义,以便给予奄奄一息的沙皇制度以最后的致命打击的时候,它大概也会采取这位作者所推荐的这一勇敢的步骤。这将是幸福的时刻。然而现在我们不得不给自己提出一些比较谨慎的实际任务,不预先解决这些任务,上述幸福的时刻对我们说来任何时候都不会成为现实。在这些任务中占据最首要地位的一个任务,我们认为是组织对当权者的这样一种反抗:它将不是——暂时还为时尚早的——公开的起义,却会保证示威参加者有可能好好地还击警察和哥萨克匪帮。而在这个意义上我们觉得上述小册子作者的建议远不是没有益处的。例如他写道:"在现今普通百姓中有一种从能够对抗军队势力的实力观点看来很珍贵的成分……在工人中有不少各兵种的预备军官。有步兵,有骑兵,有炮兵……来自预备军官的工人们按各兵种集合起来,分成十人一组,以选出的长官为首,他们在骚乱时将是分散的乌合之众自动聚合的中心。

"和平时期组织起来的'十人小组'在骚乱时期就是人民军队的骨干。

"'十人小组'的成员们彼此间一定会很了解,一定能够互相信任,并且充分地互相依靠……在战斗时,十人小组的成员们无论如何都会团结在一起……"

在小册子的另一个地方,作者提请自己的读者注意把铁丝网横拉在街上(离地一俄尺①)可能带来的好处。按照他的意见,这种铁丝网会妨碍骑兵和炮兵的行动,会引起对革命者非常有益的混乱。

最后还要指出我们这位作者这样一些建议:"应当从四面八方包围步兵、紧紧地合拢,切断士兵彼此间以及和他们的军官之间的联系"。

"也应当事先开导士兵们说,人民打击的对象不是他们……"

这一切很像是十足的和极其有益的真理,我们衷心为这位"军人"先生的"想法"而感谢他。

当然,问题不在于细节。预备兵可以不按"十人一组"而按任何别的方式组织起来。除了十人小组还可能产生,而且大概产生了由工人和大学生组成的其他一些战斗单位。很可能这后一类战

---

① 1俄尺=0.71米。——译者

斗队甚至更加适合我国革命环境的性质。但确实无误的是我们现在已经能够在示威时着手组织反抗了。当我们组织起反抗时,警察的拳头和哥萨克的马鞭便不再不受惩罚地在大学生、工人和"旁观者"的头上和背上挥舞。

关于建立机动战斗队可能给我们带来的益处的这些见解,再次使我们得出必须把革命社会民主主义力量普遍地集中地组织起来的思想。提出这个思想等于重弹老调。但是老调重弹在这种场合是不可避免的,我们不怕重弹老调。我们将怀着不由自主地每天向自己的主人重复说"陛下,记住雅典人"的那个波斯人的耐心,自愿地对我们的同志们反复说:记住,我们应该组织起来!

寄自布鲁塞尔

布鲁塞尔,1901年12月31日

(载1902年1月15日《火星报》第15期)

我是在刚举行的国际社会主义者代表会议的鲜明印象下给您通讯的。出席会议的代表有:法国的瓦扬和惹罗-里夏尔;德国的考茨基和辛格尔;荷兰的万-科尔和特鲁尔斯特拉;美国的格龙;英国的海德门和奎尔奇;波兰的沃伊纳罗弗斯卡娅;俄国的克里切夫斯基和您的恭顺的仆人;比利时的安塞尔和王德威尔得,以及国际局书记维克多·谢尔维。

在依次讨论的各种问题中,没有任何一个这样的问题:它的解决在这方面或那方面决定着运动的命运,在讨论这个问题时必然引起情绪激动。何况国际局也无权解决这些重大问题。它的任务小得多:它应当为所有国家的社会主义者在更有管辖权的其他各级组织(民族的和国际的各次代表大会)通过的决议的基础上互相接近和采取一致行动开辟道路。因此,社会党国际局得要完成很多必要然而琐碎平凡的工作就不足为怪了。

譬如,在它的第一层代表大会的第一次会议上便不得不讨论在英国独立工党(Independent Labour Party)和社会民主联盟(Social-Democratic Federation)之间就国际局中的代表席位问题早已进行的争论。代表会议决定应于明年1月在伦敦召开两个英国社会主义派别代表的会议以调解这场争端。

从其他种种实际措施中我要指出以下几种：每一个在国际局中派有代表的民族，除两名代表外，建议还选出一个书记或者——在存在着两个社会主义派别的国家里——两个书记，以便同国际局保持联系。

其次，决定用法文、英文、德文和荷兰文出版国际运动公报。但这个公报将不作为单独的出版物出现，而是在德国的 *Neue Zejt*[①]、法国的 *Mouvement Socialiste*[②]、英国的 *Social-Democrat*[③]、荷兰的 *De Nieuwe Tijed*[④] 等已经存在的机关刊物的版面上发表。不用说，没有什么东西会妨碍其他各国的定期刊物在自己的版面上转载这个公报。我想，《火星报》和《曙光》杂志会从它那里找出俄国社会主义读者可能感兴趣的一切东西。

大家知道，1900年巴黎国际社会主义者代表大会通过决议，下次大会于1903年在阿姆斯特丹召开。现在我们的代表会议更准确地规定了召开这次大会的时间：它将在8月中旬召开。1903年1月国际局一位书记通知各国工人党与社会主义组织，邀请他们派遣自己的代表出席大会，并事先提出他们希望加以讨论的问题。

最后我要指出代表会议的一项决定，按照该决定，应当在布鲁

---

① 《新时代》。——译者
② 《社会主义运动》。——译者
③ 《社会民主党人》。——译者
④ 《新时代》。——译者

塞尔设立一个由国际局管辖的国际社会主义图书馆。急请各国社会主义者把自己的所有出版物都寄送给它。

现在我再来谈谈代表会议的那些其实践意义决定于其政治内容的决议。

根据考茨基和辛格尔的倡议，代表会议一致决定作如下声明：

"社会党国际局于1901年12月30日在布鲁塞尔召开代表会议，以各国社会主义无产阶级的名义最强烈地抗议在普鲁士管辖的波兰的日耳曼化政策，在那里普鲁士政府没有停止采取最野蛮的措施，以便用暴力强制波兰族居民放弃本民族语言。

"国际局也痛斥各统治阶级的伪善和虚假，它们没有充分地表达自己对英国在特兰士瓦的野蛮行为的愤慨，另一方面它们又赞成和支持政府加在德国境内波兰人身上的最可耻的压迫。国际局敦请波兰的劳动人民在国际社会民主主义旗帜下寻找反对对他们的精神文化和民族文化的压迫、同样也反对对他们的经济剥削的防御手段，并且尽一切力量加速斗争的胜利，只有这一胜利才会带来充分的精神上和物质上的自由和平等"。

关于"帝国主义"，代表会议根据海德门的提议一致这样表示：

"社会党国际局再一次请全世界的工人（无论是社会主义者还是非社会主义者）注意所有欧洲国家和美国为了满足资本家阶级的经济利益而坚持的帝国主义政策。

"尽管各民族间有时也产生敌意，这个阶级整个来说到处都用同样的方式行动，以便维持其全世界的统治。

"如果说最近英国在南部非洲、美国在菲律宾群岛犯下许多罪行，那么整个欧洲则纠合美国和日本在中国干了一系列在当代历史上留下丑恶污点的、非正义的和残暴的勾当。

"资本主义剥削给被奴役的各国人民造成的和我们在英属印度见到的那些可怕的后果——那里 2 亿 3000 万人由于英国的敲诈勒索而完全破产——在爱尔兰、波兰、非洲和亚洲使得这些人民精神上遭受屈辱和物质上陷于贫困。

"在毁灭性的工业危机笼罩所有国家的时候,各统治阶级利用帝国主义和沙文主义来抵消资本主义竞争的有害影响和削弱社会主义日益增长的影响。

"国际局向全世界工人热情呼吁,请他们不要屈服于资产阶级国家官员的阴谋,不要相信资产阶级报刊散布的谎言,并且用日益增长的毅力求充分地团结为工人阶级的特殊政党,以便在国际的基础上联合起来去消灭资产阶级的特权。"

最后,在俄国代表提出的并得到波兰女代表 B. 沃伊纳罗弗斯卡娅支持的两个声明中,代表会议痛斥了我国政府反动而残酷的行径。声明如下:

一、"社会党国际局一致抗议俄国政府为了自己的反动目的破坏芬兰人民的宪法,以及利用国民教育部长不久前的通令几乎完全关闭了犹太人进入中学和高校的通道。

"社会党国际局尤其认为自己有义务对反犹太主义者操纵的最近这次措施提出抗议,因为信仰社会民主主义的犹太工人通过自己孜孜不倦的活动曾给予国际无产阶级以巨大帮助"。

签名:

普列汉诺夫、克里切夫斯基、B. 沃伊纳罗弗斯卡娅。

二、"社会党国际局痛斥可恶的俄国专制制度再次沾满了鲜血，1901年5月7日在彼得堡奥布霍夫斯基工厂工人为庆祝五一节而举行示威时对他们进行了屠杀，后来又强迫其卑躬屈节的法院对奥布霍夫斯基示威者中随意抓到的29个受害者判处（1901年9月底）苦役和监禁。

"国际局向俄国工人这些英勇斗士致以兄弟般的祝贺，以表示国际社会主义对他们反对沙皇制度'这个社会主义和民主主义的敌人'的解放斗争抱有热烈的同情。"

签名：
克里切夫斯基、普列汉诺夫、沃伊纳罗弗斯卡娅。

大约晚上6点，代表会议的午饭后的——第二次和最后一次——会议结束。代表们散成小组，分头去各餐厅提提精神，以便重新集合起来出席8点钟的大型国际集会。关于这次集会事先在比利时党的中央机关报 Le Peuple① 和特别的海报上作了通知。我暂且不转述各国代表在这次大会上发表的那些演说的内容，因为讲的都是这种场合下通常会讲的话。我要补充的只是，无论您的恭顺的仆人，还是另一位俄国代表，都认为自己的职责是向西欧的同志们指出俄国工人运动强大而不断的发展，指出俄国无产阶级同沙皇制度不断尖锐化的冲突。指出这些不是无益的，因为在西方，甚至社会主义者对俄国所做事情的了解都是很糟糕的。然

---

① 《人民报》。——译者

而对俄国读者来说,其中却没有任何新东西,因此我就不多讲这些,而宁愿谈谈在挤满布鲁塞尔"人民宫"内大"节日厅"(Salle de Fêtes)的听众们中间洋溢着的那种激昂情绪。比利时的无产阶级现在为争取普选权而同资产阶级的反动人物进行非常坚决的斗争。战斗精神充满着比利时工人的心胸,因此外国代表们每一句坚决的话语都会得到听众们热烈的响应。我不止一次地参加过比利时工人的各种大型政治集会,可是还没有任何一次使我产生这样强烈的印象。

然而最令人愉快又最使人振奋的是工人阶级的儿童们和少年们之参加大会。这些幼小的和未成年的无产者们为了表示对外国代表的尊敬和谐而庄重地唱了许多歌曲。当最后一曲停息时,我看了身旁的瓦扬。"Quelle belle soirée!"("多么愉快的夜晚啊!")——这位激动的公社战士衷心地喊道。的的确确,我们这个夜晚过得非常之好。

再说一遍,比利时无产阶级现在正处在激烈斗争的时期。我们的比利时社会主义同志们坚信,他们的反动政府只会向实力让步,而且应该看到,他们多么系统而周密地进行着革命鼓动工作![①] 他们不会过早地投入公开的战斗;而当他们投入这一战斗时,他们的敌人将被打败——对此是无可怀疑的。十分明显,比利时的社会主义者遵循"计划策略"。

---

① 顺便指出,比利时政府同无产阶级斗争困难到何种程度,从这样的事实可以看出:示威期间,不得不关闭驻布鲁塞尔某些团队的兵营,而派宪兵去看守兵营大门。否则士兵们就会加入示威者的队伍。——作者

比利时无产阶级正在争取普选权。这将是比利时工人运动中向前迈进的新的巨大步伐。然而这个新的步伐在这个国家将是现在法国正经历的那场"社会主义危机"的开端。我想,比利时的社会主义会经受住这一危机,就像法国的社会主义经受住了一样,但是我不能不看到,"进步的代价"往往是相当高昂的。

西皮亚金之死和我们的鼓动任务

（载 1902 年 5 月 1 日《火星报》第 20 期）

西皮亚金辉煌的官运突然中止了。一个把俄罗斯国家几乎所有行政权揽在自己手中达 30 个月之久并残忍地滥用此权力的人，作为自己反动活动的牺牲品而毙命了。我国的"保守分子"为他的灭亡痛哭流涕，并对杀死他的年轻"凶手"的简单头脑大发雷霆。西方相当多的资产阶级报刊都随声附和。无论西方资产者，还是俄国"保守分子"都不会使我们感到惊讶。众所周知，我国的反动政党坚信它有权而且甚至有义务消灭一切有生命力的东西，任何以暴力回答它的暴力在它看来都是巨大的罪行。至于西方资产阶级，它早就过完了自己充满狂热追求的时期，并已成为"秩序"的维护者。俄国的大学生们举起握有武器的手，对准全俄专制君主那些像野兽一般的军警。他们使西方资产阶级感受到的不是同情，而是恐惧。在它看来，他们不像布鲁托夫，而像特罗普曼诺夫。他们的勇敢的、奋不顾身的举动，它觉得是对人权的令人发指的破坏。作为仁慈的人权保卫者，它认为只有在关系到争夺新市场或镇压企图摆脱资本压迫的工人的那些场合才允许使用武器。西方资产阶级对俄国青年学生难以容忍的处境的兴趣比对花费在俄国南部各冶金企业的法国资本和比利时资本的可悲命运的兴趣小得多。因为您的宝贝在哪里，您的心也就在哪里……。

要对西皮亚金之死负责的首先是他至死所归属，并以警方的劫掠回答大学生们最自然又最必然的要求的那个反动集团的顽固不化。要对这些白天和黑夜的劫掠行为负道义责任的主要是西皮亚金本人。他似乎立意要向所有有眼睛的人表明，沙皇政府对在校青年的"衷心监护"是我国那个在皇位的贵族小少爷最"不明智的幻想"之一。他成了几乎所有针对这些青年的镇压措施的负责的颁布者。要他对这些措施承担责任，有什么可奇怪的呢？

让反动的西塞罗们对杀他的"凶手"暴跳如雷吧。他们愤怒的哀号在我们这里不会使任何人产生错觉。俄国的"上流社会"现在再次抱有它20年前曾有过的，并因此而"同情"民意党的"恐怖主义"斗争的那种反政府情绪。

残暴的警察"制度"使所有正直的人都讨厌死了，也没有任何一个正直的和有头脑的人会对这个制度的顶梁柱和捍卫者的死亡表示哀悼。

Killing is no murder（杀人不是谋杀）！一位17世纪英国政论家在克伦威尔攫取了刚刚由革命党夺得的政权时写道。杀人不是谋杀——现在许许多多俄国人有充分的信心这样说。无须做一个桀骜不驯的"动摇根本的人"就可以懂得在卡尔坡维奇们和巴尔马绍夫们同粗野杀人犯之间隔着多么深广的鸿沟。

杀人不是谋杀！对这一真理的意识现在在俄国已传布得如此之广，以致它开始构成对我国解放运动的严重危险。这听起来是奇谈怪论，然而每一个愿意花点力气思索我国当前局势的人一定会同意这个看法。

警方的莫洛赫①的祭司们千方百计地使我国有自由思想的知识分子的恼怒达到无以复加的地步。当恼怒达到这种地步时，关于"恐怖主义"斗争的思想可以说就在社会力量对比还不允许考虑公开的群众性的武装起义的一切地方自然而然地兴起。而在——像现时在我们这里一样——这个思想已表现为某些实践行动的地方，以及在——又是像现今俄国一样——这些行动得到广大居民阶层热烈同情的地方，"恐怖主义"就力图成为革命斗争的主要手段，所有其他手段都被推到次要地位上。

　　这种意图的迹象现在甚至在我国社会民主党队伍中间也可以看到。某些社会民主党人开始常常谈到示威要付出太多的代价，而恐怖主义活动则更快地达到目的。70年代的经验表明，从这样的谈话到"经常采取恐怖手段"的思想距离并不远。然而对我国解放运动说来严重的危险也就在这里。假如这个运动变成了恐怖主义的，那么它便会因此损害自己本身的力量。

　　它的力量在于某个时候只吸引了知识分子的政治自由思想深入到了工人阶级的某些阶层。无产阶级的有觉悟的部分现在是争取政治自由的最可靠的战士。如果说青年学生的风潮现在在我国获得了这样的巨大意义，那么这种情况的发生恰恰是因为大学生们开始得到了工人的支持。这一点，完全自觉地同无产阶级打成一片的青年学生本身是很好地懂得的。他们非常清楚工人大军的决定性的政治作用。然而大家知道，任何工人大军所使用的斗争

---

① 莫洛赫，古代腓尼基人崇奉的、以儿童为祭品的太阳神、火神和战神。今又指警察惨无人道的屠杀暴力。——译者

手段都决定于它的组成。工人大军的组成是这样的,对它说来最方便和最实际的斗争手段是示威以及一般而言各种各样的群众性的街头运动。恐怖活动对工人大军来说只有在最罕见最特殊的情况下才行得通。在我国目前条件下,恐怖活动会导致一些个别人物及其小组脱离工人大军,并同知识分子中的恐怖主义者相结合,而工人大军的所有其余群众的积极性则少得多,其结果只会延缓——如果不是完全停止的话——我国无产阶级的政治教育工作,并长时间地推迟专制制度的垮台。

俄国工人阶级最有毅力、最有经验、最有觉悟的代表之一,斯切潘·哈尔士林正是根据恐怖手段妨碍把工人组织起来,因而整个说来也就妨碍对工人进行政治教育,才坚决地反对恐怖手段。的确,后来他本人变成了恐怖主义者,然而他之成为恐怖主义者不是因为他认为自己过去的见解是错误的,而是因为在他看来工人组织不再是刻不容缓的工作;他充满了这样的信念:亚历山大二世之死本身会带来宪法和政治自由,这时工人的政治教育工作会以我国空前的速度开展起来。他有这种信念,因此只要他不改变初衷,他就会重视恐怖主义活动胜于重视鼓动工作。但现在已经不可能赞同这种信念了。经验已经指明,这种信念是错误的。沙皇亚历山大二世死了,沙皇制度仍然存在。而要结束这种制度,必须摧毁它的基础。为了达到这个目的,除了对人民,首先是对工人阶级进行政治教育以外,没有其他道路。

据说恐怖手段也在教育工人群众,使他们振奋。这里有一点点真理。对事物现存秩序不满的工人为成功的谋杀而高兴,为未遂的,谋杀而伤心。他们对传到他们耳朵里的关于恐怖主义者的活动的消息自然感到振奋。但是这种振奋不会维持很久,而且同工人们由于亲自直接参加街头群众运动所产生的振奋是根本无法相提并论的。在后一场合下,振奋激发着主动精神,然而对恐怖主义者的同情则不仅不排斥对社会生活的消极态度,甚至支持和加强它,使居民习惯于把革命党看成是好善乐施但与己无关的一种力量,这种力量自行完成一切,自行击败自由的一切敌人,自行保证革命的胜利。恐怖主义使革命党孤立,从而使它必然招致失败。

说到示威在我们那里付出了许多牺牲,这一点,很遗憾,不容争辩。但是第一,以为恐怖主义活动在这方面就花费低廉,是错误的。恰恰相反。使革命者遭受最大的损失正是恐怖主义活动。而其次,任何斗争都不可能没有牺牲。牺牲过去有,今后也有。全部问题在于牺牲不是徒劳无益的,在于每次示威都给我们的事业带来它可能带来的那一切好处。

在第14期《火星报》上,我们已经指出,现在我们的示威的不足之处是:(1)参加的人较少;(2)参加者没有对当局进行有组织的反抗。经验表明,我们没有弄错。比如拿2月2日基辅的示威来说。它的参加者表现了真正英勇的胆量和自我牺牲的精神。但是他们人数比较少,警察容易对付他们。然而这不是一切。甚至参加示威的那些较小的力量也没有组织起来,这就更加削弱了他们的抵抗。另一方面,请看看4月5日赫尔辛福斯①发生的情况。在这里,正如外国一些报刊所报道的,警察遇到来自"群氓"的一致反击,就带着许多伤员退却了。这是在示威参加者未使用火器的

---

① 赫尔辛福斯,即赫尔辛基。——译者

情况下做到的，而使用火器是有害的，因为它会给政府提供用士兵的子弹"镇压暴动者"所需的借口。我们不知道4月5日赫尔辛福斯示威是不是组织起来了。看来是的。但是无论在什么地方毋庸置疑的是示威的成功取决于广大人民群众一致的行动。警察和哥萨克受到了四面八方的袭击。甚至从房屋窗口向他们投掷石块、木柴和装满腐蚀性酸类的瓶子。政府懂得所有居民都反对它，于是做出让步，延期征新兵。在现代，政治上取得成就的秘诀在于发动群众运动的艺术。当政治自由的思想在我们那里被全体工人群众所掌握的时候，——像这种思想已经被工人群众的某些阶层所掌握那样，——我们那里将会发生类似赫尔辛福斯那样的示威。而为了使这一思想为全体工人群众所掌握，就应该以十倍的力量来传播它。应该把暴露我国政治制度卑鄙龌龊的各种传单和呼吁书传布俄国各地。应当把这些传单和呼吁书散发到各个作坊、小饭馆、澡堂、有轨马车、教堂、旅店、铁路、轮船，一句话，到处散发。一切街头运动都应事前作好鼓动和组织的准备工作。凡是没有遵守这个条件的地方，最好不要示威。而在已经为示威的基本条件做好准备的地方，那就应该更坚决地采取行动。

谁把去年的事件看成"结局的开始"，对此感到失望是容易理解的：结局暂时仍然尚未"结束"。然而在我们的事业中幻想之为害并不小于——顺便说说——同出一源的胆怯。我们现在经历的"不是结局的开始，而是实实在在的开始"。因此结局迫使自己等待就不奇怪了：然而我们任何时候也不会等到结局，如果我们离开在群众中进行政治鼓动的道路并热衷于恐怖活动的话。

杀人不是谋杀！但杀人也不是通向胜利的道路。杀人可以惩处沙皇的某些走卒,但摧毁不了沙皇制度。我们非常珍视像巴尔马绍夫和卡尔波维奇之类人物的自我牺牲精神。然而我们追求的是推翻整个制度。我们主张阶级观点。而从这种观点看来,同沙皇制度作斗争的最可靠的和绝对不能取代的手段,过去是而且现在仍然是在工人阶级中间进行鼓动以提高它的政治觉悟,以及组织工人阶级的力量继续进行越来越坚定、越来越深入、越来越富有成效和所向无敌的鼓动工作。

只有在俄国无产阶级政治觉悟的基础上才能建立俄国政治自由的大厦!俄国革命运动将作为工人群众的运动而取得胜利,否则就根本不会胜利!

俄国的工人阶级和警察的鞭子

（载 1902 年 7 月《火星报》第 22 期）

5月1日是国际工人示威日。这一天，各国工人在一面旗帜下即在国际社会民主主义红旗下行动。这一天，他们明显地向所有有眼睛的人表明，《共产党宣言》作者们的战斗号召"全世界无产者联合起来！"并非始终是无人理睬的呼声。这一天，甚至目光很短浅的人也会看到，全世界善于独立思考的无产者真正联合起来了，那些不善于独立思考的无产者——那些还没有觉醒到过自觉的社会政治生活的、未开化的劳动者——将随着有觉悟的工人的继续影响而规模减小。5月1日告诉我们工人群众中什么是已经完成的，并号召我们以新的毅力在他们中间继续活动，只要我们的目的对我们说来不是空话，只要我们没有忘记工人的解放只能是工人自己的事业。

在这个伟大的日子里，各国统治阶级的自我感觉很不妙：它使他们想到正在临近的社会革命。这就是为什么他们的报纸凶狠地嘲笑示威者，而他们的"秩序"保卫者——一切部门和任何名号的警察——比平时更加卖力得多地对工人吹毛求疵的缘故。A la guèrre comme à la guèrre（战争时就按战争状态处理）。但是战争有自己的规律。被称为阶级斗争的这种战争的规律决定于——至少当事情还未达到最终结局时——爆发战争的那些国家的政治制度。在享有政治自由的立宪国家里,工人阶级有权在报刊上打垮敌对刊物的攻击,而警察由于受法律约束则克制其保守的热忱。我们俄国不是这种情况。在我们那里工人阶级没有任何合法的可能性来公开讨论和维护自己的利益,我们的警察也清楚地知道,长官意志对它说来是最高法律,只要一种暴行是他遵照上级命令去干的,就不可能会因此而追究其责任。

国家元首的专制实际上等于行政当局的专制,这是古老的真理。但是这个真理有自己的一些特色。赫尔岑早就说过,当年西方也有专制制度,然而在西方谁也没想到要鞭打斯宾诺莎或者让莱辛去当兵,在俄国却一定会有这两种情况。全部俄国文化史表明这一意见正确到何种程度,而最近几年的事变更好地证明了这一点。把无数大学生送去当兵在西欧大学的历史上是前所未有的事例,而鞭打5月示威参加者的消息,甚至在清楚地记得西欧专制制度种种勾当的那些西方人看来,也会觉得是别有用心的谎言。

我们的同志不仅在维尔诺①而且在其他一些城市所受到的侮辱性的残酷折磨,非常显明地说明沙皇制度对工人运动的态度。建立在臣民们完全无权的基础上的沙皇制度,要求他们完全没有个性和完全没有觉悟作为自己的必要条件。5月的示威——觉悟工人的事业——比所有其他示威都更有力地证明,意识之光已经深入到了俄国工人中间,在他们身上自身尊严的情感已经觉醒。冲突是必不可免的,它采取了按照沙皇政府的整个性质它本应采

---

① 维尔诺,即维尔纽斯。——译者

取的那种形式。这个政府需要奴隶。以示威者的姿态出现在政府面前的是勇敢的公民。于是政府抓起了鞭子，为的是提醒这些公民，鼓舞着他们的那些情感在我国是被禁止的东西，谁扩散它们，其下场将是最屈辱的处境。

鞭子的呼啸声之说明目前我国政治制度的性质，无可比拟地胜过枪炮的轰鸣声对它的性质所能做出的说明。鞭刑，这个为奴隶们安排的惩罚表明，等于行政当局专制的沙皇专制，同时意味着对无产阶级的彻底的奴役。它揭穿了祖巴托夫政策的、按其无耻说来是极大的虚伪：俄国工人因为参加了凡是劳动群众为自己争到了政治权利的地方都是完全自由地举行的那种示威，政府就用鞭子抽打他们，他们会从政府那里盼望到什么？除了新的锁链，什么也盼不到，除了新的屈辱，什么也盼不到！俄国工人不能把任何一点点希望寄托在政府身上。俄国工人应该对沙皇制度充满最强烈、最不可调和的仇恨。

斐迪南·拉萨尔在自己的一次非常有力的讲演中说过："现在我们充分地懂得什么是我国旧的专制制度。因此，要扔掉一切动摇，要扔掉一切犹豫！抓住它的喉咙，同时用膝盖顶住它的胸膛！"

俄国工人已经开始思考自己阶级的利益，但还未决心走上同政府进行革命斗争的道路，他们中间许许多多人现在在镇压5月示威参加者的消息的影响下肯定不再动摇了，肯定会抛弃一切犹豫和充满更快地结束我国可耻的政治制度的最强烈的欲望，在这个制度下，才可以无礼地嘲弄他们的工人兄弟。他们懂得，使俄国工人阶级从它的无数灾难中解放出来的第一个巨大步伐就是推翻专制制度。

> 不,应当终止强权!
> 如果受压迫的人没有得到权利,
> 如果他忍受不了沉重的负担
> ……
> 当什么也不能帮助他的时候,
> 他还有一把锋利的宝剑!?

对警察之镇压5月示威参加者显然要复仇。任何一个有觉悟的俄国无产者,任何一个俄国无产阶级的忠诚朋友,在没有报仇以前,是没有权利安静下来的。但是怎样报仇呢?惩罚什么人呢?这就是迫切需要我们回答的问题。

有献身精神的列凯尔特用自己的方式解决了这个问题,他给维尔诺的头号刽子手送去几颗子弹。英雄永垂不朽。然而英雄死了以后,沙皇制度的桎梏仍旧压在俄国工人阶级受伤的肩上,鞭打的屈辱仍旧威胁着表现出一点点自觉意识和独立精神的全体俄国劳动居民。光是这种威胁的存在就是对全体俄国劳动居民的极大委曲,怎样摆脱这种威胁呢?

我们认为,通向这个目标的道路只有一条,然而这条路是十分可靠的,我们党在现时不可能绕过它。

如果昨天伊万在警察管辖的一个地段受到肉体上的残酷折磨,今天彼得又杀死了某个警察,那么伊万的人格毕竟还是受到了凌辱。维拉·查苏利奇向命令鞭打博戈柳博夫的特列坡夫开了一枪。这一行动曾是维拉·查苏利奇的光荣,然而可惜,她并没有使博戈柳博夫摆脱无法忍受的精神状态。我们最近的实践任务不在于惩处沙皇的某些奴仆,——我们同样不可能单独地惩处他们中间的每一个人,——而在于总的打消政府用鞭子回答示威的嗜好。这一点我们靠单个人的一些自我牺牲的举动是做不到的;只有所有受到肉体上残酷折磨威胁的人都进行无所顾忌的反抗,才能做到这点。

行政当局有鞭打关押在施吕瑟尔堡要塞①的革命者的合法权利:它没有利用这个权利,它清楚地知道,对施吕瑟尔堡的犯人们可以绞死,可以用拳头掐死,可以用刺刀刺死,或者用枪托打死,但不能用鞭子惩罚。它明白他们将反抗到最后一口气,其结果,发生的不是"惩罚",而是把一个或一些囚犯简直弄成残废或者甚至杀害——一个可以在俄国和国外惹出许多不愉快的是非的事实。不顾一切的决心曾预防施吕瑟尔堡的囚徒受到侮辱。这种决心又在预防现在的示威参加者受侮辱。

人们尽可以不对我们说,施吕瑟尔堡关押的革命者的毅力受到多年斗争的磨练,而能够参加示威的却是刚刚走上抗议道路的普通的、"平凡的"人。在被捕的示威者中间大概总会找到一些历经磨练和受过考验的斗士,他们有能力主动地发起反抗,并把平凡的"群氓"吸引到自己身边来。俄国的劳动群众——城市和农村的工人,已经度过了他们轻易地忍受鞭子的那个童年时期。现在鞭子深深地侮辱着他们精神上的尊严,他们已经不难受到自卫榜样的感染了。

反抗刽子手;无论如何要反抗;反抗到最后一点力量,最后一

---

① 施吕瑟尔堡要塞,彼得要塞的旧称。——译者

口气——这就是对警察鞭子现时必然的回答。由于这种反抗,在警察的刑讯室里,"感化的惩罚"的舞台让位于革命者英勇自卫的、更加戏剧化得多的舞台。然而,如果在这样的自卫以后——这种自卫自然会引起许多使领导警察进行镇压的人感到"不快"甚至危险,如果甚至在这种自卫之后,警察局的暴徒们仍然得以使自己那些被打败的俘虏受到残酷折磨,那么从这种残酷折磨中,摧毁被惩罚者的意志并迫使他像奴隶一样驯服地躺在胜利者的鞭子下的"惩罚"因素就会完全消失,只留下跟美洲红皮肤的野蛮人使自己的敌人遭受的那些痛苦相类似的残酷虐待的因素。这种折磨人的行为成了这样的强大的鼓动手段;它使政府蒙受这样的耻辱;它在所有居民阶层中引起对政府这样的深仇大恨,甚至最顽固的彭帕杜尔们①也不得不放弃这种行为。

以前我国有过一些能做出自我牺牲壮举的人;现在也还有这样的人,但是个别人的自我牺牲壮举消灭不了现今我国的政治制度;而我们必须消灭的恰恰是整个这种制度,因为只有这种制度完全崩溃了,只有俄国获得完全的政治解放,才能很好地为俄国无产阶级从我们的警察国家那里受到的一切压迫和一切屈辱报仇雪恨。我们这些坚持无产阶级观点的人,必须汲取工人群众的英雄主义精神。而我们之要汲取工人群众中的这种精神,因为俄国工人按其情绪已经不是奴隶,因为他们已经意识到自己的尊严,并且有能力光荣地戴上"公民头衔"。

总之,应当对鞭子进行反抗。但这是不够的。也应当善于在

---

① 彭帕杜尔们,即昏聩刚愎的大官僚们。——译者

示威时抗拒逮捕。《火星报》早已说明,必须把这种反抗组织起来。它也部分地说明了,按照它的意见可以怎样地组织这种反抗。但是这后一个问题属于最好靠觉悟工人的联合力量就地解决的实践问题。我们现在要讲的只有一点:这些觉悟工人应该记住,他们现在肩负着重大的责任:有责任不让警察阻止对群众进行革命教育。

被迫的论战

(载 1902 年 8 月 1 日《火星报》第 23 期)

第 20 期《火星报》社论引起了所谓"社会革命党人战斗组织"的不满。这个组织责备我们,说我们指出 4 月 2 日事件和政府对待青年学生的反动政策之间的联系,是对这一事件作了不正确的阐述。这个"组织"纠正我们说:"C.B. 巴尔马绍夫首先是社会主义者和革命者……,他不是作为大学生,而是作为社会革命党人战斗组织的成员,根据该组织的决议并在其直接协助下杀死内务部长的……C.B. 巴尔马绍夫是党的战斗组织决定的执行者,而做出这一决定的种种动机,首先应该求之于该组织的正式声明,而不是求之于随便什么样的不知道有什么根据的猜测和假定。"

朱庇特,你生气,就是说你错了。

已故 C.B. 巴尔马绍夫之所以采取这些决定,其动机应该到他自己的言论中去寻找:只有注意到这个根源,我们才不会由于任意的猜测和"不知道根据什么"的声明而有犯错误的危险。

C.B. 巴尔马绍夫本人究竟说了些什么呢?

他在法庭上断然肯定说,他"唯一的同谋和助手就是俄国政府"。他一句话也没有提到"社会革命党的战斗组织",看来连这个组织及其决议的存在他始终都是不知道的。

人们对我们说，C. B. 巴尔马绍夫首先是社会主义者和革命者。我们愿意相信他是社会主义者，同时我们也没有丝毫嗜好而且根本没有任何可能怀疑他是革命者。但我们不知道怎么可以看出他是"社会革命党人"①。我们担心正是这个论断建立在"不知道有什么根据的猜测与假定"之上。

其次，有人申斥我们说，巴尔马绍夫不是作为大学生，而是作为"战斗组织"的成员谋杀内政部长的。然而如果 C. B. 巴尔马绍夫之属于这个组织不应受到怀疑的话，——但我们已经知道，这是非常可疑的，——那么在这种情况下，我们关于政府迫害大学生与 4 月 2 日枪击事件之间的因果依赖关系的看法就仍然会是完全驳不倒的了。要知道巴尔马绍夫的确是大学生，而且他的确亲身经受了针对我国青年学生的种种迫害的全部苦难。这些迫害使他变成了革命者，而他在成为革命者之后，也就能够接近"战斗组织"了（但这是同他自己的声明根本矛盾的）；这一切都是很自然的，但这一切丝毫不表明他的决定的形成跟我国反动派对我国高等学校的"衷心监护"没有关系，这一切也丝毫不表明我们弄错了。

战斗组织继续说："内政部长西皮亚金被杀死了，要对此负责任的是无数触目惊心的暴行，在这些暴行面前，甚至一切专门针对骚乱学生的残酷措施也会黯然失色。"

可是我们绝对不会说，C. B. 巴尔马绍夫要惩处西皮亚金，只

---

① Социалист-революционер，通译"社会革命党人"，直译"社会主义者—革命者"。社会革命党是 1901 年建立的俄国小资产阶级政党，以土地社会化和建立联邦政府为主要纲领。该党搞过几百次政治暗杀，从未完全放弃恐怖策略。本书除个别地方为行文方便对此词采用直译外，一般均译作"社会革命党人"。——译者

是为了大学生。"战斗组织"根本不理解我们的社论。巴尔马绍夫在给自己那支用来进行惩处的左轮手枪装子弹时想到的乃是整个受压迫的俄国的灾难,然而要知道早已发展得超出"学院式自由"的狭隘要求的俄国全体先进大学生们所想的也就是这些灾难。那时任何一个有头脑的人都不会感到惊讶:如果我们说我国大学生们(他们中间最先进的分子也不例外)的革命情绪首先是由它自己的作为学生"阶层"的处境的反常状态引起的。不知为什么"战斗组织"没有注意"首先"这两个字。这些字表明我国大学生所遭受的迫害是他们革命思想觉醒的最切近的原因。而一旦革命思想觉醒了,十分自然的是它不会限于纯学院式的要求。它会揭示青年学生特殊的状况和整个国家一般的状况之间的因果依存关系;它会提出政治的或者甚至社会政治的要求。巴尔马绍夫本人的例子就很清楚地说明了这一点。对他的案子的起诉书从他的一份手稿中引用了一段有意思的文字:"大学生们意识到,……他们生活在其中的制度得到一小撮有其个人的极端自私的利益的人的支持。大学生们等到了猛烈的镇压,……俄国政府想拿它自己制定的残酷的法律来换更不人道的法律……学院制度的改变只有随着整个社会制度的改变才是可能的,所以大学生们应当力求消灭现时的君主制度。"

这段话异常清楚地表明,正是俄国大学生反常的处境成了 C. B. 巴尔马绍夫革命思想的出发点[①]。"战斗组织"引证说,巴尔马

[①] 也许有人要对我们说,起诉书的作者可能不正确地引用了 C. B. 巴尔马绍夫的手稿。但这位巴尔马绍夫并不认为有任何必要对引用的段落提出抗议(如果这段话是起诉者杜撰的,他一定会抗议的),用某种解释对它进行补充。因此我们有权假定,这段话正确地表达了他的思想。——作者

绍夫在给自己双亲的信中写道,他将把自己的生命"贡献给改善劳动者和被压迫者命运的伟大事业"。这是神圣的语言;但是这些神圣的语言丝毫驳不倒我们。德国大学生卡尔·桑德 1819 年 3 月击毙科采布后用当时革命歌曲的一句歌词对自己说:Ein Christus Sollst Du Sein,意思是说,你应该成为基督;你应该为穷困的和受苦难的人牺牲自己的生命。这正是 C. B. 巴尔马绍夫所写的话。而且同一个桑德在坚决击毙科采布以后退出了学生组织,退出的理由是他想成为替全体人民复仇的人。

卡尔·桑德的心理同 C. B. 巴尔马绍夫的心理一模一样,其实很久以前所有中学生(理解力最低的中学生也不例外)都知道,要对科采布之死负责的首先是把当时德国的命运掌握在自己手中并以警察的迫害来对付当时德国大学生最自然又最必然的要求的那个反动集团的顽固不化。

所谓的"战斗组织"对它着手要正确加以说明的那个事件的历史意义理解得很差。我们斗胆地认为,我们多少已经向它说明了这个意义。然而如果它现在还有什么不明白,我们准备继续为它效劳。

和一位读者"朋友"的谈话

（载 1902 年 9 月 15 日《火星报》第 25 期）

  我们收到一封由第 23 期《火星报》关于警察镇压示威者的社论引起的署名"读者朋友"的来信。作者对我们那篇介绍"所有受到体罚威胁的人的绝望的反抗"的社论表示愤慨。

  下面是他关于这个问题所说的话："在刑讯室里受到凌辱的人们是在街上示威时被捕的，人们残酷折磨他们，因为他们追求自由，表现出阶级觉悟，同各个社会民主主义的政党及其机关团结一致。他们的事业就是整个工人阶级和一切革命政党的事业；对他们的凌辱就是对整个无产阶级、整个社会民主派的凌辱"。因此"对'怎样报仇'问题的回答，应该是把复仇的责任交给行动着的组织，而不是一定要交给遭受苦难的同志"……"《火星报》就是没有看到行动着的组织干预的必要性。至少它一句话也没有谈到仍然自由的同志们如何行动。复仇和保卫自己人格的全部重担都落在被囚禁者本人身上"……"先生，要知道这可是几近嘲弄啊！须知对由四打警察看守的囚犯谈论'自卫'是可笑的。如果《火星报》没有在这种或那种形式的积极的组织干预中找到解决问题的办法，如果在这个有深刻悲剧意义的问题面前它感到自己无能为力，……那么就算它是真诚的，就算它说了几句关于'英勇自卫'、关于'斗争'的漂亮的、但在这种场合却毫无价值的话,这时任何人都会清楚,从《火星报》对问题的提法中做出唯一的合乎逻辑和符合心理学规律的结论将是:受到体罚威胁的那些人应当用自杀手段……进行反抗!""有一些问题,先生,虽然这个或那个组织在这个时刻无力做出满意的回答,但不能由此得出结论,说它有道义上的权利用随便什么破布去塞这种漏洞。让被捕和被残酷折磨的工人们把事情办完,正如他们自己所知道的,只会给革命这个上帝的名望增加光彩,过去只能是利用他们的绝望的斗争这一事实来达到鼓动和教育的目的,而现在恰恰是用破布堵塞这种不甚光彩的漏洞"。

这封信使我们特别惊讶的是这位信作者用极其马虎的态度对待我们的思想。从"朋友"那里我们本可以期待更多一点的注意。

我们说过,如果甲今天在警察管辖的一个地段上受到侮辱,而乙在明天、后天或者概言之在以后杀死侮辱者,那么甲未必会觉得自己是复了仇。我们引证了博戈柳博夫的例子,他的沉重的精神状态不曾而且也不可能由于维拉·查苏利奇的枪声而消散。由此我们自然而然得出了这样的实际结论:通过谋杀来报仇无异于选择效果最小的复仇方式。

如果我们的"朋友"发现我们的符合心理学规律的看法是错误的,那么他应该说明并证明这一点。他没有这样做。为什么?因为他很马虎地——完全不按"朋友方式"地——对待我们的论断,也不理解论断的出发点是什么。

我们再次把我们"朋友"的注意力引到这一点上来,并且请他直截了当地说:如果在警察管辖的一个地段上他受到鞭子的残酷折磨,后来又听说他的同志们把下令进行残酷折磨的那个或那些人杀掉了,他是否认为自己是复了仇呢?

我们想,对这个问题只能给予否定的回答。我们确信,就是我们这位容易生气的"朋友"本人稍加思索以后也会给它以否定回答的。而如果我们这位容易生气的"朋友"做出否定的回答,那么他不可避免地将要采取我们的观点,而且……也不会生气了。

其次,如果什么时候我们这位容易生气的"朋友"受到警察鞭子的威胁,那么我们确信,他不再指望仍然自由的同志们的任何下一步行动了,他会对自己说,现在他剩下的恰恰是,而且仅仅是《火星报》曾经指出的那条路,即反抗刽子手,无论如何要反抗,反抗到最后一点力量,最后一口气。只要他这样对自己说,就会比任何时候更远得多地离开嘲笑自己的任何想法。相反地,对自己人格的意识以及对维护这种人格的必要性的意识,那时在他身上就会达到最明确的程度。

我们的"朋友"以为反抗是不可能的。他所以这样想,因为他不了解我国运动的历史。

维拉·查苏利奇在《曙光》杂志第 1 期上谈到的我们被捕的同志们对监狱当局的恣意妄为所进行的那种反抗、那种《狱中斗争》,就是我国历史上最好、最鼓舞人心的一页。嘲笑同志们的不是主张继续这一斗争的那种人,而是大谈其不可能的那种人。难道几根鞭子就足以摧毁俄国革命者的毅力么?

嘲笑同志们的不是对他们说"你们有出路;你们可以通过坚决的斗争维护自己的尊严"的那种人,而是对他们说这种话的人:"你们的处境是没有出路的;你们不能做任何事情来自卫;但是你们会发现处在自由状态下的、奋不顾身的同志们在为你们报仇"。

消极的、顺从地躺在鞭子下面的"群氓"和奋不顾身的、对这些鞭子进行复仇的英雄——这就是我们所看到的我们党的组成情况,如果这位信作者说对了的话。而既然历史不是由个别人创造的,那么这种场面就很少会有引人入胜的东西。幸好我们的作者大错特错了:勇敢的情绪不再是个别人的私产;群众变得越来越积极,而且他们那些被警察逮捕的人会在警察管辖的地段保卫自己。

我们说到过施吕瑟尔堡的囚犯们,我们说过,可以杀死他们,但不能用鞭子进行惩罚。我们这位"朋友"可以不同意我们,然而他没有权利用沉默回避这个论据。为什么他回避它呢?他没有仔细思索过它的意义,他马马虎虎地,——再说一遍,完全不是按照"朋友方式",——阅读我们的社论。而且仅仅因为他读得马虎,他才认为《火星报》觉得自己无力解决警察鞭子的问题。哪有这样的事呢?我们的"朋友"显然充满了我们的反对者们的观点:他以为,如果我们不建议采用恐怖手段,那就意味着我们干脆不建议采用任何手段。然而早就该摆脱这种观点了,因为如果这种极其狭隘的观点成了我国革命者大家共有的东西,那么我们任何时候也不会走向胜利。

仍然自由的同志们该怎么办呢?其被捕的代表们不得不在警察管辖的地段保卫自己的尊严"直到最后一口气"的那些组织,该怎么办呢?

他们应该做他们迄今做过的那些事:提高群众的阶级觉悟(因此也就是提高群众的政治觉悟);促进群众运动既向广度也向深度发展;用他们拥有的全部力量加快这一时刻的到来,那时一听到被捕的示威者在警察地段里受到残酷折磨的消息,就足以使愤怒的工人群众起来围攻警察匪徒的这些巢穴；加强自身的党组织，使它能够引导这些愤怒的群众走向胜利。

我们这样说，就在我们对"怎样报仇？"问题的答复上——为我们这位马虎的"读者朋友"——做出了准确而清楚的解释。被激怒的"朋友"没有理解这个答复；我们现在向他们解释我们的想法，同时在和他告别之前，我们怀着最大的信心对他说：上述复仇方式是属于严肃政党而非组成单纯的相互复仇的社团的那些人应当采取的唯一方式。

据说布加乔夫在军队里履行自己的哥萨克人的兵役时，根据首长的命令受到了鞭刑，这种屈辱第一次使他产生了造反的念头。我们不知道这是否真实；想必这是一个单纯的虚构。然而 Si non è vero è ben trovato（假设不真，也得想巧妙）。布加乔夫 à la[①] 的复仇比列凯尔特 à la 的复仇要可怕得无法比拟。

[①] à la，法文，"之类"的意思。——译者

俄国"恐怖主义"的逻辑不是我创造我向往的，而是我做我不向往的……

（载1902年10月15日《火星报》第26期）

我们面前摆着一本由"革命社会主义的""自由"社出版的第2期《自由》杂志。我们本来想详细地同读者谈谈这本"为工人出版的杂志"，然而我们不得不把这件事情推迟到能够清楚地确定杂志的倾向并且可以看清出版《自由》杂志的"革命者—社会主义者"同出版《革命俄国报》的"社会主义者—革命者"的分歧究竟何在的那个时候——我们不知道这个时候是否会很快到来。现在，当这一点还没有弄清楚的时候，我们能够考察的只是《自由》杂志的某些思想。我们从所谓恐怖主义思想开始。

在《用鞭子……巩固基础》（关于维尔诺的残酷折磨）一文中，我们读到以下几行文字："既然政府在监狱中实行鞭笞、屠杀，对长期的日常生活中的运动进行百般的污辱，作为斗争的武器，我们不管是否愿意都只得遵循'恐怖主义的行动方式'。如果冯·瓦尔的举动是失去理智的沙皇鹰犬个人的卑劣行为，我们就根本不必谈论反政府的恐怖主义斗争的任何组织了：在工人群众中总会找到奋不顾身的列凯尔特的，他会为同志们的受到侮辱的荣誉进行报复，并迫使政府的代表们克制自己野蛮的习气。不过这里表现出政府事先已经决定的观点，野蛮的和丑恶的行为一个接一个地发生。对计划只得回答以计划——组织恐怖主义的义勇兵团，对政府进行报复和惩罚。"

有组织的"恐怖主义"斗争，按事先制定的计划进行的斗争，这无非是一种系统的恐怖。

"自由"社先前也完全不是没有系统恐怖的思想，不过先前它把这类斗争的意义想象成另一种样子。所以，例如小册子《革命精神在俄国的复活》就主张把恐怖活动只看作"刺激"（эксцитативное）手段。按照这本小册子的作者的意见，恐怖活动之所以必要，本来只是为着在群众中激起加倍的政治鼓动。"一旦群众中加倍的、有力的鼓动开始了——恐怖的刺激的[①]（возбуждающая）[②]作用发生了，那时它是否仍然是真正的恐怖或者该立即让位于对政府权力进行一系列群众性的武装进攻，——局势会做出决定，生活本身会做出决定"（第1版第68页）。

什么是真正的恐怖？按照健全的推论可以得出真正的恐怖就是其活动符合恐怖一词的语源学意义的那种东西。众所周知，这个词意味着恐惧、可怕。因此不得不假定，按照小册子《革命精神在俄国的复活》的作者的意见，现在只具有"刺激"意义的恐怖，随着时间的推移，可能获得吓人的意义。然而这个自然的，而且可以

[①] 这个奇怪的、确实拙劣的术语的意思，可以像作者本人在括弧中正确地说明的那样，用 возбуждающее 这个俄语词很好地表达出来。——作者

[②] "刺激的"，原文为 эксцитативная，是借用自英文 excitative 的外来词，在规范的俄语中很少使用，故有下面原著注释中的那些话。——译者

说必不可免的假设跟同一位作者关于恐怖完全不可能具有吓人意义的那个意见发生了尖锐的矛盾。他说："我们认为必须……尽可能更尖锐地强调指出，在我们那里缺乏对恐怖的吓人作用的信心，因为对错觉的这种信心在工作一开始的时候就会被现实生活的实际情况所粉碎，其结果可能是最没有出路的和精疲力尽的悲观情绪。正因为这个我们才完全否定恐怖的吓人作用，而提出它的эксцитативное（刺激的）意义"（同一本小册子的第64页）。

在这一断然声明之后简直不可能维护这样的假设：即——按照"自由社"的意见——真实的恐怖是吓人的恐怖。然而在这种情况下，我们应该怎样理解这个神秘的恐怖呢？不知道。这很遗憾；但问题其实不在这里。问题在于我们这位作者设想在我国这样的革命斗争时期有可能到来，那时恐怖应该让位于群众同政府斗争的极端形式。于是，《自由》——出版上述小册子的那个自由社"为工人"出版的刊物——大概认为这样的时期不可能到来。至少它没有任何一句话暗示它所鼓吹的系统的恐怖活动后来可能发现是不适当的。怎么解释这种差别呢？人们说，差别在时间上：第2期的《自由》刚才出版，而小册子《革命精神在俄国的复活》一年半以前已问世。这是对的；然而在这个时期发生了什么变化？如果相信《自由》，那就应该说，政府对革命者的态度变了。《自由》说，在冯·瓦尔的行为中表现了政府事先已经决定的观点；因此对计划不能不用计划来回答，即用恐怖主义的义勇兵团组织来回答（第178—179页）。

我们暂且假定这是对的，即暂且假定这种义勇兵团组织确实是必要的。但是难道"自由"社只是现在才确信我国政府"将接二连三地采取卑鄙的行动"么？难道它没有像一年半以前那样曾经天真地对此表示怀疑么？

或许它会回答我们说,尽管它一般说来任何时候也没有怀疑过俄国政府卑鄙下流,但它不可能预见像体罚示威参加者这种令人憎恶的行动。然而细心的读者对这样的回答不会感到满意。第一,在1901年,当小册子《革命精神在俄国的复活》出版的时候,"自由"社可能知道,而且本来应当知道,早在1894年政府已经采用了体罚来镇压塔吉尔工厂的"骚乱"。而第二,请看一看在《革命精神在俄国的复活》问世时似乎本来就不可能预见政府卑鄙计划的这同一本小册子给我们描述了什么样的前景：

"现在政府对有'不端行为'的人进行分类,它把工人中对它不恭顺的分子划入一类,对他们诽谤中伤,并使他们在流放中注定要过极其饥饿的生活；它很快就中止对罢工的法庭审理……然后用蝎子代替鞭子,用смерчи Вселенские(!)①代替简单的恫吓,任性地到处宣布戒严,这种任性甚至对俄国诸制度(Sic②)来说也是令人吃惊的。它提高惩罚的所有等级,开始毫不含糊地把任何唆使工人群众搞政治动乱的人都长期苦禁在监狱里。它将用死刑进行惩罚……它逼迫所有的人,压制所有的人,这不会付出任何代价,这也不会有任何威胁！俄国政府既然采取这样的政策就必不可免地会要用自己的一切力量和最有煽动性的手段起来反对为自己开

---

① смерчи вселенские,意为"世界性的旋风",用词奇特,语义含混,所以普列汉诺夫在此处加了个惊叹号(!)——译者

② Sic,原文如此。——译者

辟政治道路的工人运动……"(第15—16页)。

如果这不是"计划",那我们就真不知道什么才叫计划。而如果这是"计划",那为什么"自由"社只是现在才确信对政府的恐怖"计划"必须用革命的计划来回答呢?这也是不清楚的。

现在由于警察的恐怖活动似乎变得如此必要的那个恐怖主义"计划",其意义依然笼罩在更加浓密的——已经根本不可窥测的——无知的云雾中。这个有计划的革命的恐怖活动是否将只有"刺激"意义,抑或跟"自由"社关于恐怖的恫吓意义是空洞的和有害的幻想、随之而来的必定是严重失望的意见相反,它将恫吓政府呢?

连篇废话的《自由》对此没说过任何一句哪怕最简短的话。为什么?因为它自己对恐怖的观点就没有做到首尾一贯。它想要恐怖,而且在一切适当的场合和不适当的场合都鼓吹恐怖,然而究竟为什么要恐怖,对此它自己也不怎么清楚。杀吧,但要真正弄清楚杀死谁,以及为了什么:为了"刺激",为了恫吓,还是为了别的某种需要。

在同一期《自由》上刊登了一篇关于著名的巴统大屠杀的有趣的通讯。编辑部以自己固有的议论对这篇通讯作了补充,补充特别明显地证明通讯一般说来对现代俄国工人运动,尤其对恐怖的观点,是多么的混乱与矛盾。

"巴统工人,——它说——按照高加索人的习俗,随身带着(?!)武器;他们出面要求释放同志们的时候,留在家里的不仅有左轮手枪和匕首,甚至还有小折刀……"这个事实是巴统人觉悟多么高的光辉证明。任何时候任何人都不会产生巴统人是懦夫的想法,因为最近的事件说明了完全相反的东西。而如果他们不是懦夫,不是由于惧怕同政府发生冲突才把武器留在家里并保持最温和的态度,这意味着他们由衷地懂得把群众组织起来的巨大意义……。在对全部人性的看法的这种影响下,我们在这位通讯作者的下述言论中找不到任何令人忧虑的特征:"他们,作为俄国条件下进行斗争的人,不管运用什么手段都是允许的"。"这种本身就冒险的信念并不是有害的,如果人们经常保持充分的觉悟的话。没有这种觉悟,焚毁安塔泽的房子,谋杀魏因舍得特的性命就都可能是极不适宜的,甚至有害于事业。代替有组织、有意识的工人斗争,只不过是几个人对几个人的复仇,虽然这种复仇也是大家都赞同了的!——实质上这样做对革命事业的好处并不大,因为明天会出来另一个安塔泽,他将对没有觉悟的群氓干同样的事……然而群氓稍有觉悟时,它就会作为整体来思索和行动。千千万万的人都明白,压迫他们的是制度,他们在进行反对这种制度的斗争,如果说必然性迫使他们在这一斗争中干掉几个恶毒的衣冠禽兽,一般说来是由于他们的卑鄙行为才惩罚他们的,——这种情况是作为工人斗争的一种表现发生的,丝毫不会有把斗争本身转移到杀人放火的方面去的危险。所有的人都在生活,所有的人都在行动,只在万不得已时,似乎是根据最有觉悟的群氓的判决才组织少数人去专门教训某个魏因舍得特和安塔泽"(第216、217、218页)。

读者,请不要抱怨我们长篇地摘录:它的冗长为它的大有教益所抵消而绰绰有余。实际上,请注意——按照《自由》编辑部的意见——其存在对于使"恐怖"活动无害于工人运动是必要的那个根本条件。这个条件可以用这样的话来表达:无产阶级阶级觉悟的高度发展。如这个条件还不具备,那时恐怖活动对工人运动就会是很危险的,因为它们会导致工人阶级自觉的、有组织的斗争为"一些人对另一些人的单纯复仇"所代替。很好!也很坚决!现在请问:俄国无产阶级已经达到了阶级觉悟的高度发展没有呢?凡是懂得阶级觉悟一词意义的人都会说,虽然俄国工人的觉悟现在正取得极其迅速的成功,然而尽管这样,只有轻浮的和渺小的献媚者才会使俄国无产阶级相信他们已经达到很高程度的阶级觉悟了。不言而喻,"自由"社并不属于这些轻浮的和渺小的献媚者。小册子《革命精神的复兴》的作者斩钉截铁地宣布(第14页),在我国工人队伍中"政治斗争的思想处在萌芽状态"①。

《自由》在重申《火星报》说过的关于示威时组织对警察力量的反击的必要性的思想时也指出:"如果示威发自大多数居民,那么工人战斗队仍然会是有益的……这样的队伍提供的帮助现在怎么评价也不算高:因为绝大多数示威者都是围观者,都是看热闹的人,常常完全是偶然来到的人,他们暂时还来不及在应有的程度上充满对政府的敌对感情,他们也不认为自己的义务是给它以接连不断的打击"(第2期,第95—96页)。

工人群众还未参加示威。这是完全的、虽说很可悲的真理。然而这个事实证明什么呢?是证明俄国无产阶级的觉悟已经达到很高的程度,抑或证明可惜还远远没有达到这种程度呢?

---

① 着重号是我们加的。——作者

同一期《自由》的另一个地方说道,"我们"①俄国社会民主党"不幸还不大会引起工人群众的注意……在党牢固地掌握并且构成党的基础的思想中,许多还没有成为俄国工人们的财产"(第133页)。这也是完全的、虽说极其痛苦的真理。但不是这个痛苦的真理使我们相信俄国无产阶级已经达到了高度的阶级觉悟。它所证实的恰恰是还未达到这种高度。

而如果真是这样,那就意味着我们那里暂时还不存在这样的条件,——用《自由》编辑部很合理的话说,——这种条件之所以必需,是为了使"恐怖"活动不致危害工人运动,为了使它不蜕化成——按照同一个编辑部巧妙的说法——几个人对几个人的单纯复仇。由此得出结论,《自由》本来应该坚决表示反对现在搞这种斗争的那些人。如果它希望和善于讲求逻辑,就本该如此。然而它既不善于也不希望讲求逻辑。它没有注意到自己固有的矛盾,也没有看出,"恐怖主义"斗争和其他任何斗争一样,都有自己固有的逻辑,这种逻辑必不可免地和确定不移地导致战士们有时完全意料不到的那种结果。请看一看我们现在所看到的情形吧。

《自由》一方面劝告我国革命者走上系统恐怖的道路,一方面仍然认为主要的革命力量应集中于对工人群众的鼓动工作,与此同时,较为彻底的人们则得出了另一些结论。

卡尔波维奇从狱中给自己的朋友们写道:"组织将存在,生活

---

① "自由"社有时把自己列入俄国社会民主党;有时说我们每个人都应该感到自己是"统一的社会主义政党的成员"(第99页);而有时又把自己的党说成是"革命社会主义党"(《革命精神的复兴》,第48页),而且它认为我国革命史上"革命社会主义"意向最鲜明的历史表现就是"民意党"(《革命精神的复兴》,第19页)。——作者

本身会迫使它进行政治斗争即同俄国政府的直接斗争。否则它将分解、融化，在没有出路的死角落里发霉腐烂。我不知道会有别的斗争像恐怖主义斗争一样"①。

显然，对于除"恐怖主义"斗争外"不知道别的斗争的"人们来说，工人阶级争取解放的政治斗争简直不可思议，至少在现代俄国条件下是如此。这些人的存在本身就毫不留情地驳斥了《自由》编辑部的这种看法：迷恋于"恐怖活动"丝毫不会使我们受到阻止革命力量大批涌入工人群众的威胁。不，很有威胁。如果所有"恐怖分子"在这个问题上都满怀卡尔波维奇的观点，并且所有革命者都成为"恐怖分子"，那么群众性的工人运动就要真正听任命运的摆布了。

是否可以担心卡尔波维奇的观点在我国"恐怖分子"中间广泛传播呢？很可以，因为它现在已经在他们中间传播得非常广泛了。巴尔马绍夫在侦讯时曾声称，由于俄国政府在同革命者斗争中采取的那些镇压手段，"和平的"社会主义的工作是不可能的②。鉴于"恐怖分子"通常把"和平的"工作理解为除手持武器的个人的（其实是"恐怖主义的"）和群众的斗争之外的其他任何斗争，不得不承认，巴尔马绍夫也像卡尔波维奇一样认为群众中的政治鼓动在现时我国的条件下是不可能的。这是对《自由》所持观点的新驳斥，也是对迷恋"恐怖活动"会给我们造成什么威胁的新说明。

----

① 参见小册子《卡尔波维奇和巴尔马绍夫在法庭上》，柏林，1902年版，第27页。——作者

② 同一本小册子；着重号也是我们加的。——作者

任何人都有权不讲逻辑。"自由"社也没有失去这一权利。然而生活不会在人们的主观逻辑的失误面前止步。生活有自己的客观逻辑,这种逻辑给予特别沉痛打击的正是那些没有较多逻辑才能的人。它每一步都会给这些人提供种种极不愉快的意外消息,并迫使他们今天恰恰去做不过是昨天才宣布为不必要和不可能的那种事情。

正是这些人可以用《圣经》上的话对自己说:不是我创造我向往的东西,而是我做我不向往的事情……

当社会运动客观逻辑的规律仍然是这个运动的拥护者中的某些个别人所不理解的时候,"不成熟的思想的失误"与其说可怕,不如说可笑。但是当这样或那样参加运动的人们中有相当大一部分人不想和不能理解这些规律时,就不得不承认,严重的失败威胁着进步事业。俄国革命运动的历史鲜明地证实着这一点。70年代我国有过一个时期,那时革命者们确信恐怖主义斗争不可避免,但同时他们坚信,"恐怖分子"能够而且应当仅仅成为革命党的"卫队",革命党的主力应该"到民间去"。他们曾像《自由》——而且可惜不只是一个《自由》——现在推论的那样进行推论。他们的这个观点很准确地表达在《土地与意志》杂志第1期社论中。如果那时有什么人对我国革命者说,他们的"卫队"会很快消耗掉他们的全部有组织的力量,从而结束他们"到民间去"的活动,那么他们只会耸耸肩:"要知道我们非常明白,——他们说,——没有人民的支持,我们革命者根本不会有任何意义"。但是在上述机关刊物第1期出版后刚刚过去半年,"恐怖主义"思潮就在"土地与意志"组织中占了上风,这种思潮的拥护者们热情地论证,在现代俄国条件下在人民中间工作,无异于"在困难中徒然挣扎"(参看《民意》杂志)。人们坐在斜面的顶端,希望在那里坐稳,满怀信心地重复说,滑向它的底端就意味着自杀,即毁灭整个革命事业。然而既成局势的客观逻辑把他们推向下方,他们自己却没有看出来,而且看来也违反他们那仍然要留在顶端的坚定的决心。这对现今我国拥护"卫队"、"刺激的"恐怖活动、"恐怖主义的复仇"之类的人来说,是一种 avis①。

我们再次重申:"恐怖主义"也像任何其他种类的斗争一样,有自己固有的逻辑。谁今天"承认"恐怖活动只是自卫的手段或"复仇"的方式,他明天或后天就会像卡尔波维奇或巴尔马绍夫那样认为它是我国唯一可能的革命斗争形式。那时社会主义也就没有了! 近期战胜政府的任何多少有充分根据的希望也就没有了。那时整个问题都归结为——用《自由》美妙的说法——"一些人对另一些人的复仇"。复仇者牺牲了。取代他们位置的暂时是越来越没有经验的一小群人("义勇兵团")。这样的斗争毕竟不能不是没有希望的。对复仇者的打击将越来越稀少,他们的力量将越来越微弱,而幸灾乐祸的一小撮反动分子对他们的死亡兴高采烈,将——用同一家《自由》同样恰当的说法——像过去的做法一样,研碎没有觉悟的群氓……Caveant consules!②

---

① avis:忠告、警告、通知等等。——译者
② Caveant consules:当心啊! ——译者

"历史在重演"

(载 1902 年 11 月 1 日《火星报》第 27 期)

犹太人的"崩得"的机关刊物《工人之声》(Arbeiterstimme)对第 22 期《火星报》社论感到满意。在这个机关刊物的第 28 期上登载了一篇文章,其中顺便把我们同书呆子相提并论。

《工人之声》从我们的社论中引用一段关于警察对 5 月示威参加者的镇压导致复仇的话,同时指出按照我们的意见,只有俄国获得完全的政治解放才能真正为俄国无产者遭受的一切压迫和一切屈辱报仇,然后写道:"这等于用书呆子的语言说话,书呆子硬说:先知以利亚①会回答所有的问题"。

"崩得"的机关刊物大概认为,我们想把复仇之事束之高阁。在它看来,这件事刻不容缓。它不愿意等待。它想马上报仇。

不仅《工人之声》希望这样报仇。在为自己生存而斗争的政府的新策略的影响下,在我们那里那些决不同意等待,以及正因为如此随时都可以不仅指责我们书呆子气,而且指责我们犯了更严重得多的罪过的人的数目,现在非常迅速地增长着。另一些人则走

---

① 以利亚(Elijah),希伯来先知,活动时期在公元前 9 世纪。基督教和伊斯兰教都承认他是先知。——译者

到这样的地步,看来他们真诚地认为我们是……反动分子。我们不是说笑话,如果必要,可以引证不久前出版的刊物上的某些著作来证明这一点。

我们怎样回答这些人的攻击呢?

我们对他们这样说:

你们不能等待么?神经衰弱的懦夫们,你们应当等待,直到能够武装起来,直到能够赢得人民的信任!你们不愿意等待?你们不愿意?真的吗?这么说,你们是为了你们革命的强烈欲望,为了你们老爷式的革命幻想而拿人民的未来进行赌博啰?两年以后人民可能会取得胜利;可是请看,俄国的革命青年却忍耐不住了。现在,此刻就应该……不,如果对你们持最怀疑的看法曾经是正确的,我现在仍然不相信有这样的革命党:当胜利将是可能的,当胜利将是可以设想的时候,它一分钟都不愿等待、不能等待。只有为了人民,只有同人民在一起,你们才有权投入战斗……

读者,您是否喜欢我们的回答呢?大概完全不喜欢。不仅不喜欢,而且我们用智慧的眼睛看到,您在读到"神经衰弱的懦夫们"这些字眼时,怎样焦急不安地把我们的报纸攥在手里,而在读到"革命的强烈欲望,老爷式的革命幻想"等文字时,就愤慨地把这张可怜的报纸扔到地上,赶快起草"抗议",力图把任何一个"统一的"社会民主党人、陷入"名望泥潭"的贪求者团结到自己方面来,并且不加区别地向所有人重复说,《火星报》不是同志式地进行辩论,它超出了一切界限,它把我国革命报刊史上没有先例的侮辱性言辞投向反对自己的人,它如何如何,以及诸如此类。我们早就知道,您的"抗议"将是雄辩的和高尚的,但是在您提笔写抗议之前,请注意这么一个远非无足轻重的情况。

　　引起您高尚愤慨的那几句话,从"你们不能"一直到"投入战斗",都不是我们的话。它是我们从1874年伦敦出版的彼·拉·拉甫罗夫的一本小册子《俄国社会革命青年》上抄来的。只是由于心不在焉我们忘记了给这段引文打上引号。因此,如果你们发表你们的抗议,那么它原来是反对《前进报》和《民意导报》的一位编辑①,你们的所有指责都是针对他的。而这也许会引起《革命俄国报》的不满。如果我们没有弄错的话,该报自认为同死者②有某种精神上的亲属关系③。请问,如果《革命俄国报》对你们的抗议写出抗议,这时它也同任何蹩脚的社会民主主义者协调一致么?要知道那时会出现完全荒诞的混乱。这样,抛弃任何关于抗议的想法,对你们说来,岂不更好么?做出姿态表示你们甚至不打算提出抗议,不更好么?我们在拉甫罗夫那里摘引来的几行文字为什么丝毫没有使你们愤慨,而且为什么你们任何一秒钟也没有上当呢?说实在的,这将会出色许多,特别是因为所有这些"抗议"有时不是别的,正是隐蔽地侵犯革命报刊的自由,企图堵住对手的嘴。

---

　　① 《前进报》,1875—1876年民粹派在伦敦出版的革命报纸。编辑为彼·拉·拉甫罗夫。《民意导报》,1883—1886年民意党人在日内瓦出版的革命刊物,由列·阿·季霍米洛夫、彼·拉·拉甫罗夫等人编辑。所以这里说的那位编辑乃指拉甫罗夫。——译者

　　② 此处"死者"指"那位编辑",即彼·拉·拉甫罗夫。——译者

　　③ 请您只把前"社会革命党人联合会"的《我们的任务》同前"社会革命党"的《宣言》(《火星报》第6期谈到它)比较一下,然后把《俄国革命导报》第1期编辑部声明同《革命俄国报》第7—11期的几篇"纲领性"文章以及同所谓"政治上自由的俄国的工人党"出版的小册子《自由》比较一下就可以了,这个"政治上自由的俄国的工人党"同社会革命党的联合,不久前在《革命俄国报》上作了报导。——作者

现在我们并排坐下来,好好解释一下关于那段没有打上引号的引文的一切。

正如阿列克赛·米哈依洛维奇沙皇享有"宁静"沙皇的荣名一样,彼·拉·拉甫罗夫也有"宁静"作家的声望。然而,正如阿列克赛·米哈依洛维奇在自己的整个"宁静时期"有时很严酷地镇压自己的大臣们,彼·拉·拉甫罗夫,不管他在文坛上多么温文尔雅,同样也会很尖刻地谈论我国革命界那些他觉得对革命事业有害的现象。而且值得注意的是,虽然我们上面提到的小册子惹恼了特卡乔夫的拥护者们(小册子正是反对他们的)①,但是它并未引起任何一个"抗议",谁也没有对它翻白眼,谁也没有慷慨激昂地拍胸脯,而且谁也没有叫嚷说其中包含着尖刻无比的用语,等等,等等。这是为什么呢?也许你们会说,拉甫罗夫的尖刻是特卡乔夫的尖刻引起的,而特卡乔夫则挑起同拉甫罗夫进行辩论?但这不是解释。难道不能对他们两人都提出抗议么?这在现在大概也会如此。

此外还应记住的是,我们引证的(未加引号的)一段话在拉甫罗夫那里不是特卡乔夫一个人的观点,而是我国革命队伍中整整一个派别的观点,当然,不能要这个派别对特卡乔夫一个人的尖锐

---

① 它不可能不惹恼特卡乔夫的拥护者们,因为尽管有类似以上所述的那种种尖刻的地方,它在结论中把特卡乔夫的追随者们号召我国革命者走的那条道路说得一无是处。"这是一条没有明确目的、没有明确纲领的路,——彼·拉·拉甫罗夫写道——在这条路上一切阴谋家、一切沽名钓誉者都会欺骗自己的信从者"等等(第60页)。读者,说这在相当大的程度上比您熟悉的,如此强烈地损害当代某些神经衰弱者的神经的"革命冒险主义"一词更为尖刻,难道不对么?——作者

性负责。问题究竟何在？为什么那时谁也没有提出抗议？莫非因为"神经衰弱"的人们当时还没有像今天这样神经衰弱么？

然而无论如何这都是一个尚未失去兴趣的问题。主要由于这种兴趣，我们才引证了彼·拉·拉甫罗夫的小册子。但愿我们在《工人之声》中的同志们不认为我们想把小册子的尖刻言词用在他们身上。完全没有这个意思。我们只是想要他们注意小册子作者的那个意见：往往有这样的情况，那时革命者从道义上应该使自己的急躁情绪从属于理智的论据，用合目的性的观点去评价个人的和全党的行为，那时不愿"等待"是犯罪的。《工人之声》编辑部似乎忘记了这一点。

它也忘记了，有各式各样的复仇。它不赞同这种观点：只有俄国得到全面的政治解放，才真正是为俄国无产者所遭受的一切屈辱和压制报仇。而由于在这种场合同我们意见不一致，它起来反对十分明显的真理。事实上这里讲的是什么呢？讲的是俄国无产者受到现今政治制度的种种压制和压迫。这些压迫和压制是不可胜数的，因为在俄国无产者过着艰难生活的一切地方——在矿山和工厂，在田野和道路，在监狱和城堡——它们全部落在这些无产者的头上。难道《工人之声》编辑部以为，用"恐怖分子"的一些子弹或者几普特黄色炸药的几次爆炸就可以为这些屈辱和欺侮报仇么？这个想法是极其天真的；这个想法意味着不仅背弃工人阶级的观点，并且根本背弃反对特定政治制度的政治斗争的观点，而站在对这个制度的某些代表人物进行个人复仇的观点上。这样的复仇什么都可以是，就是绝对不是政治斗争。

最后，《工人之声》编辑部还忘记了：社会民主主义者没有停止在恩格斯继黑格尔之后称之为形而上学的东西,即以"要么……要么……"公式为特征的那个逻辑上面。在遵循这个逻辑的人们看来,问题很简单:要么完全地彻底地战胜政府,要么完全不可能为遭受政府欺负而向政府报仇。坚持辩证法观点的马克思主义者懂得,争取国家政治解放的斗争是漫长的过程,在这个过程中,革命者面临的将会是对他们不共戴天的敌人的一系列局部的胜利,同这种胜利一起而来的因此也就是报仇。从这种观点看来,报仇完全不是被束之高阁;不,现在应当立即着手报仇,不要失去任何一分钟,而且——正如我们在自己的文章中说过的——在没有对欺侮报仇以前,不要认为自己有权哪怕稍事安闲。不过这里当然也还有一个没有解决的问题:如何理解复仇?对于这个问题,没有疑义的回答是没有的。在这里一切取决于回答者精神上和政治上的发展程度:对于一种人来说最好的、最"严正的"报仇在于他和他的亲人们为之而受到侮辱的那个事业的胜利;另一种人在受到侮辱时忘记了事业,他想到的只是如何惩罚带来侮辱的个人。不同的人报仇的方式各不相同。但是不难看出,哪一种报仇对事业更为有利。就拿《工人之声》的议论来说吧。政府通过祖巴托夫之口说:"我怂恿你们去搞恐怖活动,然后进行镇压"。为了达到这个目的,它侮辱革命者。而革命者受到侮辱之后,通过《工人之声》的嘴说道:"我们走上恐怖活动的道路吧!"不是明摆着的吗:这样的复仇政府不怕?

我们不怀疑《工人之声》编辑部有很好的意图。但是在这场争论中它的逻辑是糟糕的,它糟糕到这样的程度,甚至书呆子大概也会嘲笑这种逻辑,如果他们花点力气对它作一番了解的话。

罗斯托夫罢工的意义

（载1903年1月15日《火星报》第32期）

  俄国无产阶级在自己政治发展的道路上新迈出的每一步都要在我国革命队伍中引起关于策略问题的新争论。这是十分自然的和很好的。说它自然是因为工人运动的新步骤为我们提供新的"生活的教训"，而这些教训迫切需要恰当的解释。说它好是因为策略的争论有助于这种解释，从而至少使我们避免某些实践错误，避免必然随着实践错误而来的严重失望。"实践"是伟大而无可替代的东西。但是它本身什么也不教导。为了利用它的暗示，应当善于觉察和理解这些暗示。

  对不久前罗斯托夫事件，俄国革命者现在有许多热烈的争论。我们衷心地为这些争论而高兴，不过我们要指出，评论任何一种社会现象是一回事，对它说三道四却是另一回事。说三道四本来就是无益的。它不仅说明不了任何东西，而且相反，甚至还会把一开始就清清楚楚的事弄得模模糊糊。遗憾的是对罗斯托夫事件，许多人恰恰不是评论，而是说三道四，这非常非常可惜，因为这些事件应该受到最严肃的关注。

  针对我们顿河委员会提出的那些指责也是说三道四的结果。这些指责有时真可笑。例如有个（看来极其没有知识的）"知识分子"，就公开（即在革命者大会上）指责该委员会没有支持曾唱着革命歌曲出席罢工工人最初某次集会的青年人组织。对这些指责可以不加考虑。任何一个实干的革命者都不难理解，往往有这样的情况：鼓动者根本顾不上唱歌。但是有些指责具有比较严肃的假象。

某些拥护政治鼓动的人认为顿河委员会干得蠢，没有利用罗斯托夫工人群众的骚动来举行示威。另一些人走得更远，他们根据这一点硬说它倾向于臭名远扬的"经济主义"。对这种指责却不能置之不谈，因为它不仅不正确，而且会散布一连串最危险的策略误会。

它的不正确在于它对事情作了完全错误的描述。罗斯托夫示威，场面很壮观，持续时间也特别长。它开始于11月7日，星期四，直到下一周的星期四，即举行最后一次露天群众集会的那一天才结束。参加这一壮观而且特长的示威的人数，当然不是固定不变的，不过尽管有各种波动，它还是很多的，有时达到2万，甚至3万。这样的示威，我们这里还从来没有发生过。这就是为什么罗斯托夫事件构成我国工人运动史上一个时代的缘故。只有那些根本弄不清我们在工人群众中从事鼓动工作的意义和任务的人才会不理解这一点。

现象的外观使得指责者们犯了错误。他们习惯于认为街头游行是示威的必要标志，因此当他们听说罗斯托夫没有街头游行时他们就得出结论说没有发生过示威。然而这种游行完全不是示威的必要标志。1901年喀山大教堂前举行示威时就没有游行，1876年12月在同一个大教堂前示威时也没有游行。人们是否会对我们说,那时并没有示威呢？最后,如果罗斯托夫露天举行的民众集会不是真正的示威,如果人们向我们证明,把这些集会称为——比方——表达人民不满情绪的群众大会更为正确,那么我们并不会认为这有什么不好。莎士比亚在某个地方说,无论我们怎样称呼玫瑰花,它都不会失去自己的气味。关于罗斯托夫集会,我们说,无论我们给它什么名称,我们仍然要承认,它们对罗斯托夫工人的阶级觉悟的提高具有极大的影响。而工人阶级阶级觉悟的提高正是我们的鼓动力求达到的伟大目标。如果顿河委员会不采取示威行动就达到这一目标,它的功绩不会因此有所减损。指责者们说,顿河委员会本来应当带领在"活动小屋"里聚会的工人到市区去。但我们不理解为什么一定要这样做。当整个市区都走进"活动小屋"时为什么要从"活动小屋"走向市区呢？为什么甚至在大山本身正向穆罕默德走来的情况下,穆罕默德却非得要向大山走去呢？有各式各样的鼓动。有一种鼓动从社会民主党人的观点看来是富有成果的,还有一种鼓动从另一些党派例如无政府主义者或者自封的社会主义者—革命者的观点看来是有益的。向聚集在"活动小屋"的罗斯托夫工人发表政治演说的人们是鼓动。利用工人们第一批郊区集会以便带领他们到市区去的人们也是鼓动。然而要知道"活动小屋"里的大会乃是对罗斯托夫无产阶级进行政治教育的极好学校,市区的示威运动却可能以同武装力量的冲突而告终,这种冲突可能消耗当时正在发展的群众运动的全部能量,这种冲突不仅不会促进群众的觉悟,反而会长期阻止群众觉悟的提高。从社会民主党的观点看来,这种冲突会是有害的。当牺牲有益于事业时我们应该不怕牺牲,但是,当牺牲不会给事业带来好处,或者甚至像在上述场合下那样使事业倒退很远的时候,我们就一定要避免牺牲。然而如果我们不是社会民主党人,如果关于革命者们的特定步骤会怎样影响工人阶级阶级觉悟的提高的问题对于我们来说不是我们作判断时不变的准则,那我们就不会这样议论了。我们就会反复强调:"应该到市区去"。而如果到市区去游行以流血而失败,我们就会说:这是示威不会有任何好结果的新证明。恐怖万岁!为工人阶级夺取政治自由的"战斗组织"万岁!(比较《革命俄国报》刊登的卡丘尔的信。)依照自己的观点来说,我们可能很合乎逻辑,但是我们的逻辑同无产阶级解放运动的逻辑不会有任何共同之处。

强大的罗斯托夫"活动小屋"里的集会不仅就其总和说是能够产生极为深刻的印象的示威,而且证实:我们的政治鼓动现在能够和应当进入一个新的必要的和富有成果的阶段。

在这以前我国的示威活动中通常暴露出"英雄"同"群氓"的分离和疏远,这种分离和疏远同时既是我国革命运动弱点的结果,又是这种弱点的原因。"英雄们"慢慢地走在"群氓"前面,高喊"打倒专制制度!",挥舞着红旗,尽可能地击退警察局的匪徒们。"群氓"倾听着"英雄们""煽动性"的高谈阔论,读着红旗上的词句,或多或少强烈地对警察的兽行感到愤慨,并且或多或少高声地表示自己对示威者的同情。然而这以后事情就没有进展,或者很少有进展。常常是"群氓"依然故我,"英雄"也依然故我,而且正因为"英雄"依然故我,他们才不得不可耻地在警察一开始郑重地猛烈攻击时做出让步。这就使他们怀疑示威作为鼓动手段的有效性。他们,或者至少他们中的某些人,对自己和别人说:"为了在最短暂的反抗之后躲开警察的拳头和哥萨克的马鞭,是否值得走上街头呢?对最横蛮的沙皇军警进行单个的反击不是更好么,不是更有效么?"许多人开始觉得这样做的确会更好更有效。一旦他们得出了这种信念,他们就开始把所谓的(实际上谁也吓唬不了的)恐怖看成是最实际的革命斗争手段,而认为示威只具有次要的从属的意义。恐怖注定要导致"英雄"同"群氓"更大的疏远,导致"英雄"力量更大的削弱。因此,我们的政治鼓动的整个进程必然会把我们引入如下的矛盾:为了提高群众的政治觉悟,我们本应采取示威行动;而一旦采取示威行动,和一切预料相反,我们就在革命队伍中增强了一种情绪,其结果就会出现事实上放弃对群众的直接影响。要解决这个矛盾,可能只有一个办法:即消除使得示威者的力量削弱的那个原因。而既然这个原因在于示威不是"群氓"的事业,而仅仅是一些"英雄"的事业,所以必须使"英雄"不再作为脱离"群氓"的单独的要素而存在。换句话说,必须使示威具有群众性。对于这种必要性,我们早已在我们的机关报的第14期上指出过了。

可见,罗斯托夫事件表明了关于"英雄"同"群氓"融合的思想本身丝毫没有无法实现的东西。去年11月顿河畔罗斯托夫既没有任何"英雄",也没有任何"群氓",只有成千上万的广大工人群众,他们不可遏止地奔向新的自觉的生活,并且决心奋不顾身地同自己的压迫者和毒害者做斗争。"英雄"消失在"群氓"中,"群氓"同"英雄"融合起来了。"群氓"本身充满了英雄的自觉性,并因此不再是"群氓",变成了国际无产阶级有觉悟的军队中一支有觉悟的队伍。

一旦出现了这种变化,大家马上就会明白:现在警察局的匪徒们完全不像从前那样强大和可怕。演说者中间有一位向聚集在活动小屋的工人们问道:"我们怕不怕哥萨克的头头?"工人们齐声回答说:"不,不怕!"他又问道:"那么我们就继续开会,怎么样?"全体群众像一个人一样回答说:"对,继续开会!"于是会议在惊慌失措的警察"制度"的匪徒们的注视下继续进行,这些匪徒如果还没有完全丧失理解能力的话,当时本应该懂得,俄国社会舞台上出现了新的强大的力量。

如果事情发生了这样的幸运而且意义重大的转折,那么我们在很大程度上应该把它归功于我们的顿河委员会的机智、慎重和适度,这个委员会善于避免策略上的片面性,善于从事件中汲取尽可能汲取到的最多的教益,以便对工人进行政治教育。这就是它给我们的运动做出的重大贡献。对这种贡献的重要性的认识越是迅速地在俄国社会民主党人队伍中传播开来,我们每个人就会更加清楚地懂得,那些判断力很差而说三道四的要求却很强的人或者甚至整整一些流派,纷纷加在顿河委员会身上的种种攻击[①]是何等的没有根据。

是的,罗斯托夫事件揭开了一个新时代、群众性示威的时代。走在"群氓"前面的"英雄们"的示威已经过时了,失去了自己的意义。现在示威应该是群众性的,不然就根本不要搞示威。我们说这个话的时候一刻也没有忘记,群众运动不可能按照这个或那个革命组织的任意而发生。它们是社会发展整个进程造成的。然而

[①] 当我们收到提供这些没有根据的攻击的突出典型的《革命俄国报》第 15 期的时候,本文已经写好了。——作者

理解这一发展进程的人们可以促使运动加快。这也就是社会民主党不同于其他政党的地方,因为它的活动是使无产阶级变成先进社会力量的那个不自觉的社会过程的自觉表现。一旦我们相信现在开始了群众示威的时代,我们就应当按照这一信念安排自己全部有准备的鼓动工作。《火星报》已经指出,在大学生中间进行鼓动就是这样的工作,它在一定程度上可以成为在无产阶级中间进行鼓动的榜样。最近几年学生"骚动"以前通常都有系统地进行了准备工作,这种工作说明了正在开始的斗争的作用和提出的要求的意义。大家知道,甚至这种系统的工作也没有使大学生们达成完全一致的意见。在他们中间总有一些人对运动不同情,或者干脆漠不关心。这不奇怪;这样的人随时随地都找得到。但重要的是由于对运动作了系统的准备,所有按照自己的智力发展和按照自己的精神属性能够参加运动的大学生都参加了运动。由于这个原因,学生运动团结了它能够团结的最大数目的人群。因此要对付它曾是如此困难。然而应当吸引所有生气勃勃的无产阶级分子的那种政治运动,迄今为止只吸引了无产阶级人数不多的阶层,而它的其他阶层却仍然没有动静,虽然他们中间已经聚积了不少的革命能量。社会民主党的政治号召没有达到他们那里,因此他们对这些号召没有做出任何回应。这一点必然决定了我国政治运动的弱点。为了消除这个弱点,我们要像先进的大学生在求学青年中酝酿自己的"骚动"那样勤奋地酝酿自己的示威。我们要号召工人群众中所有已经能够参加斗争的那些分子进行斗争。在这种场合,"煽动性的呼吁书"会帮助我们,只要我们善于——而我们一定要善于——把这些呼吁书真正广泛地传播开来。最后,我们必须帮助那些由于自己在政治上打瞌睡而尚未苏醒的无产阶级分子得到发展。这是我们未来的同志。今天他们还害怕"政治",因此不愿意听从政治鼓动员。但是很快——也许不出明天——他们就会懂得,社会民主党的"政治"乃是他们自己迫切而明显的阶级利益的政治,——那时他们将会用充满激情的"乌拉!"来回答我们的政治性演说。而为了使他们理解我们的"政治"的意义,我们在对他们进行鼓动时应该正是从那些迫切而明显的利益出发,同时千方百计力求揭示这些利益同现存制度的利益的矛盾。罗斯托夫事件也表明了,只要举措得当,这里等待我们的就是可靠而迅速的成功。而成功在这种场合不多不少意味着新鲜的、越来越密集的、越来越众多的队伍将不断地加入革命的部队,而由"革命的霉毒"肇始的政治斗争将越来越变成群众运动,变成整个阶级的斗争。

许多繁重的工作摆在我们的面前!这也好嘛!不花代价任何东西都得不到,我们的繁重的工作会迅速地使我们接近我们伟大的目标。生活在这样的时代是愉快的!

无产阶级和农民

（载1903年1月15日、2月1日、2月15日、3月1日、5月1日《火星报》第32、33、34、35和39期）

I

一点历史材料

在《革命俄国报》第8期"党内活动片断"一文中我们读到：

"波尔塔瓦、哈尔科夫等省的大规模农民骚动在全体俄国革命者面前提出了，而且直截了当地提出了革命组织对农民的影响问题。现在，对这种影响的必要性、可能性和合目的性已经不容有任何怀疑的余地了。甚至以前绝对否定在农民中间进行工作的可能性和合目的性的那些俄国革命社会主义思想流派，现在也开始承认它是迫切需要的。"

不久前的农民骚动的确使人们对社会主义者在俄国农村的实际任务这个问题产生了新的兴趣。这是不言而喻的，这也是谁都不会争论的。然而正是因为这个问题现在产生了新的兴趣，有必要好好地弄清楚俄国社会主义者以前是怎样解决它的。首先应当问一下自己，究竟哪些"俄国的革命社会主义思想潮流"否定了在我国"农民中间进行工作的可能性和合目的性"。《革命俄国报》关于这一点是怎样说的呢？

它是这样说的："社会主义者—革命者的党和团结在其中的那些组织始终认为自己活动的基本任务之一就是农村的革命化和吸引农民参加共同的革命运动。这也是它不同于社会民主主义组织的根本差别之一，这也是它区别于社会民主主义组织的最根本的特征之一。承认有计划的革命影响的必要性和适时性，经常使得社会革命党人甚至在他们人数极少时实际上不可能加入他们始终不得不与之一道工作和一起厮混的那些社会民主主义团体，只好分道扬镳和开始独立的事业。"

看来是清楚的。正是俄国社会民主党是以前"绝对否定"在农民中间进行活动的可能性和合目的性的那个潮流。把我们社会民主党同"始终"（《革命俄国报》加的着重号）对上述活动有不可克服的嗜好的社会革命党人区别开来的特点也就在这里。《革命俄国报》不放过机会提醒读者注意自己"党"的这一难得的特点，并且据说不断地嘲弄俄国社会民主党人，说他们轻视农民。

"不得不在其中开始和进行这一工作的条件，——它用同情的口吻叙述说，——是艰苦的。从上面，从理论和纲领的高度，大声地和坚决地声明，在农民中间进行任何革命工作都是不可能的，甚至是不合目的的。1896年在伦敦代表会议上，俄国社会民主党的代表,即组成代表会议俄国代表团的一些人①,在国际无产阶级代表面前庄严地宣布,在现今的政治条件下,俄国革命者根本没有考虑去影响农村居民。俄国社会民主党1898年宣言一个字也没有涉及在农民中间工作的问题,好像农民根本不存在似的。这并不奇怪,因为1902年1月举行的南俄社会民主主义组织代表大会,可以说在俄国南方大规模农民骚动前夕就根本不认为必须在自己的工作纲领中提出对待农民的态度问题,仍然好像这个问题不存在。"

《革命俄国报》在列举了俄国社会民主党人对农民的罪行以后指出:"这些例子充分清晰地表明,人们把农民看成是 quantité négligeable②,看成是政治关系中纯粹的零。充其量只是容许在农民中间进行工作,而且还只是容许被环境的力量束缚在农村的那些人在农民中间进行工作。"

我们很快就会看到《革命俄国报》所列举的例子究竟有多么"清晰"。现在可以说,这些例子绝对没有"充分"说明俄国社会主义者对农民的观点。为了完整地说明事实,《革命俄国报》本应对过去看得稍微远一些,并且回忆一下直接先于我国社会民主

---

① 《革命俄国报》在注释中解释说"社会主义革命者联盟的一位代表当时没有被他们允许参加代表会议,而'老民意党人团体'的一位代表离开了会场,以表示对这种排挤的抗议。"这个说法不真实:"老民意党人团体"的一位代表离开会场完全是由于另外的原因;至于"社会主义革命者联盟"的一位代表,他是拿着仅仅由几个国外的俄国学生签署的委任书去出席的,而他之所以没有得到(代表会议,而不只是俄国社会民主党人)允许,正是因为他不代表任何严肃的组织,关于这一点,参见格·普列汉诺夫的小册子《反对俄国社会民主党的新的进军》。——作者

② 法文:可以忽略的量。——译者

党的那个"流派"是怎样看待在农民中间进行工作的。既然它不知为什么不愿意或者不善于提供这一历史材料,我们就不得不自己动手了。

早在1879年,即在俄国社会民主党连影子也不存在的时候,第1期《民意报》[①](在俄国出版的、很著名的同一名称的政党的机关报)曾经极其"坚决地"发表了这样的思想:在当前我国政治条件下在人民中间进行工作,无异于鱼儿撞在坚冰上。《民意报》当时宣称,它认为自己有义务坚定地重申这个思想,它赞同蒲鲁东这样的意见:重复是传播真理的不可替代的手段。每当它必须表述自己对俄国革命者的实践任务的观点时,它的确也是"坚决地"重复了这个思想。在我们革命队伍中"民意党"的思想越是传播得多,对待任何企图在农民中间进行宣传组织活动的否定态度就越"坚决"。凡是稍微熟悉我国革命运动史的人都知道这个情况。这也是"民意派"书刊所证实的。"吸引农民中间个别能够靠拢组织的人参加组织,——《民意日历》说,——自然始终被认为是很合乎愿望的……然而一涉及现在把农民群众组织起来,就会认为这在制订纲领[②]的时候乃是十足的幻想,而且,如果我们没有弄错,后来的实践未能在这方面改变我国社会主义者的意见"[③]。

这几行文字"充分清晰地表明","民意党"把农民看成"是quantité negligeable",看成"是政治关系中纯粹的零"。它们也表

[①] 1879年8月在彼得堡成立了俄国革命民粹主义组织"民意党"。该党于1879—1885年出版了非法报纸《民意报》,共出12期。——译者

[②] 指"民意党"纲领。——作者

[③] 《民意日历》,第129页注释。——作者

明,而且同样"清晰地"表明,如果俄国社会民主党事实上总是把在农民中间进行工作看作绝对无益地浪费革命力量(我们还会看到这个责难在何等程度上是公正的),那么在这种场合,它就同自己的先辈"民意党"完全走到一起来了,因此把这种观点仅仅归咎于俄国社会民主党的"纲领和理论",乃是大大地歪曲了真理。《革命俄国报》正是醉心于这种歪曲。很可能,它这样做完全是无心的。但无知不是可以原谅的理由。

我们引述的事实还"充分清晰地表明",在伦敦国际社会主义者代表会议上,"老民意派团体"的一位代表绝对不可能对在农民中间进行革命工作是否适时这个问题同俄国社会民主党人发生意见分歧,只要他仍然忠实于老"民意党"的观点。社会革命党人的一位代表也许就这个问题说过另一番话。然而一个代表微乎其微的一小撮在国外生活的俄国青年人的观点能有什么实际意义呢?

继续往下说。我们面前摆着第 1 期《俄国革命通报》[①],在那里,在《我们的纲领》(请读者注意:纲领)一文中我们遇到以下几行有趣的话:

"我们对待农民的态度应当是怎样的?不要忘记,'民意'在它英勇斗争时期所取得的和它遗留给俄国运动的那些政治成果中有对待农村这个民主变革的出发点、这个有主动精神的革命力量的否定观点。'民意'强调农夫的村社理想,指出土地问题对俄国的巨大意义。但它没有想到革命活动能够按照往年的成例为自己在

---

① 《俄国革命通报》,社会革命党秘密机关刊物,1901—1905 年在巴黎和日内瓦出版,共出 4 期。——译者

农村寻找出发点,和直接依靠农夫。而且按照我们的极端的信念,从那个时候以来这里并没有发生任何本质上新的现象使得我们放弃这一观点。"

《通报》编辑部承认,"农村知识分子的产生"使得农村更容易接受革命宣传。它也不怀疑,"由知识分子和工人在各中心地区开始的民主变革"现在会受到农村更自觉的支持。但是它坚决地主张,变革的主动性应当来自"城市的工人和知识分子"。而且它认为,把在城市工作的革命力量分派到农村中去进行宣传是不适当的。这种分派"暂时还"是"一种根本不利的、粉碎革命军队对专制制度合力突击的行动"。

这几行字也"充分清晰地表明",如果俄国社会民主党人的确对"农夫"犯了过失(而这一点,再说一遍,将给我们提供新的历史材料),那么他们的过错也同样是现在在"社会革命党"中占有非常突出地位的那些人的过错,对这个党来说回忆一下《镜子和猴子》寓言中熊的话将是很有益处的:

干吗费劲细数朋友呢,干亲家,
回过头来看看自己,不更好吗?①

《革命俄国报》对南俄社会民主主义组织代表大会很生气:这个代表大会"可以说在俄国南方大规模农民骚动前夕"召开的,它并不认为有必要研究农民问题。假定它的生气完全有道理,然而

---

① 参见《克雷洛夫寓言》,江西人民出版社1979年版,第159页。——译者

读者,你可记得《俄国革命通报》第 1 册是什么时候出版的么?它出版于 1901 年 7 月。这也"可以说"在上述所有"大规模农民骚动前夕"。我们知道,《通报》编辑部在自己的纲领性文章中关于农民问题说过:它承认我们已知的"民意党"对农村的否定态度是一项政治成果,并且"坚决地"表示反对把现今在城市工作的哪怕是某一部分革命力量派到农民中去。这是非常清楚和十分明确的。看来《革命俄国报》不可能不理睬这一声明;看来它应该严肃地注意《俄国革命通报》从"民意党"那里继承的和这家刊物编辑部向当今俄国革命家推荐的"政治成果";最后,看来只要它把自己高明的注意力放在这一"成果"上,就一定会把《通报》所表达的"潮流"算作"坚决地"否定农村工作可能性和合目的性的那些"俄国的革命社会主义思想潮流"。然而结果根本不是这样。《革命俄国报》在"嘲讽"社会民主党人时对《俄国革命通报》却不置一词。为什么?是不是因为它觉得"回过头来看看自己"不愉快呢?可能是的。不过在这种场合哪里有公道呢?

也许有人要对我们说,《俄国革命通报》编辑部毕竟没有完全否定"在农村工作"的可能性和合目的性:要知道它"还是热烈地欢迎过由于自己的那个职业方式可以说固定在农村的那些成员在农村进行的宣传"[①]。大概是根据这种热烈的欢迎,《通报》编辑部甚至认为有可能说,"它对农业阶级的态度不是以否定农村中的革命活动为依据的",不过"完全没有夸大在现今条件下它的结果"[②]。

[①] 《通报》,第 1 册,上述文章,第 12—13 页。——作者
[②] 同上,第 13 页。——作者

读者也许觉得，正是根据这一点《革命俄国报》才没有把《通报》编辑部算作如此这般的"那些俄国革命社会主义思想流派"。然而在这个场合读者错了。问题在于《通报》编辑部即使承认由于自己的职业而系结于农村的革命分子在农民中间进行革命宣传是适当的，也只是在1901年重复了16年前俄国社会民主党创始者"劳动解放"社纲领中说过的话。因此从这方面说《通报》的观点同"劳动解放"社的观点没有区别。既然可以宽恕《通报》编辑部，那也就应当原谅劳动解放社。而《革命俄国报》不仅不原谅后者，而且对它轻蔑地暗中讽刺，说被自己的"理论和纲领"弄糊涂的某些"潮流"充其量"只是"容许"被环境的力量束缚在农村的那些人"在农民中间进行工作。因此很明显，这种容许在它的心目中甚至不是最小的起缓和作用的条件。既然如此，为什么它又饶恕《俄国革命通报》呢？是不是因为它宁愿"细数朋友"呢？很像是的！

的确，在第1册《俄国革命通报》问世的时候，这家杂志还不是"社会革命党人"的正式机关刊物。它之被宣布为这样的刊物只是后来的事情。但是后来该杂志编辑部任何地方都丝毫没有告诉过自己的读者，编辑部改变了自己对"民意党"取得的"政治成果"的观点。因此不得不认为这个编辑部现在仍然很珍视这种观点。由此可以得出，直到现在为止，应当把它列入《革命俄国报》由于自己对待农村的否定态度而如此严厉地加以谴责的那些"潮流"。

这是相当有趣的结论。而还要有趣的是以下的结论。《革命俄国报》说，"社会革命党和同它联合在一起的那些组织始终（《革命俄国报》的着重点）认为自己活动的基本任务之一就是使农村革命化"。现在证明这是不对的，至少不适用于发起出版《俄国革命通报》的那个团体：这个团体显然任何时候（我们的着重点）都不曾把在农民中间进行工作列为自己活动的"基本任务"。人们就是这样写历史的！

然而这还不是一切。如果笔写的历史有时弄出某些古怪的事情，那么现实的历史有时走着完全不可思议的道路，正像已故的吉荷米洛夫在已故的《民意导报》上早已证明过的那样。

《俄国革命通报》编辑部指出我们所知道的、"民意"取得的"政治成果"以后——正如我们所看到的——断言，直到现在为止，即直到1901年7月，"在这里（即在农村）没有发生过本质上新的现象使得我们放弃这一观点"，即放弃同一"成果"。它没有看出这个新现象，它以为分出一部分革命力量在农村进行宣传是不合目的的。而新的现象原来早已存在。社会革命党人，正如我们从《革命俄国报》上所得知的，曾经积极地在农民中间工作过。"在许多地方，农民的丰富的同情心超过了革命者们最大胆的期望。"而且迅速"暴露出，在农村工作需要作更广泛的安排，这种安排已经不是个别的人和小组力所能及的"，因此"关于在农民中进行工作的必要性和迫切性的思想被越来越多的、不满意社会民主党对问题的提法的革命活动家集团所接受"。而《俄国革命通报》编辑部恰恰对此一无所知！难道这不是令人惊讶的么？后来，当《通报》变成"社会革命党"机关刊物以后，该刊编辑部不认为有必要对以下一点公开表示忏悔：它甚至根本没有料到联合起来组成一个新党的那些分子本身的活动如此卓有成效。难道这不是值得诧异的么？！

然而大家知道，无知完全不是证明。如果《俄国革命通报》编辑部对证明无误的《革命俄国报》和社会革命党人在农民中间取得的真正不可思议的成功一无所知，那么这些成功毕竟是存在的，难道《俄国革命通报》敢怀疑这一点么？并且这些成功不是逐日而是逐时都在增长。从社会主义者—革命者联合为一个政党的时候起，事情就以真正巨大的步伐进行了。作为圆满结局不久前产生了"农民联盟"，它发表了一封极其出色的"告俄国全体革命社会主义工作人员"书，其所以出色，因为它是用《革命俄国报》社论的文体写成的。这个重要情况"清晰地"证明，这些社论对农民头脑不仅产生强烈的印象，而且产生简直不可磨灭的印象。这自然是美妙的。然而不好的是被自己党的不可思议的成功弄得头昏眼花的《革命俄国报》看来完全忘记了革命思想在俄国的历史。

我们之所以提醒它注意这段历史，因为它涉及"民意党"和开始出版《俄国革命通报》的那个团体。我们很快还要提醒它注意俄国社会民主党对待"农业阶级"的态度的历史。不过我们预先需要确定一下无产阶级和农民这两个概念之间的区别究竟在哪里。这样的说明之所以必要，正是为了使我们有可能更确切地规定我们在农民中的实际任务。

II
"西方的"无产阶级和农民

我们从"西方"开始。为什么？这一点，研究进程本身会做出说明。现在我们请读者暂时满足于这样一个普遍性的看法：西方国家比我们祖国更"发达"，而更发达的国家在一定程度上指明"落后"国家所面临的任务。

什么是无产者呢？这是没有任何生产资料而因此不得不向生产资料拥有者、向资本家出卖自己的劳动力,即必须从事雇佣劳动的生产者。

而什么是农民呢？这首先是土地所有者。不过普鲁士的容克也是土地所有者,可是谁也不把他称为农民。因此,占有土地虽然是被称为农民的那个社会阶层的必要特征,但还不是它的充分的特征。

它有哪些其他特征呢？先前,在那个旧日黄金时代,当时"西方"国家(就以同一个普鲁士为例吧)和我们称为落后的俄国一样落后,在那里,农民的土地所有权和贵族的土地所有权在所有者法律地位上是不同的。现在这种法律上的区别甚至在最"先进的"西欧国家里可以说是完全消失了,因此在那里农民的土地占有只是按其规模而有不同罢了。

按照著名的德国经济学家康拉德所下的定义,这样的地段被认为是农民的:它大得足以使自己的占有者和他的家属运用全部劳力进行耕作,然而要使它的占有者可以不亲自参加耕种而只限于从事指挥和监督雇佣工人的劳动却又太少[①]。

康拉德把农民和小块土地占有者对立起来,这种占有者不可能靠从自己的一小块土地上取得的收益生活而不得不外出挣钱。(同书,第438页)

如果我们继续康拉德的这一对比(为了确切地分清概念,继续

[①] 《国家经济袖珍字典》(*Handwörterbuch d. Staatsw*),第2卷,第437页。——作者

这样做是有益的),那么,农民的土地占有在我国仍然是包括数量极不相同的地段。在德国,人们把2到100公顷(1公顷合0.9俄亩)以内的地段称为农民的。因此不能不同意A.托尔斯泰关于"有各式各样的农夫"的说法。拥有两三公顷的农民靠"自己双手劳动"过活,充其量也只是勉强糊口;而拥有100公顷的农民不仅享受着丰衣足食,而且——这对我们说来乃是主要的——经营时没有雇佣劳动者是对付不过去的。因此他属于企业主阶级、剥削者阶级。

然而这两类农民之间有许多使得它们之间的一个向另一个过渡几乎难以辨认的中间阶段联结起来。同时,剥削雇佣劳动者的农民本身参加他们的劳动,这就使他不同于仅仅指挥和管理"生意"的大企业主。因此有雇工的农民具有两重性的特点:这样的农民不仅是剥削者,他也是生产者。

他雇的工越多,通常他亲自参加他们的劳动就越少,而他的性质中剥削者的特点就越多;反之,他的雇工数目越少,他本人就不得不更多地参加劳动,因而也就更加接近独立的小生产者。

既然他的性质取决于这两个特点,那么为了理解这一性质应当对以下两点有清楚的观念:(1)什么是剥削者;(2)什么是独立生产者。

任何一个社会主义者都很懂得什么是剥削者。对这个问题作详细讨论是多余的。因此我们直接来说明什么是独立的小生产者。说明这个问题对我们之所以更有益,因为大部分农民完全属于这一类,他们靠自身的力量耕作自己的土地,根本不用购买他人的劳动力。

首先我们这里碰到这样一些问题：我们是否有权把"独立的小生产者"概念和"无产者"概念混为一谈？如果没有充分的根据把它们混为一谈，那么我们能不能至少把它们统一在一个普遍的、更广泛的概念比如"劳动居民"概念之中？

又行又不行！这里一切都取决于观点。

如果我们站在道德观点上，并且在宣布剥削他人劳动为不道德的同时按照现代文明社会的成员是否靠这种剥削过活来对他们进行分类，那么我们就一定会得出，无论是当雇工的无产者，还是没有雇工的手工业者，或者是靠自己的劳动耕种自己田地的农民，都属于一个社会阶级，即没有犯剥削自己同胞的罪过的生产者阶级。而且这个阶级在我们这里是同剥削者阶级对立的。

然而我们能否满足于道德观点呢？

我们不得不再一次回答说：又行又不行。在这里一切都取决于我们思想上的迫切要求。

曾经有过一个时候，许多社会主义者完全满足于道德观点。这个时候就是空想社会主义时期。后来社会主义者们不再满足于道德观点而转到科学观点上来了。于是开始了科学社会主义时代。①

科学社会主义的追随者们力求科学地理解现象和对现象进行科学的分类。而对现象的科学分类建立在现象的属性或现象的起源的基础上，而不是建立在我们对现象做出的那些道德判断的基

---

① 为了避免误会，我们要指出，许多空想社会主义者已经懂得道德的观点是不能令人满意的，并力求对社会现象进行科学的分析。但是他们还不知道在什么地方去寻找社会生活的基础，因此他们的分析不可能走得远。——作者

础上。我们可以尽情地责备狼和赞扬狗。这并不妨碍动物学家把它们归为一类——canis。

从科学的观点事情该怎样看呢？为了理解这一点，应当首先解决现代社会科学中所谓阶级究竟是什么的问题。

马克思在《资本论》第3卷最后一章提出了这个问题。在那里他是这样表述这个问题的：为什么雇佣工人、资本家和土地所有者构成现代社会的三大阶级呢？这一章始终没有完稿，因此没有做出充分的回答。但是甚至那里说过的话也足以确定作者的思想，如果不是从肯定的方面那么就是从否定的方面确定作者的思想。这就是说，我们认识到，按照马克思的意见，只是初看起来似乎这里（在上述分类中）事情在于收入和收入来源的同一性；进一步分析会导致另一个结论。这个结论是怎样的呢？看来永远弄不清楚了，因为正是在这个地方第3卷手稿中断了。然而十分明显的是，至少不是社会收入的分配，即不是社会收入之分成工资、企业主利润和地租，决定着现代社会之划分为三大阶级：雇佣工人、资本家和土地所有者。因此收入的分配不可能成为这种分类的科学基础。

如果这是对的，——我们现在就认为这的确是对的，——那么有些人根据独立小生产者的收入不超过、有时还低于无产者的收入或者根据大资本不仅剥削无产者而且也剥削小生产者这样一种考虑就把农民或一般说来把独立小生产者同无产者划为一个阶级，就显然是大错特错了。人们这里指出的事实常常是完全不可争辩的；但是这些事实所具有的根本不是通常人们赋予它们的那种社会意义。

社会划分为阶级是由什么决定的呢？《资本论》另一章即倒数

第二章对这个问题作了回答。从该章做出的一个普通的结论,可以用马克思本人的话来表达:特定的分配关系是历史上特定的生产关系的反映。

然而反映以被反映的东西存在为前提。因此特定的分配关系,即特定的产品分配方式,以一定的生产关系为前提。不仅逻辑上而且历史上也以它为前提。雇佣工人以工资形式获得一定的收入。这是很能说明分配关系的事实。雇佣工人除了自己的劳动力以外没有任何东西;一切生产资料都属于其他阶级:资本家和土地所有者。这是生产关系领域内的事实。但是为什么工人获得的只是工资,即只是他的劳动所创造的产品的一部分?正是因为他除了劳动力一无所有。分配关系反映生产关系。不过它们不只是反映生产关系,而且也为生产关系所制约。如果没有资本主义社会固有的生产关系,也就不会有它所固有的分配关系。而资本主义生产关系只是人类经济史中的一个时期。生产关系的产生是经济发展的结果,它们也将在经济发展的影响下消逝。谁要理解等待着现时资产阶级社会的命运,如果只知道其中产品的分配是怎样进行的,他就一步也不会接近自己的目的;只有在他懂得资产阶级社会固有的生产关系的历史性质和过渡的、暂时的意义以后,事情对他才会是清楚的。

现在我们知道什么是社会阶级。这是不同程度的大规模的人群等级,这些人在对其他等级的关系上处于相同的生产关系中。社会之划分为阶级是由社会中现存的生产关系决定的。因此我们在解决独立小生产者和无产者是否属于一个阶级的问题时应当注意这些关系。

从生产关系的观点看，无产者完全不同于独立的小生产者。他们双方都从事劳动：这是对的。但是一个为自己劳动，另一个却为主人劳动；根本的区别就在这里。如果小生产者为自己而不是为主人劳动，那么这种状况不是由于他的劳动，而是由他的、一定生产资料拥有者的地位。这种地位构成这类生产者的特征，这个特征使得他们成为一个特殊的社会阶级。

谁以为无产者概念应当融合在更"广泛的"劳动者概念之中，他或者根本不理解现代社会主义，或者为了跟"劳动者"真正解放事业根本没有任何共同点的某种实际目的而故意制造理论混乱。

任何特定社会的生产关系不仅决定着该社会的阶级划分和它固有的产品分配，这些生产关系还决定着一切伟大的社会运动的方向。资本主义社会的生产关系决定着这样一种情况：无产者如果不完成社会革命，就不可能扔掉自己身上的枷锁。因此无产阶级现在是主要的革命阶级。小生产者就不是这样。他们之拥有生产资料，正如我们所看到的，乃是他们经济独立性的保障。因此他们的生活利益要求保存生产资料私有制。如果说生产关系使无产者变成革命者，那么它们就使小生产者变成保守分子。

不用说，这个保守分子远不是始终满足于自己的地位。他也可能抱怨和骚动。不过，只要他的不满还充满着保守主义的，或者甚至是反动的精神，他就会坚持自己固有的观点，他就会努力地保卫或恢复对他说来重要的生产关系：这种不满的矛头不是指向生产资料私有制，而是指向妨碍他把这种所有制的利益据为己有的那个东西。他想阻止或倒转历史车轮。而这一点，"守旧派"先生们早已清楚地意识到了。比如我们已经引证过的康拉德关于农民说道:"农民过去始终是国家的最保守分子;他们始终顽强地坚持旧东西和用最大的毅力保卫旧东西。对财富的重要意义的观点和对祖国的热爱使他们成为城市中固有的革命思想的天然反对者和对抗社会民主主义意图的坚强堡垒"(同上书,第439页)。这种对农民保守性的乐观期待,其他西欧国家的"守旧派"就不止一次地表示过:作为例子我们举出法国经济学家苏尚的一本书。①

的确,近十年来社会主义文献中人们越来越频繁地表示坚定的信念,说可能和应当把农民吸引到社会主义方面来。而且不只一家欧洲刊物表达过类似的信念。新近不久,在芝加哥出版了一本叫《美国农场主》(The American Farmer)的书,它的作者、美国社会民主党人萨蒙斯认为,小农场主现在是工业无产者的天然盟友。不过萨蒙斯的这个意见并不违反我们的思想。只是应该恰当地理解它。

资本主义生产关系越来越扩大自己在当代各先进国家中的统治范围。生产关系统治范围的这种扩大,使得小生产者的地位无论在工业中还是在农业中都变得越来越不稳固、不独立和艰难。萨蒙斯列举了许多有趣的例子,说明美国的小农场主常常被资本的罗网团团围住。因此北美的社会民主党在小农场主中间也可以找到和应当去找自己的拥护者。不过为了使小农场主在它的旗帜下行进,绝对必须有一个最重要的心理条件:小农场主应当相信,小土地占有过完了自己的时代,生产资料私有制应该让位于生产资料社会所有制。换句话说,他应当放弃小生产者的观点而站在

---

① 《农民所有制》(La propriété paysanne),巴黎,1899年版。——作者

无产阶级观点上。在这一条件存在的场合下，社会民主党自然有责任接纳他参加自己的队伍。况且社会民主党有责任通过自己的宣传鼓动帮助他转到新的、他不习惯的观点上来。然而只要这种转变没有发生，只要农场主需要采取措施像小生产者一样来保证他的生存，只要他追求的不是社会革命，而仅仅是某些社会改革，以阻止大资本的胜利前进或者限制大资本侵袭的范围，他就不是社会主义者，在社会主义者中间他也没有什么事情可做。如果社会民主党忽然想要支持他的这些追求，那么他这样做的结果就会同自己固有的根本任务发生不可调和的矛盾，这个任务完全不在于阻止资本主义的发展，而在于利用这一发展来促进社会革命。

我们知道，在整个文明世界的各社会主义政党中间现在有"一些同志"用另一种观点来说明这个问题。这些"同志"说，社会主义如果着手捍卫农民本身的利益，它丝毫不会背叛自己。不过这些先生的这些论据只是暴露出他们自己的观点不清楚和不彻底。

圣贝尔纳在跟断言亚里士多德的观点和耶稣学说相同的人们争论时激动地说：你们证明的不是亚里士多德是基督教徒，而是你们自己是异教徒。

同样，我们可以这样评论那些向西方社会主义者推荐对待农民的"新策略"的"同志"中的许多人：他们所证明的不是他们提出的措施将促进社会主义的胜利，而是这个胜利完全不是他们，即我们的所谓同志们所需要的。

该结束了。在同读者告别，直到下一篇文章的时候，我们坚决地请求读者牢牢地记住，我们暂时只讲到"西方"，关于俄国我们以后再谈。

Ⅲ
"西方"的无产阶级和农民
（续）

我们已经看到,按照马克思的学说,社会之分为阶级是由社会中存在着的生产关系决定的,而从生产关系的观点来看无产者和独立的小生产者（手工业者或农民）完全不同。现在我们就不难解决维克多·切尔诺夫先生的话中有多少真理了,他在《作为经济制度范畴的农民和工人》一文中肆无忌惮地硬说,马克思在对农民的观点中距离机会主义者福尔马尔要比距离"正统马克思主义者"考茨基更为接近得多。[①] 维·切尔诺夫[②]先生引证马克思的话说,在小农手中土地是生产工具。他不理解,在《资本论》作者的心目中,正是拥有生产资料这一情况构成不允许把农民以及一般来说小生产者同无产者算作一个阶级的特征。按照马克思的意见,小农手中的土地不仅是简单的生产工具;在他们手中土地是最主要的生产工具,是农民的劳动和资本的必要活动场所。维·切尔诺夫先生没有注意到这个他讨厌的名词——"资本",——而指出该名词说明大资本怎样能剥削小农,对他将会是有益的。马克思清楚地

---

① 无须乎补充说,在维·切尔诺夫先生看来,福尔马尔的观点很接近于我国主观主义者和民粹派分子对农民的观点。在土地问题上,这些先生的全部同情属于福尔马尔们、伯恩施坦们、赫兹们和其他机会主义祭司们。——作者

② 维克多·米海洛维奇·切尔诺夫（1873—1952）,俄国社会革命党的创建人和理论家之一。——译者

懂得这一剥削的事实,但他同样清楚地懂得这种剥削在什么地方。它就在于大资本巧妙地利用这种或那种方式从农民身上夺走作为生产所必需的动产和不动产的拥有者、作为"小资本家"和"土地占有者"的农民在另外的、较有利的条件下本可获得的那个剩余价值。① 这就是为什么受到这种剥削的农民——,正如我们在前一篇文章②中说过的,——不起来反对生产资料私有制,而只反对妨碍他利用自己私有者地位这个优势的那些不利于他的条件的缘由。这就是为什么他不倾向于社会革命,而倾向于社会改革的缘由,这种改革会限制大资本的权力,而且一般说来会延缓现代社会经济发展的进程。简言之,这就是为什么他的地位不是使他成为革命者,而是成为保守分子,甚至反动分子的缘由。他只有在对捍卫或恢复自己的经济独立的可能性感到绝望,而转到无产者的观点上来,并力求不再维护小生产资料所有制和取消私人对这些资料的侵占的时候,才会成为革命者。

我们指出的维·切尔诺夫先生的这篇文章刊登在纪念尼·米海洛夫斯基③先生创作活动40周年的论文集《在光荣的岗位上》。因此,文章似乎是"非物质关系的物质表现"。而且,我们承认我们感到惊讶的是切尔诺夫先生的思想:他把对马克思的虚伪引证作

---

① 参见《资本论》,第3卷第2分册,第339、340页[参见《马克思恩格斯全集》,第25卷,第908—909页。——译者]。——作者
② 按指《无产阶级和农民》一文的第二节。——译者
③ 尼古拉·康士坦丁诺维奇·米海洛夫斯基(1842—1904),俄国民粹主义的社会学家、政论家、文学评论家。《祖国纪事》和《俄国财富》杂志的编辑之一。社会学中主观方法的拥护者。19世纪70年代末接近民意党。19世纪90年代从小资产阶级农业社会主义立场出发反对马克思主义。——译者

为文字礼物送给这位过周年纪念日受庆贺的人。难道米海洛夫斯基先生不该得到与事实相符的评价么？的确，要维·切尔诺夫先生不搞虚伪的引证是不可能的：他的理论立场确实太软弱了。然而如果米海洛夫斯基先生抽出工夫读一读《资本论》第3卷，——不过我们觉得这是很难想象的，——那么他自己自然就会看出虚伪来，而且大概会为此很痛心：它一定会再一次提醒他，他如此长久如此顽强地维护的事业，实质上已经无可挽回地输掉了。让德高望重的受贺人去搞这种没有乐趣的思考是否恰当，是否礼貌呢？

我们且把切尔诺夫先生留在他那虚伪引证的"光荣岗位"上，回头讨论我们的题目吧。我们力求用几个个别的例子来说明我们的一般论点。

首先拿手工业者这些在加工工业领域中小生产的典型代表来说吧。他们在德国的地位，正如在所有文明世界中的地位一样，变得越来越困难了：大资本毫不留情地从他们那里夺走一个又一个的阵地。他们不满意；他们发牢骚；他们想为自己争取到较好的未来。然而为了这个目的他们在做什么呢？他们力求延缓经济发展进程。他们的社会政治纲领浸透着保守的，甚至是反动的精神。为了不扯到"久远的时间"，就以从1882年起即存在的"全德手工业者联盟"的纲领为例：它带有中世纪的特色。另一方面无可争辩的是这样一个事实：在德国社会民主党的队伍中有不少手工业者。不过这些手工业者已经不是捍卫小私有制的利益，他们已经放弃了独立小生产者的观点而转到无产者的观点上来了。

现在我们来看看农夫们。北美的农场主早已感觉到，他们的处境并不很顺利，并且早已企图在反对大资本的斗争中联合起来。

很有意思的和当时相当有影响的农场主组织就是所谓"Patrons of Husbandry"或"Grange"①("农场主"或"农夫")联盟。这个组织看来在1876年左右达到了自己繁荣的顶点,那时它就有了5艘汽船、32架吊车和22处存放商品的仓库。它情愿称自己是工人组织②,并且同所谓"劳动骑士"保持着友好的关系。但是它的纲领本身甚至不包含对排除资本主义的必要性的暗示。相反,它断然地说:"我们不是资本的敌人,但我们起来反对垄断的专制。"③这是容易理解的:大资本不是在产品生产过程中,而是在产品流通过程中以及在信贷领域使农场主从属于自己的。因此"农夫协进会会员们"的努力不是把矛头指向资本主义社会固有的生产关系,而仅仅是指向涉及信贷、商品的运输和贸易的某些资本主义"垄断"。伊利希望,"乡村同城市"的接近会使工人运动具有"健康的保守精神"④。就以下的意义说他是对的:只要农场主不放弃小生产者的观点和不转到无产者观点上来,他们同工人的接近就会延缓社会主义的胜利。北美合众国工人运动的全部历史再好不过地证实了这一点。

在我们古老的欧洲我们又看到了什么呢?马克思的"批评家"先生们热心地反复说,西欧农村的经济生活和社会政治生活同马克思的"教条"有尖锐的矛盾。我们看一看这一点在适用于作为整

---

① the Patrons of Husbandry:农夫协进会,1867年美国成立的全国性保护农民利益的田庄农民秘密组织,正式名称是"保护农业社",又称Grange(格兰其)。——译者
② M.R.伊利(M. R. Ely):《美国工人运动》(The Labour Movement in America),纽约,第73、178页。——作者
③ 同上书,第74页。——作者
④ 同上书,第73—74页。——作者

个我们这篇文章的基础的绝对"正统的"教条时是否正确。

比如德国"农民协会"怎样行动呢？它们的纲领是怎样的呢？它们如何对待无产阶级的解放运动呢？这些协会在商品流通和信贷领域也同资本的"垄断"作斗争，同时全力捍卫私有制的"垄断"。它们的社会政治倾向在以下的情况中得到充分的说明：它们中间许多都不允许犹太人和无产者参加。①

那么法国呢？在这里农业辛迪加很流行，它们的绝大多数成员都是农民。而且这些组织，除了我们的"教条"容易说明的微不足道的例外，都反对同资本进行革命斗争的任何想法，即反对消灭资本主义而代之以社会主义的任何想法。从这方面看它们可能是小资产阶级的温和态度和保守的审慎精神的典型。因此法国的守旧派把它们看成反对社会主义的最好的堡垒。②

然而在西欧是否有这样一块幸福的地方，那里的农民很容易接受社会主义的宣传和鼓动呢？难道在匈牙利和意大利，农民不是同意社会主义者的意见么？而且难道尤里·加尔登宁先生没有告诉我们，意大利农民和匈牙利农民中间的社会主义运动在彻底粉碎马克思主义者在农民问题上的"教条"么？③

尤·加尔登宁先生的确告诉过我们某种极有教益的东西。可

---

① 乔治·布隆代尔（Georges Blondel）：《德国农村人口研究》（Etudes sur les Populations Rurales de l'Allemagne），巴黎，1896年版，第239、241页。——作者

② 《农业辛迪加及其工作》（Les syndicats agricoles et leur œuvre），Rocquigny伯爵作，巴黎，1900年版，第392页。——作者

③ 参见他的论文《匈牙利和意大利的社会主义运动给我们什么教训》，载《俄国革命通报》，第二集。——作者

惜的只是这某种东西不是反对我们的"教条",相反,它反对的是他本人和他的同道们。

就让我们看一看匈牙利吧。这里首先应当指出,绝大多数农民占有极少的一块土地,因此他们不可能靠自己土地上的收入生活。匈牙利的农民不得不出卖自己的劳动力给大地主。用我们已经知道的康拉德的术语说,他们不应当称为真正的农民,而应当称为小块土地的占有者。可是既然小块土地的占有者向别人出卖自己的劳动力,所以他们就不再是独立的生产者,而变成了无产者。正是因为这个缘故,一般说来他要完全转到无产者的观点上来就容易得多。为了实现这一转变,他只要失去对改善自己这个微不足道的生产资料的占有者的地位的希望,并把自己的努力集中于捍卫自己作为劳动力出卖者的利益就行了。而一旦他转到了无产者的观点上,斗争的逻辑本身早晚会使他产生消灭资本主义生产关系的思想,亦即使他走向社会革命。匈牙利小块土地①占有者的例子以惊人的清晰性证明着这个道理。

1890年匈牙利计有144万农民。他们的土地都不足5约赫②(一约赫等于半俄亩多一点)。不过那里的农村经济条件很差,甚至十约赫也不足以养活一个中等农民家庭。匈牙利农民,正如我们已经说过的,按其经济地位说是半无产者。这些半无产者从大地主那里租佃土地以便取得一份收获或者为了做工还债,或者受

---

① 法国人把很小的一块土地称为"Носовой пламок"(手帕)。——作者
② 约赫,古代中欧土地面积单位,在德国等于56.03公亩,在瑞士等于36公亩,在匈牙利等于43.16公亩。——作者

雇去搞土方工程以调整河水的流向。但是土地租佃的条件在最近几十年间变得越来越不利于农民。农业资本主义的发展消灭了农民和大地主之间旧有的半宗法制的关系，使得从前不会划算的大地主学会了精打细算：劳役制变得越来越沉重，而落到农民手上的那一份收获不断减少。① 在这种经济基础上也就产生了那种有时是很残酷的阶级斗争，这种斗争极其有力地促进了各种社会主义学说在农民中间的深入传播。我们看到，在这一切中间暂时还根本没有任何违反我们"教条"的东西。然而主要问题在于匈牙利的半无产者在自己的斗争中提出了怎样的要求。这些要求的特征决定着他们的运动的整个性质。而这些要求已经由两次农民代表大会很确切地表达出来了：一次是1897年1月31日至2月2日在布达佩斯召开的，另一次是在同年2月14日至16日在切格列德召开的。

布达佩斯代表大会提出了双重性质的要求：其中的一些要求涉及匈牙利农业工人的法律地位（普遍的、平等的和直接的选举权；罢工自由；迁徙自由；取消雇佣女仆的条例等等）；另一些要求关系工人出卖自己劳动力的条件（缩短工作日；扩大保护工人利益的立法和把这种立法延伸到农业；任命农业视察员等等）。在这两种场合，小农代表们都完全站在无产阶级立场上，而且他们全部行为中根本没有任何会稍微动摇马克思"教条"的东西。恰恰相反：当这些代表在结束自己的要求的清单以后自称为社会主义者时，

---

① 《两次社会民主主义农民代表大会》（Zwei social Demokratische Bauernkongresse），载《新时代》，第15年度卷，第811页以下。——作者

匈牙利社会民主党人可以毫不动摇地完全承认他们是自己的"正统的"同志。

对切格列德的代表大会也不得不说同样的话。在那里参加会议的小农代表中间，至少某些人看来部分地传染上了无政府主义，甚至反犹主义①，然而这次代表大会在自己的决议中却表明自己是同以支持小生产资料所有制的空想意图为出发点的那个小资产阶级社会主义格格不入的。这次代表大会提出的要求是为了作为无产者，而不是作为小业主的农业工人的利益。这一点从切格列德代表大会关于设法挽救小土地占有的一切方案都是空洞的诺言，或者充其量是软弱无力的权宜之计的坚决声明中可以清楚地看出来。代表大会宣布自己同社会民主党是团结一致的，正是因为它相信不可能阻止小土地占有的崩溃。② 作为一个顽固的"教条主义者"，本文笔者很希望他所捍卫的"教条"更经常地被驳倒，就像匈牙利的小农在布达佩斯和切格列德代表大会上驳倒它那样。

不过，为什么局限于这两次代表大会呢？所有以后的匈牙利农民运动正是朝着在布达佩斯和切格列德如此明显地表现出来的那个方向进行的。毫不奇怪，他们在自己往后的代表大会上善于保持无产者的观点。作为例子且举出第二次布达佩斯代表大会（1897年12月25—27日）和特梅施瓦尔南部匈牙利农民和农业

---

① 保罗·恩格尔曼(Paul Engelmann)：《论匈牙利农民运动》(Von der Bauernbewegung in Ungarn)，载《新时代》，第16年度卷，第691页。——作者
② 同上文，第817页。——作者

工人代表大会(1898年1月)。①

尽管有这一切完全不容争辩的事实,如果尤·加尔登宁先生仍然企图通过引证匈牙利来为难俄国马克思主义者,那么我们就只有假定这样两种情况中的一种:或者这位放肆的作者既不理解他争论的东西,也不理解他引证的东西,或者他把希望寄托在自己读者的轻信上。无论这两种假定中哪一种更接近真理,无可怀疑的是他的论文使他自己丢了脸,而完全不是使马克思"教条"的拥护者们丢脸。

Ⅳ

"西方的"无产阶级和农民

(续)

现在我们转到意大利来,看一看那里农民运动的情况怎样。

我们从拿破仑·科拉扬的一本很有名的著作中知道(第19页),西西里工人协会的"正式"纲领就是"意大利工人的纲领、马克思学派的纲领"。我们希望,即使机灵的尤·加尔登宁先生也不会利用这种情况作为反对马克思主义的借口。但是要知道这里说的是正式纲领;很明显,按照科拉扬的意见,还有某种不为运动领袖所承认的别的纲领,不过这种纲领也许因此就更适合西西里农民的观点和意图。这个纲领的内容究竟是什么呢?科拉扬用某个埃

----

① 《论匈牙利农民运动》,第691页。但是我们注意到,在第二次布达佩斯代表大会上大多数代表都是没有土地的农业短工。——作者

涅依·卡瓦拉尔的话来解释它,卡瓦拉尔说,西西里的 Fasci[①]实质上是类似英国工联那样的"抵抗协会"(第 21 页)。然而英国工联又是什么呢?这是目的在于改善出卖劳动力的工人地位的一种组织。如果属于这种组织的工人,其意图并没有超出这一目的,那么这就表明他们还没有认识到他们的阶级的真正地位以及这种地位所决定的革命的社会任务。可以也应当承认这些工人是眼光狭小的人;而且不应该把这些眼光狭小的人完全不具有的那些意图硬加在他们身上;不能把他们说成是小生产的捍卫者。"纯粹的工联主义者"站在无产者的观点上,不过由于他固有的近视,他仍然没有能力用自己的眼光扫视那里展现开来的整个宏伟的前景。因此,即使科拉扬是对的,即使"正式的"马克思主义纲领只为西西里协会的首领们所承认,而群众并没有超过独特的工联主义,在那种情况下,我们的"教条"仍然是不可动摇的;那时我们仍然保有充分的权利重申,在现代社会,农民运动只有在农民放弃小业主的观点而转到无产者的观点上来的时候才可能是进步的。

总之必须记住,西西里的运动只有在很有限的意义下才能称之为农民运动。除了从马尔萨拉经巴勒莫和墨西拿到卡塔尼亚,又从卡塔尼亚到埃特纳这样一段不大的以小土地所有制和对分佃耕制占优势的沿岸地带以外,在这个"富饶的半岛"的一切其他地

[①] Fasci siciliani:西西里协会,19 世纪 90 年代初在西西里建立的工人和农民组织。这些协会反映了下层阶级日益增长的社会觉悟。保守势力对他们的各种要求采取抵制方针,从而导致暴力行动的爆发。——译者

区都是大土地占有制占统治地位,而农夫乃是真正的无产者。①还请注意,在对分佃耕制和小私有制占优势的地区,协会的广泛分布比无产者地区要少得多(第59页)。这种有趣的现象看来也不是反对马克思主义的;加尔登宁先生大概就根据这个原因不认为有必要把它告诉自己的读者。

意大利半岛上的所谓农民运动也在极大的程度上具有纯粹无产者的性质:在那里农民协会经常是力求保证农业工人得到可能更有利的出卖劳动力的条件的抵抗组织。作为证明我们引证伊万诺埃·波诺米和卡尔诺·维参尼的小册子②和乔万尼·蒙特马尔丁尼的小册子③。"农民"协会经常也被称为"改善"(雇佣条件)的协会。④

尤·加尔登宁先生在自己的论文中对这一切绝口不谈,而《俄国革命通报》编辑部也不认为有必要对这个问题哪怕是说一句无关紧要的话。在这种场合沉默使他们变得滑稽可笑,这是应该指出的。

尤·加尔登宁先生想用意大利社会主义者"在土地问题上所采取的"那个"立场"来羞辱我们,他指出1901年末举行的波洛尼亚农村工人代表大会通过的一项决议。这就是他引证的该决议的一段文字:

---

① 科拉亚尼(Colajani):《大事件》(Gli Avvenimenti),第58—65页。——作者
② 《曼托瓦地区的无产阶级运动》(Il movimento proletario nil mantovano),米兰,1901年。——作者
③ 《波河对岸地区农民改良联盟》(Le leghe di miglioramento fra i contadini nell'oltrepo paese)。——作者
④ 《改良联盟》(Le leghe di miglioramento)。——作者

"考虑到,尽管农业工人——工资劳动者、取得部分收成的劳动者、小佃户和小农所有者之间有明显的差别,所有的农业工人都受到私人和国家两方面同样的剥削,

"考虑到,只有全体被剥削者以团结一致的人道原则和文明原则为基础的活动,才能给劳动阶级的精神解放、政治解放和经济解放事业提供足够的力量和影响,

"农村工人代表大会主张,必须把所有合作的和职业的社团结合为一个全国联盟,即把依据阶级斗争囊括所有下列劳动阶级在内的那些工人的组织结合为一个全国联盟:农村的长工和杂工、实物分成制农民、小佃户和小农,如果后者亲自耕种自己所有的或租佃来的土地的话。"①

这里初看起来似乎意大利社会主义者的"立场"同马克思主义者的"立场"有尖锐的分歧:小生产者本来就应当同无产者结合为一个联盟。但这只是初看起来似乎而已。

第一,加尔登宁先生没有引用波洛尼亚代表大会决议的全文。全文中还有下列一段很重要的文字:"至于小佃户、实物分成制农民和私有者,那么他们之被接受加入农业工人的某些组织,应该取决于他们在何种程度上关心这些组织所努力从事的那些改革工作"。②

---

① 《俄国革命通报》,第2册,第207—208页。——作者

② "Quanto ai piccoli fittavoli, mezzadr'e proprietori, la loro accetazione nelle singole organizzazioni dei lavoratori della terra deve essere subordinata alfatto che essi siano interessati al miglioramento di quelle categorie cui le dette organizzazioni si riferiscono."参见《前进报》(L'Avanti!)*,1901年11月26日。——作者

* 意大利社会党日报《前进报》,1896年创刊,在罗马和米兰出版。——译者

实际上结果必然是这样的：存在着捍卫作为劳动力出卖者的农业工人的利益的组织；而参加这些组织的不仅有农村无产者，而且也有小佃户、实物分成制农民和私有者，只要他们关心这些组织的斗争，即只要他们自己不得不出卖自己的力气。这是完全自然和必然的。然而提出这个决议的那些人即波洛尼亚代表大会的报告人绝对没有把小农概念同无产者概念混为一谈。如果他们犯了这种混同的过错，他们就不会提出我们所引证而加尔登宁先生由于他固有的沉默态度而予以疏忽的补充说明了；他们不会说小私有者等等之被接受只是因为如此这般。

第二，加第（Гаттп）所提出的和代表大会绝大多数所通过的补充意见规定，小私有者的消费组织尽可能和农业工人组织团结一致地、但却是独立地活动。① 无论加尔登宁先生，也无论《俄国革命通报》编辑部都丝毫没有谈到的这个补充意见，十分清楚地表明，意大利的社会主义者很好地懂得以无产者为一方和以小农为另一方之间的差别是何等巨大。

他们在何等程度上清楚地懂得这一点，从波洛尼亚代表大会上进行的辩论中可以看出来。在辩论期间，意大利社会主义者左翼领袖恩利科·费利直接要求，根本不接纳小私有者参加工人组织，而右翼领袖菲立普·屠拉梯虽然起来反对这个要求，但唯一的原因是，用他的话说，小私有者一半是鱼，一半是鸟，有时其中一种性质占主导地位，有时是另一种性质占主导地位，而在每一个特定场合是哪一种性质占主导地位则取决于当地的条件。② 代表大会

---

① 《前进报》，1901年11月25日。——作者
② *Ma in sezione separata da essi.* ——作者

通过的决议比较接近屠拉梯的"立场"。而这一"立场"完全符合我们的"教条"。例如我们论西方的无产阶级和农民的文章的基本思想就恰恰是：当农业生产者拥有的生产资料保障他的经济独立时，他就是"鱼"，而当他不得不有时出卖自己的劳动力时，他就部分地变成"鸟"。这就是说，随着他在怎样的程度上进行独立生产以及在怎样的程度上他不得不从事雇佣劳动，他身上时而是"鱼"的性质，时而是"鸟"的性质占主导地位。谁懂得这个道理，他就决不会说，——像我国所谓社会革命党人所说的那样，——小农和无产者属于一个社会阶级。而正是这一点"需要证明"。

力求把小生产者和无产者等同起来的政党，乃是妨碍无产阶级把自己的"立场"同小资产阶级"立场"区分开来的政党。而妨碍无产阶级这样做，意味着为小资产者的利益工作和损害工人阶级。因此……然而甚至对于因《火星报》称我国"社会革命党人"为小资产阶级政党而感到惊讶的那些人说来，结论也是清楚的。

V

"西方的"无产阶级和农民

（完）

西欧社会主义的机会主义者们、所谓的马克思批判家们，现在关于农业合作社写了和说了许多话。他们认为这是一条农村居民可能由以达到社会主义社会而避免资本主义阶段的道路。在他们某些人的心目中，这条道路有这样的优点，即农村居民一旦走上这条道路，就不仅会避免资本主义，而且也会避免阶级斗争，这种斗争将成功地由阶级联盟所替代。① 这个我们意想不到的前景相当有意思,所以我们认为讨论一下上述合作社问题将不是多余的。

大家知道,在各种农村会社中间,就人数和流通量而言,信用合作社几乎到处都占首位。比如到 1901 年 7 月 1 日德国所统计的 15,054 个会社中间就有:

信用合作社	10,487
共同采购协会	1,294
乳品合作社	2,047
其他	1,206②

德国信用合作社的流通额大约等于 17.57 亿马克。同情任何种类的"协会"和知道它们在我们祖国的处境不妙的俄国读者,对这种数字可能感到甚至轻微的头晕。无论如何不能不承认这个数字是极其可观的。然而农村信贷合作社发展的经济后果可能会怎样呢?

这类合作社大大地帮助农民开展借贷业务,而没有借贷农民常常根本无法耕耘自己的土地。农民对货币的需要常常被榨尽他的血汗的高利贷者所利用。农村的高利盘剥远不是新现象。相反,按照马克思的意见,高利贷资本同自己的孪生兄弟商人资本一起,都属于资本主义生产方式出现之前很久即已产生而且存在于各种不同的经济结构中的洪水期前的资本形式。③ 但是这种古老

---

① 参见 A.诺西格博士:《现代农业问题》(*Die moderne Agrarfrage*),柏林-伯尔尼,1902 年版,第 480 页以下。——作者
② 这四项加起来,其总和为 15,034,不是 15,054。——译者
③ 《资本论》(*Das Kapital*),第 3 卷第 2 分册,第 132 页[参见《马克思恩格斯全集》,第 25 卷,第 671 页]。——作者

的形式却有着极强的生命力。1887年根据"社会政治研究协会"的倡议所作的研究表明,高利贷者甚至在现代德国农村也很清楚地意识到自己的力量。我们当然不会认为现在他在德国农村中的统治地位已经完结;但我们觉得,他的权力已经随着农村信贷合作社的扩展而动摇。而且这样的合作社成立得越多,德国农民就越容易避开高利贷者的圈套。在这个意义上信贷合作社的作用是很富有成果的。不过它们这种富有成果的作用完全没有使它们变成一座能使农民避免资本主义生产关系、过渡到社会主义的桥梁。

高利贷资本对农村经济产生怎样的影响呢?它阻碍农村经济的发展。它使生产者破产和沦为奴仆,但它不改变生产方式。这种方式仍然不变;高利贷者的影响仅仅表现在生产过程将在越来越对生产者不利的影响下进行。因此从农村中消灭高利贷者,意味着为农村开辟经济发展的道路。而为农村开辟这种道路并不意味着阻止资本主义侵入农村。相反,农村沿这条道路行进得越快,农村中资本主义关系的发展也就越迅速。资本古老形式的消灭将导致资本最新形式的繁荣。

由此我们看到,农村信贷合作社不能促进社会主义社会由以形成的——用"批判家们"的话说——那些"基层组织"的出现。如果这些合作社导向社会主义,那么恰恰是通过资本主义和凭借阶级斗争。我们继续往下讲。

在许多西欧国家里,供采购农夫所必需的材料和工具以及供销售农产品的合作社开始起相当大的作用。在德国,这种合作社的交易总额1900年达到了1亿。这自然远不是我们在信贷合作社中所看到的,而且这已经是一个不小的数字。还应当指出,将来这些合作社显然还会有很广泛的发展。其利益威胁着这些合作社的高利贷者的"孪生兄弟"——商人，现在已经因为合作社弄得非常不安，并力求阻止它们的成功。商人们从自己的角度说是完全正确的。这种形态的合作社可能给商业资本的利益造成重大的损失，它会大大限制它起作用的范围①。不过限制商业资本起作用的范围并不等于消灭资本主义。完全不等于。合作社使得经纪商人失去他们在此以前在上述物品的生产者和这些物品的消费者之间所起的那种作用，这样就有助于减少中等阶级的人数，从而加宽了大资产阶级和无产阶级双方之间的鸿沟。的确，经纪人—商人的消失可能由转入中等资产阶级队伍的某一部分农民财富的增长所补偿。然而这种转入将意味着农民群众的阶层分化，这种分化为资本主义生产关系以及同它相联系的阶级斗争之渗入农村做了准备，而这大概不可能被承认是避免资本主义和阶级斗争的可靠途径。

对此应当补充说，联合和可能联合在上述合作社中的仅仅是独立的生产者。雇佣劳动在这里是无事可做的，因此农村雇工根本不参加这些合作社。埃·库帕完全正确地指出，把合作社成员互相联系起来的团结精神乃是私有者的团结，这种团结不是仅仅农业居民所固有的某种东西：它在工业中同样经常地遇得到。②

就是说，我们这里不得不做出我们上面已经做出的结论：如果

---

① 参见埃利·库帕的有趣的著作：《法国农业中的工会运动和合作运动》(*Le mouvement syndical et coopératif dans l'agriculture française*)，蒙彼利埃，1898年版。——作者

② 《法国农业中的工会运动和合作运动》，第60页。——作者

合作社把农村引向社会主义，那么它们这样做无非是加速农村通过资本主义的转变。

然而生产者的合作社呢？谈到这些合作社时，首先应当记住，其实在农业中它们现在是为数极少的，其结果，就是最坚定不移地支持"合作原则"的人也几乎不对它们抱任何希望，或者甚至对它们采取完全否定的态度。① 从事加工某些农产品或畜产品的合作社，例如干酪制造厂、牛乳厂、奶油厂、磨坊、面包铺、酿酒厂等等，具有大得无比的意义。这类企业无疑会带给自己的参加者有时很大的利益，但它们本身并不是社会主义社会的任何"基层组织"，原因很简单，它们比其他种类的农村合作社还要更加坚定地清扫通向资本主义的道路。

为了相信我们不需要出发去"西方"，看看俄国人集体经营的干酪制造厂和奶油厂就足够了。下面就是一个显著的例子。

1896年沃洛格达省阿尔苏菲沃村成立了一家奶油厂，参加这个厂的有53人，他们拥有250头母牛。这些人中间4个土地所有者有124头母牛，2个神甫和2个诵经士有15头母牛以及来自阿尔苏菲沃周围10个村庄的45个农民有111头母牛。② 如果奶油厂搞得好，那么参加该厂的农民大概现在过的生活会比过去强许

---

① 比如达维德在自己不久前出版的《社会主义和农业》(Sozialismus und Landwirtschaft)一书中说过(第700页)这样一个思想：社会民主党甚至在取得政权以后按理也不应当着手组织真正的农业合作社。在对待原来意义下的农业的态度上，达维德是最纯粹的个人主义者。困难的只是第一步。我们且看看，这位马克思"批评家"是否停留在这一步上面。——作者

② П. 帕霍莫夫：《俄国牛奶业现状概观》，莫斯科，1900年版，第22页。——作者

多。但是要知道他们以前就不属于农村贫民:他们中间每一个人平均几乎都有 $2\frac{1}{2}$ 头母牛。如果这些农民现在生活得比过去好许多,那么使他们同农村贫民拉开的距离就会大大增长。这也就是如此有力地促进农业资本主义发展的那种农村居民阶层分化。同时不要以为,阿尔苏菲沃的劳动组合是什么特殊现象。不,就所考察的方面而言,它不仅同俄国而且同国外所有其他劳动组合企业完全一样。再举一个例子。1891年在西里西亚的文齐格成立了一家磨粉烤面包合作社:参加合作社的有23家农户,集资85,000马克。这在每一个股东平均算来都是远非每一个农民能有的相当可观的一笔钱。因此参加文齐格劳动组合的只是当地的农民"贵族"。如果这个劳动组合搞得好,这个"贵族"将比合作社建立以前在生活富裕方面更加超过自己的同村人。而这个劳动组合是搞得非常之好的,结果磨粉烤面包的合作社在西里西亚其他一些地区也开始出现了。1893年例如在古拉乌也成立了类似的"劳动组合"。在这种"劳动组合"中计有60家农户过着不同程度的富裕生活。它用了155,101马克来装备自己的企业。① 这又是一笔十分可观的资本,农村的"民主派"未必可能想到要去参加"劳动组合"。如果企业赢利了,它就在古拉乌居民中间扩大了不平等。而这就是——正如我们已经知道的——促进那里资本主义发展的新步骤。

---

① F. 米勒博士:《德国农业合作制的历史发展》(*Die geschichtliche Entwickelung des landwirtschaftlichen Genossenschaftswesens in Deutschland*),莱比锡,1901年版,第449页。——作者

不仅如此。这类劳动组合在绝大多数场合下都是靠雇佣工人"劳动",这就已经使它们直接变成资本主义企业。作为例子,我们举出荷兰人的从事加工奶制品的合作社。

最初这些产品在荷兰 sans phrases① 由资本家加工。然而很快农民们看到这种生意带来怎样巨大的利益,于是他们着手开办集体经营的奶油厂。第一家集体经营的奶油厂 1887 年出现于瓦尔加,到 1900 年 1 月 1 日这样的奶油厂已达 68 家,而参加奶油厂的人数则超过 400。它们的生意很顺手,而且它们带来的利益在经济上对农民是一个相当大的补贴。因此看来可以说,在牛奶加工方面荷兰资本主义遇到了农民的劳动组合这个所向无敌的竞争者。不过如果仔细考察一下,原来农民的奶油厂本身就剥削雇佣劳动,因此它们本身就应当归入资本主义企业一类。

用卡里斯贝克的话说,合作社在农民心目中只有这样一个优点,就是利润落到资本家手中以前先放进农民的口袋。"农民之加入合作社是为了拿自己的商品去换取尽可能多的价钱。他的企业具有纯粹资本主义性质。他自身的利益在这里是同工人的利益相敌对的;他力求付出尽量少的工资获得尽可能多的劳动,他在阶级斗争中起着资本家、生产资料占有者的作用。"② 可见,在资本主义社会中是不可能摆脱开资本的:把它赶出大门,它又从窗口飞进来。

---

① 法文:直接。——译者
② 《荷兰合作制乳酪厂及其工人》(*Die genossenschaftlichen Molkereien in Holland und ihre Arbeiter*),载《新时代》,1902 年 10 月 18 日号,第 91 页。——作者

最后我们指出,就是在合作社内部资本也善于为自己找到位置和捍卫自己的"权利"。王德威尔德说,他在访问西佛兰德一家最繁荣的劳动组合工厂时,在那里看到以下的情况:"这家合作社建立于 1880 年。现在有 465 个成员。他们属于最不相同的农村居民阶层:这里既有每人入 1 头母牛的工人,也有每人入 2 头或 3 头母牛的小农,又有每人入到 50 头母牛的大农场主。向同一农村富有的地主借贷来的资本早已偿还。合作社的所有成员都参加全体大会;他们选举管理委员会;看来我们这里是一个最充分的民主世界,然而实际上土地耕耘者对大土地所有者的依赖是如此之巨大、如此之无条件,以致他们中间谁也不敢放胆发表意见和运用章程明文给予他的那些权利;整个事务都是(不过极其巧妙地)由章程创造者来处理。"①

而且这完全不是例外。王德威尔德补充说,在没有自己的资本的合作社中,穷苦的成员还更受资本家的奴役。②"所有那些做大生意和使用贵重机器的合作社都没有自己的资本。自然,当事情涉及没有机器的小奶品铺时,农民可以相当容易地互相收集必要的资本或者在当地合作社里借到这种资本,但是现在越来越明显的是,使用蒸汽机的大奶品铺在一切方面都比小奶品铺有利……为了建立用蒸汽发动的奶品铺必须有数目相当可观的资本:至少 3 万或 4 万法郎。因此常常——且不说始终——发生这样的情

---

① 《试论比利时的土地问题》(*Essais sur la question agraire en Belgique*),巴黎,1903 年版,第 177—178 页。创立者也就是当地的大土地所有者。——作者

② 王德威尔德,同上书,第 178 页。——作者

况,某个有钱人——地主或大农场主借出这笔资本,根据契约或者由于事物本身的发展,对整个企业的最高控制权就属于他了,同时大部分利润在利息的形式下也归他所有。"①

似乎是为了同资本作斗争才开办的企业,却给它创造了建功立业的广阔舞台。于是资本急忙奔向它的这个新舞台。1900年3月,在"比利时大奶品店中央办事处"的招牌下在比利时建立了一个匿名公司,其主要目的正是贷款给"合作企业"。这一步骤的意义是十分明显的,所以有组织的比利时农民开始骚动起来。列文"农民协会"决定,合作社的人不得同上述办事处发生任何往来。但是这并没有妨碍办事处的成功。王德威尔德说:"现在已经可以预见,一旦出现危机,许多没有足够资本的小奶品铺将会消失,让位给有蒸汽机器的奶品铺,后者无论在技术方面还是在商务方面都显然胜过前者。"②

然而在乳品业中比利时合作社的生意毕竟要比其他农产品加工部门好一些。如果为了开办有蒸汽机器的奶品铺,至少需要3万或4万法郎,那么为了开办一个有很好设备的制糖工厂就必须有80万法郎以上。因此我们看到,虽然制糖工厂有时也有合作社商标,但它们实质上具有纯粹资本主义性质。③ 关于酿酒厂、啤酒厂等等也必须说同样的话。鉴于这一切,早在几年以前为了让我国民粹派大开其心就在题为《科学社会主义的金婚》的学术报告中

---

① 《试论比利时的土地问题》,第179页。——作者
② 同上。——作者
③ 参见《试论比利时的土地问题》,第189页。——作者

发表过农业合作社可以使农村避免资本主义阶段的信念的王德威尔德，现在得出了相反的观点。目前他深信比利时农村中正在增多的农业合作社"或者将在萌芽形式中打发日子，或者在获得比较重要的意义的同时将越来越具有资本主义性质"①。这恰恰就是我们这些"马克思教条"的"狂热的"拥护者们所说的意思。

诚然，王德威尔德认为，如果从事产品生产和销售的农业合作社同人数众多的消费合作社牢固地联合起来，它们的命运就可能是另外一种样子了。他举出比利时农民社会主义者的某些奶品铺，它们向城市工人的消费合作社销售自己的产品，因而过着有保障的生活。不过第一，在这里"未来的前景"在他看来似乎是相当有限的。② 第二，——而且这是最重要的，——这里关于农业合作社可能的作用问题具有完全不同的内容。

消费合作社在一定条件下可能对无产阶级解放斗争事业有很大的帮助，这一点比利时的例子已经令人信服地证明了，现在详细讨论这个问题是无益的。有组织的无产阶级政党可能——仍然是在具备一定的条件下——把规模不等的大部分小农吸引到自己方面来，同时一刻也不放弃自己的阶级观点，这一点也不可能有怀疑了。最后，有组织的无产阶级政党在自己对农民的影响中主要是依靠自己的消费合作社，这是我们毫不动摇地采取的观点。但这一切仅仅证明：作为赤贫化的公社成员被抛出农村的无产者可以而且应当作为社会主义的鼓动家回到农村中去。这一点最迟从

---

① 《试论比利时的土地问题》，第194页。——作者
② 同上。——作者

"劳动解放"社制定的社会民主党纲领草案问世时起我们就知道了。而当我们的论敌把农业合作社看作农村可能沿以达到社会主义社会的新道路而不必经历阶级斗争那些不愉快的事情时,他们所说的根本不是完全依赖无产者支持的这些农民合作社。他们硬说,农村合作社自己内在的逻辑将引导农民走向社会主义。在这里他们犯了严重的错误:这种逻辑导向资本主义。

记住这个结论对我们将是有益的。它会帮助我们分析俄国反动的社会主义者们的纲领:他们把同样巨大和同样没有根据的希望寄托在农业合作社身上,正如他们的亲兄弟、西欧社会主义的机会主义者们把这些希望同农业合作社联在一起那样。

再论罗斯托夫罢工

（载1903年2月1日《火星报》第33期）

《革命俄国报》虽然认为利用罗斯托夫事件作为解决我国革命政党不同派别之间种种问题的借口是不能允许的，但是经不住就这些事件对俄国社会民主党说几句含沙射影的话的诱惑。它刊登了一篇完全失实地描绘我们的顿河委员会的行动的通讯，而在社论中向读者发表了一番长篇议论，说明在类似罗斯托夫运动的运动时期不应当怎么行动。从这番议论中没有任何"问题"似乎本身就得出结论，不应当正如我们的顿河委员会行动的那样行动……如果相信通讯记者先生的话。

请您自己看吧。《革命俄国报》的一位通讯记者硬说，顿河委员会在自己的鼓动中没有超出纯粹经济问题的范围；社论作者则完全忘记了所有"派别间策略的暂时考虑"，而简单地希望说明他的同志们会主张怎样的策略，他写道："对于成千上万的工人说来，和平的'纯粹经济'罢工的被压坏的道路现在是太狭窄了，如果工人们自己不离开它，警察就会出现，军队就会出现，并且会用强力把他们从这条道路上驱赶出去。"那位记者叙述说，在一次革命集会上，顿河委员会力图"使工人们克制，恢复充分的安宁和冷静"，而在那个时候，集会参加者的情绪"十分高昂，在随便什么积极的东西中寻找出路"；社论作者尽管决不想暗示任何什么人，却真的马马虎虎地随声附和道："对工人群众说：举止要温和而安详，但要坚定，当你们的要求没有得到尊重，就罢工，用这个去取得胜利！——现在不必要"。记者很不满的是，我们的顿河委员会没有领导工人进城去示威；《革命俄国报》社论作者很适时地说出这样一个普遍的思想："局势完全不是这样：我们面临着选择——要么是和平的、平静的罢工，要么是激烈的、伴随冲突的示威"。请看，多么令人惊讶的微妙结局！社论作者没有指责在罗斯托夫进行活动的任何人。他只就应当怎样利用罗斯托夫这类事件以及社会革命党人会怎样利用这些事件说出自己的意见。记者则描述罗斯托夫社会民主主义者怎样进行工作，并用顿河委员会这个或那个策略失误的例子来证实社论一般性地说明的每一个思想。而且它的证实完全是无心的。哪能呢！他同"派别间纠纷的暂时考虑"也是格格不入的。在那里，一方所描述的东西和另一方喃喃自语的东西之间，不过是一种契合，一种充分的和谐。而且这种和谐如此使读者惊讶，如此促使他去反对社会民主主义者们和帮助他们的敌对者们，以致他叫喊道："可惜呀，很可惜，顿河委员会对工人们的影响如此强大！遗憾呀，很遗憾，正是在如此需要社会革命党人的地方他们却引人注意地缺席了！"而心灰意懒的读者只是在读到下面一句令人快慰的话时心才平静下来："我们认为无产阶级的经济斗争具有极其重要的意义，并承担领导这一斗争的责任，因此我们在道义上应当不在工人们面前揭示虚假的、过分乐观地渲染的远景"。《革命俄国报》不仅认为无产阶级经济斗争具有重要意义，而且"主动承担领导这一斗争的责任"。多么幸运啊！现在一切都开始好起来！

糟糕的只是《革命俄国报》记者对罗斯托夫事件所作的记述不符合真理，因此我们指出的那种令人快慰的和富有教益的和谐获得这样一种形态，似乎它是先定的——不过不是在创世时先定的，而是完全、完全不久以前，几乎几天以前先定的，而且不是由于造成莱布尼茨所发现的和谐的那些一般的形而上学原因，而恰恰是由于"派别间策略的暂时考虑"。因此这种和谐所产生的印象也就获得完全不同的和完全不"乐观"的性质。凡是知道我们的顿河委员会事实上怎样鼓动的人，都会清楚地看出，正是当《革命俄国报》的政论家们痛苦地翻白眼，拍着胸脯发誓说，他们不考虑除真理以外的任何东西时，他们主要是以"派别间策略的暂时考虑"为准则的。《革命俄国报》有一次表示了对 a la буренин① 辩论的强烈厌恶的情绪。我们理解这家报纸。它宁愿以戈洛夫列夫光荣家族中一位光荣代表的精神进行辩论……

《革命俄国报》这位热爱真理而且很熟悉情况的记者报道说，当罢工在顿河委员会不知情的场合下已经开始时，该委员会"急忙干预"罢工。这是不正确的。不用说罢工之前就有顿河委员会大量号召工人们同他们的剥削者进行斗争的传单，应当指出的是，锅炉车间的工人们刚一开始骚动，顿河委员会就即时通过自己人知道了这一消息，并立即着手进行鼓动，以帮助所有作坊的罢工。如果它的鼓动并非始终不成功，那么，这原因就在于组织起来的工人们同它保持着不断的联系。"做事变的尾巴"的人们是这样行事的

---

① a la Буренин：布列宁式的。——译者

么？完全不是这样。然而这一切跟《革命俄国报》的记者有什么相干呢？这一切跟它的编辑部有什么相干呢？无论我们的顿河委员会怎样行事；无论它多年坚忍不拔和卓有成效的工作由以进行的那些条件多么艰难，在来自所谓社会革命党人阵营的"同志们"心目中，光凭它带着社会民主党委员会的称号这一点，它就总是有罪过的。社会民主党人总是要做"事变的尾巴"；他们总是充满着"无为主义"。这是俄国合法文献和非法文献所有掉了牙的老太婆都知道的。

"的确，在罗斯托夫没有我们党的委员会，——社论作者叙述说，——但是在那里，正如在任何地方一样，也有倾向于现在通常获得'社会革命的'称号的观点和行动方法的分子们。在那里甚至组成了一个不大的小组，它力图独立地干预罢工，并印行由'社会革命党人小组'署名的传单。无论这个企图多么短促，然而其中显示出所有倾向——尽管有这些或另一些个性色彩——社会革命流派的人们和小组一个特殊的特点。"

在整个这段话中无可怀疑的只有一点：同情《革命俄国报》的"分子们"在罗斯托夫工人群众中没有任何联系，没有在他们中间做过任何工作，对他们也没有任何影响。因之，对于工人群众过去和现在什么时候动作，有什么动作和怎样动作，他们充其量只能"支离破碎地"知道一点。由此可以得出结论说，如果《革命俄国报》编辑部想给自己的读者关于罗斯托夫事件的可靠报道，那么它本该认真地对待那里存在着的严肃的革命组织即所有那些社会民主主义者的组织所提供的资料。这一点之所以尤其必要，因为据《革命俄国报》自己这位记者本人承认，所有站在罢工者面前发表演说的人,至少从11月5日星期二起,都应当事先得到我们顿河委员会的认可,可见它的影响多么巨大!然而我们已经见识过的先定的和谐,以及按捺不住的、虽然是宽宏大量的"主动承担"领导无产阶级经济斗争和任何其他斗争的决心,迫使《革命俄国报》采取另一种行动。这就是一个鲜明的例子。关于社会革命党人的传单,在我们引证的这段话中显然是跟着记者瞎说的,这位记者写道,在11月5日罢工者的集会上,"在工人中间散发了由社会革命党人小组署名的胶印传单"。可是在11月5日集会上,除了一个在通讯报道中用字母X为代号的人以我们顿河委员会的名义(但没有经过它的同意)所写的那份传单以外,没有散发过任何传单。这份传单,罢工者们甚至没有花费力气去阅读就把它撕毁了,因为它上面没有他们如此熟悉的顿河委员会的标识。正是这个事实曾使以字母X为代号的人相信,他一定要以同顿河委员会一致的面貌出现。① 目击者、《革命俄国报》这个记者对整个这一事件的描述是完全不对的,——这是无数个其他目击的记者无数次发生的罪过。顿河委员会一位成员想改正这个记者的错误,就给《革命俄国报》写了一封信,说明传单事件的真相。然而这一修正破坏了先定的和谐,因此就出现了一位众所周知比鞑靼人②更坏的不速之客。编辑部对这位客人只是用小号铅字在最后一页上刊登了以下

---

① 顺便指出:X可能被怀疑为同情社会革命党人,也许只是因为他曾稍许支持过爱·伯恩施坦。这种同情的其他证据现在没有。——作者

② 鞑靼人,讲突厥语的民族。有时指亚洲大草原或沙漠上的一些部落或游牧民族,包括蒙古人和突厥人。13—14世纪蒙古帝国侵占了现今俄罗斯的大片国土。俄语中татарин(鞑靼人)有"野蛮人"或"无知的人"的含义。——译者

一段模棱两可的简短报道:"我们收到一封署名'顿河委员会成员阿姆夫罗西依'的信。阿姆夫罗西依先生宣称,带有——用我们记者的话说——'社会革命党人小组'签名的胶印传单是'顿河委员会'签署的。我们的记者坚持自己报道的正确性。"很好!"记者坚持"。然而最好是弄清楚编辑部本身对他的坚持是怎么考虑的以及它自己是否"坚持"第 15 期社论上那个论断的"正确性",在那里关于虚构的社会革命党人小组传单所说的恰恰就是坚持不懈的那位记者关于它所作的报道。遗憾的是编辑部对此一声不吭。"通常"极端夸夸其谈的编辑部突然变得非常不爱讲话。这也是容易理解的。阿姆夫罗西依同志的信反驳了"派别间策略的暂时考虑",于是感到难为情的编辑部只得像本丢·彼拉多一样洗手。①编辑部也在自己宽阔篇幅的最后的某一栏中很巧妙地举行了这种仪式。而在显著地位,摆在广大读者面前的始终都是那位记者的同一个见证。而且仍然是同一个先定的和谐迫使读者耐心地等待着那个幸运的时刻,这时《革命俄国报》和它的同道们事实上,而不是仅仅在软弱无力的幻想中会主动承担领导无产阶级斗争的责任。

很好。但这个很好的故事有自己的寓意,不妨谈谈这个寓意。

《革命俄国报》编辑部不认为自己有义务跟在我们顿河委员会后面大声地重述说,11 月 5 日散发的传单是以顿河委员会的名义

---

① 本丢·彼拉多(Pontius Pilate),罗马皇帝提比略在位期间任犹太巡抚。据《新约圣经》记载,他主持对耶稣的审判时优柔寡断,虽然明知耶稣无罪,却屈服于要求杀死耶稣的暴民的压力,下令将耶稣钉死在十字架上。为了不承担责任,彼拉多"就拿水在众人面前洗手说,流这义人的血,罪不在我,你们承当吧"(《马太福音》,第 27 章)。——译者

签署的,不过未经它同意。这是这家编辑部的问题——它的逻辑、它的健全思想的问题。它对顿河委员会的证词的不信任态度可能产生对它不利的想法,而这并不构成真正的罪过。但是……但是,

当我这样做的时候,
朋友们,你们闹起了好一场风波!

当我们不认为自己有义务跟在所谓"战斗组织"之后重复说巴尔马绍夫根据它的委托枪杀了西皮亚金时,《革命俄国报》最剧烈的舞文弄墨的歇斯底里就发作了,而同情它的"分子们"则开始拉开嗓门对"整个欧洲"怨天尤人地叫喊,说我们干了某种闻所未闻的勾当,用闻所未闻的方式犯下反对通常的革命法律的某种罪过。例如当问题曾涉及他们的同志们的证言时,他们就"气愤了"。而现在,看来他们全都发现,《革命俄国报》的行为中没有任何"令人气愤"的东西。公正性究竟何在呢?

《革命俄国报》这位记者十分抱怨顿河委员会不曾组织示威。顿河委员会并没有料到在罗斯托夫一连几天,而且正是由于社会民主主义的工人领袖们的干练和得当,会发生大规模的、在俄国还从未有过的示威。《革命俄国报》记者像克雷洛夫寓言中的古怪人,连大象也没有注意。然而使得人们竟致不会注意最宏伟的现象的古怪行为,也像世间所有的事物一样有自己的原因。在政治上它"通常"叫作判断力的幼稚病。一个人记住现象的随便一个什么外在的、完全非必然的特征,就以为问题正是在这个特征上面。在他看不见这一特征的地方,他也就认不出该现象,即使它正是其

他诸现象中间真正的"大象"。《革命俄国报》记者也成了这种……"不成熟的思想的失误"的牺牲品。他记住了示威的诸外在特征之一——上街游行,一面高呼反政府口号,一面唱着革命歌曲——,就认定没有发生示威,因为罢工者没有走上街头,也没有唱歌(看来没有唱歌特别强烈地使他感到苦恼)。此外他听说主张政治斗争的人号召示威,于是认定,既然罗斯托夫没有发生示威,所以顿河委员会倾向于"经济主义"。《革命俄国报》编辑部乐于相信这一连串令人吃惊的三段论推理,因为它早就愿意"主动承担领导"俄国无产阶级斗争的责任。

我们顿河委员会究竟是怎样行动的,这一点我们的读者从我们刊登的消息中已经部分地知道了;而从最近期间我们将登载的消息中他们对此还会有更多的了解。现在我们赶紧就我们在工人群众中鼓动活动的性质安慰一下《革命俄国报》。

先生们,不要不安,也不要匆匆忙忙"主动承担领导"这一阶级的解放运动的责任。根本没有任何使你们不安的东西,你们也根本不适合做无产阶级的领导者。你们乐于而且时常重复说,我们做了事变的"尾巴",我们阻碍运动,而不是促使它加快进行。你们还引证了我们自己的承认。而且在最后这个场合你们部分地说了实话。我们在批评自己的活动时经常说:"事变超过了我们;我们做了事变的尾巴"等等。然而这些——顺便说说——证明我们完全不是像你们把我们描绘成的那样的自满的教条主义者的自我揭露不仅不违背我们的观点,恰恰相反,它们是我们观点无可争辩的正确性的光辉的、不过是间接的证实。实际上这里说的是怎样一些事变呢,而且它们在什么意义上超过了我们呢?这里说的是其总和为俄国无产阶级阶级意识的迅速提高所制约的那些事变。这些事变的数目和意义增长得如此迅速,以致我们常常不能最充分地利用它们。所以,我们自然对这种情况感到很遗憾;我们指出这一点是为了鼓励自己和别人从事新的工作,做出新的努力。俄国无产者群众中阶级觉悟这种迅速提高的事实本身表明真理在我们一边,而不在俄国革命那些老脑筋一边,他们前不久还以执迷不悟的古老信徒派教徒的顽固态度反复地说,既然资本主义决不会在我国得到发展,那么把无产阶级看作俄国革命思想主要的和最可靠的体现者就是荒唐的。当我们对我国革命者说"到工人中间去"时,人们嘲笑我们,几乎把我们看成是疯子。还在1889年,日内瓦出版的《自由俄罗斯》[①]在反驳我们时写道:"即使在德国,在社会民主党人已经有相当政治力量的地方,他们取得的成就也远不是光辉的,那么在我们这里自然就根本不能认真考虑我国工人将 en masse[②] 成为争取获得政治自由的积极的和自觉的斗士"。后来,它在发挥自己的思想时又补充说,"甚至在某些有天赋的工人中间成功的宣传也抵偿不了需要做出的那大量的牺牲"。参加编辑《自由俄罗斯》的有弗拉·布尔采夫先生,他是一个不可救药的恐怖主义者和——如果我们没有弄错的话——现今社会革命党人的同道。当然,现今弗拉·布尔采夫先生早已不会赞同刊登我们引证过的那段话。然而他之所以不会赞同,只是因为其中所说思想的

[①] 《自由俄罗斯》,俄国革命民粹派杂志,1888—1889年在日内瓦出版,共出3期。——译者

[②] en masse:法文"大批地"。——译者

荒唐现在已经太明显，而且现在已经十分清楚地看出，我们是对的。现在已经不敢向我们担保，俄国无产阶级没有能力进行争取政治自由的斗争；现在当我们说无产阶级力量的增长比我们中间甚至很多人能够期待的要迅速些的时候，人们就企图抓住我们的话柄。毫无价值的企图！我们的论敌们不懂得，事变越是超过社会民主党人，这些事变对这些论敌的嘲笑就越是辛辣和无情。对，事变超过我们。但是，怎样的事变呢？就是我们早已认为必不可免而在你们和你们的精神祖先们看来则是不适合"俄国资本主义命运"的那些事变。你们没有看出，你们宣布为唯一教师的那个"生活"本身多么无情地嘲笑了你们。你们完全没有意识到自己处境的极端滑稽可笑，竟而表示想做你们以前不曾理解而且至今都不理解——你们竭力把"无产者"概念与"农民"概念混为一谈就证明了这一点——其历史意义的那个社会阶级的领导者的仁厚决心。不用说，你们中间会出现好的领导者。深受你们影响的卡丘尔的信件清楚地表明，你们的领导会怎样影响工人们的自我意识。多亏你们，卡丘尔才完全忘记了构成现代社会主义者全部策略的基本原理的那个真理：无产阶级的解放应当是无产阶级自身的事业。取代对这一真理的意识，你们把对你们"战斗组织"的神奇力量的天真信念传给了他。越是这样影响工人们，就会越顺当地——用福音书的说法——把磨盘拴在自己的颈上，并跳下水去。这样的影响不会带来任何东西，除了对俄国无产阶级和整个俄国革命的无法补救的损害。这就是为什么我们一位同志在《曙光》杂志上的那个说法之所以极其正确的原因，它说，你们的党由于以下两个原因而具有"社会主义者—革命者"的双重称号：因为你们的社会主义不是革命的,同时还因为你们的革命性与社会主义没有任何共同点。因此你们徒然以为你们和我们只是同一革命政党的两个派别:不,先生们,我们不能"认"你们作亲戚;社会民主主义者同"社会主义者—革命者"不能属于一个政党。在革命运动中,第一个代表无产阶级,第二个代表小资产阶级。

卡尔·马克思

(载1903年3月1日《火星报》第35期)

第35期《火星报》将在卡尔·马克思逝世20周年那天出版。这一期报纸最重要的篇幅就是纪念马克思的。

如果关于伟大的无产阶级国际运动是19世纪最卓越的社会现象的说法是正确的,那就不能不承认国际工人协会的这位创立者乃是这一世纪最卓越的人物。这位同时是战士和思想家的人物不仅组织了国际工人队伍的第一批干部,而且与自己忠实不渝的朋友弗里德里希·恩格斯一起共同为这个队伍锻造了一件强大的精神武器,工人队伍借助这件武器已经使敌人遭受了多次失败,将来它还会帮助他们取得彻底的胜利。如果社会主义变成了科学,那么我们应该把这件事归功于卡尔·马克思。如果有觉悟的无产者们现在清楚地懂得,为了工人阶级的彻底解放必须有社会革命,而且这个革命应该是工人阶级自己的事情;如果他们现在是资产阶级制度不可调和的和不知疲倦的敌人,那么这就是科学社会主义影响所产生的结果。从"实践理性"的观点看来,科学社会主义不同于空想社会主义的地方正在于科学社会主义坚决地揭示资本主义社会的根本矛盾,和无情地暴露各派空想社会主义者作为停止阶级斗争和调和无产阶级与资产阶级最可靠的手段而提出的所有那些有时很机智而且总是十分善良的社会改良计划的全部天真的虚妄。掌握科学社会主义理论而且始终忠实于它的精神的现代无产者无论在逻辑上还是感情上都不能不是一个革命者,就是说不能不属于最"危险的"那一类革命者。

成为资产阶级最痛恨的19世纪的社会主义者使马克思赢得了巨大的光荣。而成为同一时代最受尊敬的无产阶级导师的极难得的幸运也落到了他的头上。当剥削者的仇恨集中在他身上的时候,他的名字在被剥削者中间获得了越来越崇高的声誉。现在,在20世纪初,全世界有觉悟的无产者都把他看作自己的导师,并且以他是历史上仅有的学识最渊博思想最深刻的头脑之一、最富有高尚品格和自我牺牲精神的人物之一而自豪。

1890年4月底一家资产阶级的维也纳报纸写道:"卡尔·马克思被称为圣者,五一节就是对他的纪念。"确实,全世界工人每年的五月示威是隆重地、不过不是有意地庆祝对这位天才人物的纪念,他的纲领把工人为改善出卖自己劳动力的条件的日常斗争同反对现存经济制度的革命斗争结合为一个严密的整体。只是这种庆祝与宗教节日毫无共同之处;现代无产阶级的活动越是促进那个幸福的时刻的临近,这时获得解放的人类在地上建立起自己的天国,而把天空交给天使和飞鸟去支配……,他们就越会尊敬自己的"圣者"。

关于马克思广泛流传着种种恶意的荒诞言论,所谓《资本论》作者仇视俄国人的童话就是其中之一。实际上他憎恨的是俄国的沙皇制度,因为它总是扮演国际宪兵的卑鄙角色,准备着镇压任何解放运动,无论这个运动在什么地方开始发生。

马克思带着同时代的任何一个西欧人大概都不会具有的如此浓厚的兴趣以及——主要是——对事物如此坚实可靠的知识注视着俄国内部发展一切重要的表现。德国工人列斯纳在自己关于马克思的回忆录中说道，马克思对《资本论》俄译本的出版是多么的高兴，而且他是多么愉快地相信俄国已经有人能够理解和传播科学社会主义思想。从他和恩格斯署名的《共产党宣言》俄译本序言中可以看出，对俄国革命者的同情和尽快看到他们成为胜利者的急切希望使得他甚至大大高估了当时我国的革命运动。他对洛帕廷和哈特曼的态度表明，俄国流亡者在他的客厅里受到了多么亲切的接见①。他同赫尔岑的争执一部分是偶然的误会引起的，一部分则由于对亲斯拉夫的社会主义完全应有的不信任，而我们这位光辉的同胞不幸在1848—1851年严重失望的影响下成了西欧著作界这种社会主义的宣告者。马克思在《资本论》第1卷第1版中反对这种亲斯拉夫社会主义的尖刻言论，应该受到的不是指责，而是赞扬，尤其是现在，当这种社会主义在我国以所谓社会主义者—革命者的党的纲领的形式复活起来的时候。最后，至于马克思在国际工人协会中同巴枯宁的激烈斗争，那么这种斗争同这位无政府主义者的俄国出身并没有丝毫的关系，而是很简单地可以用观点的不可调和的对立性来解释②。当"劳动解放社"的出版物

---

① 同一位工人列斯纳说，马克思的家"总是对一切可以信赖的同志敞开着"。——作者

② 过去的"马克思主义者"，而现在则是庸俗经济学家的M.杜冈-巴拉诺夫斯基在其《现代政治经济学史纲要》（第294页）中重复着无政府主义的流言蜚语，似乎马克思促进了刊物上对巴枯宁的诽谤的传播。这里没有篇幅分析通常用来支持这一虚构的种种论据。我们在《曙光》杂志上详细地讨论了这些论据，在那里，杜冈-巴拉诺夫斯基先生的轻率的著作得到了应有的评价。然而现在不妨指出，我们这位过去的"马克思主义者"完全没有花力气对自己的资料进行批判。他毫无根据地重复着不仅未经证明，而且本身就是诽谤的那种指责。——作者

开始在俄国革命者中间传播社会民主主义思想时,恩格斯在致维·伊·查苏利奇的信中对于这件事没有在马克思生前发生表示惋惜:马克思——用恩格斯的话说——会愉快地欢迎这个组织的著译事业①。如果《资本论》的伟大作者能够活到现在,并且知道在俄国工人中间他已经有许许多多的信徒,他又会说什么呢?如果他有机会得悉类似不久前顿河畔罗斯托夫事件那样的事件,他的内心会充满何等的喜悦啊!在他那个时代,俄国的马克思主义者是罕有的现象,先进的俄国人顶多带着善意惋惜的微笑看待这种现象;现在马克思的思想在俄国革命运动中占据统治地位,而那些按照老习惯全部或部分否定这些思想的俄国革命者,实际上早已——尽管他们大多数在说很是轰动一时的革命空话——不再是先进分子,而且自己不知不觉地转到了落伍者的大营垒。

关于他同对手们的经常的论战性冲突,人们说过而且反复说过不少废话。一些爱好和平但智力有限的人曾经用他对论战的似乎不可遏制的热情来解释这些冲突,而这种热情又似乎是由他的似乎凶狠的性格造成的。实际上,他不得不进行的那个几乎是不断的笔墨官司,特别是在其社会活动初期,并不是他的个性的特点引起的,而是他所捍卫的思想的社会意义引起的。他是不仅在理论上而且在实践上善于完全站在阶级斗争立场、善于区分无产阶级利益和小资产阶级利益的最初的社会主义者之一。因此不足为怪的是他必须经常同小资产阶级社会主义理论家发生敌对性冲

---

① 参见《马克思恩格斯全集》,第36卷,第301页。——译者

突，这些理论家当时特别在德国"知识分子"中间是很多的。停止同他们的论战就等于抛弃把无产阶级团结为具有自己本身的历史目的而不是当小资产阶级尾巴的特殊政党的思想。"我们的任务，——马克思的《新莱茵报》杂志 1850 年 4 月说道，——是无情的批判，而这种批判与其针对公开的敌人不如针对伪装的朋友；为了坚持我们的这种立场，我们情愿放弃在民主派当中的廉价的声誉。"①公开的敌人之所以危险性少些，因为他们已经不能模糊无产阶级的阶级觉悟，而小资产阶级社会主义者以他们的"非阶级的"纲领继续引导许许多多工人跟着自己走。同他们的斗争是必不可免的，而马克思用他固有的、无与伦比的技能进行了这一斗争。他的榜样是我们这些不得不在跟革命前德国的条件很相类似的条件下进行活动的俄国社会民主党人不应当忘记的。我们可以说是被独特的"俄国社会主义"的小资产阶级理论家们团团包围着，我们应该牢牢记住，无产阶级的利益要求我们无情地批判我们的伪装的朋友，例如我们的读者都很了解的"社会主义者—革命者"，——不管我们的无情批判使得那些主张不同革命"派别"之间和平一致的、心地善良然而目光短浅的朋友如何气愤。

马克思的学说是现代的"革命代数学"。理解这种学说对于所有那些想同我国现存秩序进行自觉斗争的人来说都是必要的。这是非常之正确的，就连许多俄国资产阶级思想家一时也感到一种做马克思主义者的强烈愿望。对于这些思想家来说，马克思的思

---

① 《马克思恩格斯全集》，第 7 卷，第 351 页。——译者

想在他们同势必与俄国新的经济关系发生尖锐矛盾的、陈腐的民粹主义理论的斗争中是不可替代的。我国那些比其他人更熟悉现代社会科学文献的年轻的资产阶级思想家清楚地懂得这个道理。他们站在马克思主义的旗帜下,而且在这面旗帜下进行斗争,从而赢得了相当大的名声。当民粹派被打得落花流水,当他们的古老理论变成一堆面目丑陋、腐朽不堪的东西时,我国那些初出茅庐的马克思主义者就断定,马克思主义已经完成了自己的事业,该是对它进行严厉批判的时候了。这种"批判"是在这样的借口下进行的:社会思想应该前进,而它的唯一结果乃是我们不久前的同盟者在它的掩饰下实现了后退的运动,从而采取了西欧资产者社会改良派的理论立场。无论大吹大擂地宣告的"批判的"进军的这种结果多么可怜,无论俄国社会民主党人看到自己刚刚与之并肩反对一个共同的敌人,以后又希望同他们建立确定的密切关系的那些人发生这样的"批判的"转变会觉得多么难受,然而经过深思熟虑他们应当会意识到,我们的新马克思主义者没有到资产阶级改革派"神圣的山"上去不仅是十分自然的,而且还是马克思制定的唯物主义历史观的正确性的间接证明。1895—1896年,我国一些无论按其社会地位还是按其智能素质和精神素质既与无产阶级又与无产阶级的解放斗争都没有任何共同点的人,迷恋上了马克思主义。一时间谈论马克思主义在所有彼得堡的办公室里成了时髦。如果这种局面能够继续下去,那么它就会证明科学社会主义奠基者们关于思想方式决定于生活方式和上层阶级不可能成为当代社会革命思想体现者的说法是错误的。然而在反对民粹派反动意图结束之后立即开始的对马克思的"批判",再次证明马克思和恩格斯是正确的:"批判家们"的思想方式决定于他们的社会地位;他们起来反对"盲目迷信教条"时实际上只是反对马克思理论的社会革命的内容。他们需要的不是那个在自己整个充满劳动、斗争和贫困的生命历程中燃烧着仇视资本主义剥削的神圣火焰的马克思:作为革命无产阶级领路人的马克思对他们说来是不体面的和"不科学的"。他们需要的只是在《共产党宣言》中宣称只要资产阶级在自己同专制君主制度和小市民阶层的斗争中是革命的他就准备支持资产阶级的那个马克思。他们感兴趣的只是马克思社会民主主义纲领的民主主义那一半。这是再自然不过的了;然而正是我们的"批判家们"的这些完全自然的意图,使得把他们看成社会主义者的任何想法之毫无根据成为一目了然。他们在他们自己创建的自由主义反对派中的地位就体现在《解放》杂志①编辑彼·司徒卢威先生这位细心的、勤奋的和有才华的著作界代表身上。

马克思理论的命运证明它的正确性。这不仅在俄国如此。大家知道,西方的学者长期轻视这一理论,把它当作社会革命狂热的、没有成效的后果。然而时间过去了,而随着时间的流逝,甚至对透过资产阶级狭隘眼镜看问题的人来说也越来越明显的是:社会革命狂热的成果至少有一个无可争辩的优点:它提供一个研究社会生活的极有成效的方法。对原始文化、历史、法律、文学和艺术的科学研究越是向前发展,研究者就会越来越紧密地接近历史

---

① 《解放》杂志,俄国资产阶级自由派刊物。1902—1905 年在斯图加特-巴黎出版,主编为彼·司徒卢威。该杂志为建立"解放社"这个俄国资产阶级自由派知识分子秘密政治团体做了准备工作。——译者

唯物主义①,尽管他们中间大多数人或者根本不知道马克思的历史理论,或者像害怕火一样害怕他的唯物主义的——即现代资产阶级心目中不道德的和危害社会安宁的——观点。我们看到,唯物主义的解释已经开始在学术界为自己取得了公民权。不久前用英文出版的美国教授塞利格曼②的著作《对历史的经济解释》证实,官方的科学术士们逐渐地增加着对马克思历史理论伟大科学意义的认识。塞利格曼还使我们懂得至今妨碍资产阶级学术界正确认识和理解这一理论的那些心理原因。他直接地和坦白地说,学者们被马克思的社会主义结论吓坏了。而且他竭力合乎科学地向自己的同行说明,社会主义结论可以抛弃,只要自己掌握作为这些结论的基础的历史理论就行。这番机智的见解(顺便说说,彼·司徒卢威先生早已在《批判札记》中虽然胆怯地、然而十分清楚地提出来了)乃是对这一早已不新鲜的真理的新的证实:资产阶级思想家要转到无产阶级的观点上来比骆驼穿过针眼还难。马克思是

---

① 在现代著作家中间我们举出毕歇尔、格罗塞、冯·登·施泰因、埃斯皮纳、赫尔耐斯、费尔海德、希尔德布兰德、契科提以及美国民族学整整一个学派。——作者

[毕歇尔(Karl Bücher,1847—1930),德国资产阶级所谓"历史学派"的经济学家;格罗塞(Ernst Grosse,1862—1927),德国艺术史家和社会学家。普列汉诺夫在《没有地址的信》中对他们的观点作了详细的评述。冯·登·施泰因(Karl von den Steinen,1855—1929),德国人种学家和旅行家;埃斯皮纳(Alfrel Espinas,1844—1922),法国资产阶级哲学家。普列汉诺夫在《没有地址的信》中引证过他们的著作。费尔海德(Franz Feuerherd),普列汉诺夫在《马克思主义基本问题》中批判过他的观点。希尔德布兰德(Bruno Hilderbrand,1812—1878),德国资产阶级政治经济学"历史学派"代表人物之一。契科提(Ettore Ciccotti,1863—1939),意大利资产阶级古代史家。——译者]

② 塞利格曼(Edwin Robert Anderson Seligman,1861—1939),美国经济学家、哥伦比亚大学教授,他同时是一位财政专家,历任若干税收委员会委员。——译者

彻底的革命者。他起来反对上帝—资本,正如歌德的普罗米修斯起来反对宙斯一样。而且他像这个普罗米修斯一样,关于自己可以说,他的任务在于教育这样的人:他们学会按照人的方式感受痛苦和按照人的方式进行享乐以后,也就会"不尊重你"这个敌视人们的上帝。而资产阶级思想家们也正是为这个上帝服务。他们的任务也正在于用精神武器捍卫上帝的权利,就像警察和军队用他们的冷兵器和火器支持这个权利一样。只有资产阶级学者们觉得不会危害上帝—资本的那种理论才会得到他们的承认。法国的学者以及一般来说诸法语国家的学者在这方面比所有其他国家的学者要坦白得多,例如,至今还有名气的拉维尔说过,经济科学应该重新加以改造,因为自从肤浅的巴斯夏败坏了保卫现存秩序的名声时起,它便不再符合自己的宗旨。就在不久以前 A.贝绍在献给法国政治经济学派的一本书中毫不害臊地根据各派经济学说中那种"会给社会主义的敌人提供更切实有效的武器"的观点评价了这些学说。由此不难看出,掌握马克思思想的资产阶级思想家一定会站"在批判的标志下"。他们对马克思的"批判"态度的尺度就是这个不可调和的和不知疲倦的革命者的观点与统治阶级的利益不一致的尺度。同样不难看出的是,思维彻底的资产者宁愿承认马克思的历史观点而不是他的经济理论是正确的,因为例如跟剩余价值学说相比,历史唯物主义是较容易使其不致危害的。剩余价值学说(最杰出的资产阶级的马克思"批判家"之一给了它一个富有表现力的称呼:剥削理论)在有教养和有学问的资产阶级圈子里始终保持着没有充分根据的东西的名声。当代有学问和有教养的资产者认为"主观"经济学理论比马克思的经济理论好,因为它具有这样一种良好的特性,即它在社会种种经济生活现象与社会生产关系的任何联系之外来考察这些现象,而资产阶级对无产阶级的剥削就植根于这些生产关系之中,因此现在,当工人的阶级觉悟以如此迅速的步伐向前推进的时候,提及这些关系是很不适宜的。

马克思的经济观点、历史观点和哲学观点,只有其阶级利益不是同保存资本主义制度相联系,而是同消灭这种制度相联系,同社会革命相联系的无产阶级思想家才会完全、充分接受它们的革命内容。

3月望日①

(载1903年3月15日《火星报》第36期)

据说3月望日对暴君不利。如果说科学没有彻底谴责占星术迷信,那么本来可以"根据"手中的事实证明,个体的暴君和集体的暴君有充分的理由不仅在3月望日而且在整个奉祀马尔斯②的月份里浑身发抖。在3月,尤利安·恺撒倒下了;在3月,亚历山大二世毙命了;3月份,爆发了维也纳革命,结束梅特涅的丑恶制度;3月份,发生了反对奥地利枷锁的伦巴第—威尼斯起义,这场起义以英勇的米兰"五日"而著称;3月里进行了柏林革命,给普鲁士专制制度带来了无法医治的创伤;3月里巴黎的无产阶级迫使可耻的"国防"政府逃到了凡尔赛。可以认为,与普遍流行的关于战争之神的见解相反,这位神祇对自由是很有好感的。然而即使把这种神灵的爱好问题以及献给它的月份对各文明国家内部生活的神秘影响放在一边,也不得不——不依任何迷信思想为转移——承

---

① "3月望日",Мартовские Идн。Идн,古罗马的望日。按古罗马历,3、5、7、10月的15日,其余各月的13日,为望日。3月望日是恺撒被刺之日,今喻命中注定之日。——译者

② 马尔斯,即Mars,古罗马战神。罗马人把每年的第1个月(即公历3月)献给它,称为March(Март,即3月),纪念马尔斯的主要庆典就在这个月举行。——译者

认3月会使任何一个对政治并非无动于衷的人想起一系列这样的历史事件：它们过去是，而且在很长一个时期仍将是力求揭示社会现象的因果联系的学者们以及企图从中吸取实践教训的活动家们都十分感兴趣的。只要举出3月18日伟大的巴黎革命运动就够了，凡是想对现代社会的阶级斗争有清楚的概念的人，凡是想积极参加这一斗争，而且为了捍卫无产阶级的利益，希望知道这个阶级的力量何在以及妨碍它战胜敌人的感觉困难的革命起义的弱点是什么样的人，都必须认真研究这一运动。

3月18日的革命运动，也就是著名的1871年巴黎公社，它光辉地证实了这样一个真理：这个真理构成现代社会主义者全部实践活动的基础，它在由卡尔·马克思亲笔拟定的国际工人协会章程中得到很好的表述，那就是"工人的解放应该是工人自己的事情"。3月18日运动主要地是无产阶级的运动。虽然积极参加这一运动的有法国首都许许多多小资产阶级分子，但是巴黎公社没有颁布过任何一个维护小企业主特殊利益的决议。恰恰相反，它采取的全部措施都充满了无产阶级精神。在3月18日运动中，小资产阶级是在无产阶级红旗下行进的。

巴黎公社通过的社会经济性质的决议，的确既不是数目上突出，也没有坚决果断的特点。决议不多，它们在解决劳动和资本之间长期争论的道路上是相当胆怯的。然而妨碍巴黎公社在这方面采取坚决行动的首先是外部条件：跟资产阶级反动匪徒的斗争，这些匪徒在凡尔赛得到巩固以后，就开始从那里对仍然处在工人控制下的巴黎发动连续不断和残酷无情的进攻。此外，——而且这是主要的，——无产阶级为了不仅能够确信自身利益与资产阶级利益不可调和的对立性，而且还会替自己制定彻底的实际行动纲领所必需的那种充分的自觉性，在3月18日运动中也不存在。对于还在不久前曾经责难我们，说我们夸大了自觉性在工人阶级革命行动中的作用的我国各种色彩的革命者来说，好好地思考一下3月18日运动将是有益的。它的历史清楚地告诉他们，他们以为是能够把运动从一切困难中拯救出来的、强有力的肩负重任者的那个自发性，实际上是错误和失败的根源。无产阶级在自己同现存事物秩序维护者的斗争中成功的机会是随着无产阶级运动自发性程度的丧失及其变为自觉性的程度而增长的。同时也是随着社会民主党对这一运动的影响程度而增长的，该党有计划的行动乃是无意识的历史过程的自觉表现。

自发性与革命党自觉行动的对立只有在这个党本身不善于站在阶级观点上，因而把自己的主观愿望与事物的客观进程对立起来的场合下才会有意义。在这种场合，思想的进程跟事物的进程是矛盾的，因此思想的进程就会失去任何创造力。思想超过生活，也就慢慢地失去对生活的任何影响。这样的场合在美好的旧时代的历史上可能会数出不少来，这时站在乌托邦基础上的社会主义几乎是唯一在所谓知识分子的阶层中广为传播。那时以后工人阶级的自发运动比革命密谋家或社会主义改革派的自觉努力有更多得多的实际成功的机会。然而这个美好的旧时代本身只不过是无产阶级现代革命运动史中的一个绪论。这个运动的继续发展导致自发性在这一运动中越来越让位于自觉性，自觉性正是在对事物客观进程的正确理解中取得了自己的创造力。思想与生活之间的矛盾那时已经解决；社会主义不再是空想的了，它已经变成了科学。

1871年巴黎公社以前那个时代的工人运动史，再好不过地证明了这一切。40年代亲身在巴黎生活、很熟悉那里发生的事情的弗里德里希·恩格斯说道，就在七月革命以后不久，还在复辟时代秘密社团中接受过密谋教育的无产阶级，成了密谋者革命组织中的基本成员。秘密社团"四季社"——布朗基和巴尔贝斯在它的帮助下发动了1839年起义——已经是纯粹无产阶级的了。上述起义失败后建立的由阿尔贝斯领导的"新四季社"也是这样的无产阶级社团。然而尽管这些社团几乎纯粹由无产者组成，它们的措施和策略中却很少有无产阶级的东西，而是完全从由资产阶级知识分子组成的密谋者的时代抄袭来的。恩格斯指出："不言自明，密谋家们不限于组织革命的无产阶级，他们要做的事情恰恰是要超越革命发展的进程，在其中制造人为的危机，在还不具备革命所必需的条件的那个时候进行革命。"然而他们也不得不对革命所必需的条件多加考虑，因为在他们看来，革命的唯一条件就是很好地组织密谋活动。"他们是革命的炼金术士，——恩格斯继续说道，——完全继承了昔日炼金术士的邪说歪念和狭隘的固定观念。他们醉心于发明能创造革命奇迹的东西：如燃烧弹、具有魔力的破坏性器械以及越缺乏合理根据就越神奇惊人的骚乱"。① 埋头于自己的炼金术工作的密谋家们只追求一个最近的目标，即推翻现存的政府，他们以极端轻视的态度看待提高工人的阶级觉悟的事业。他们通常都表现了不顾一切的勇敢精神和相当大的革命技能，他们建筑起了第一批街垒，抢劫武器铺，组织和领导了抵抗，简

----

① 参见《马克思恩格斯全集》，第7卷，第321页。——译者

言之，他们是街头起义的指挥官，但是这些行动坚决的人，这些街垒战斗的英雄和各种恐怖主义（正如我们现在要说的那样）行动的富有牺牲精神的组织者那时已不是代表无产阶级运动的未来，而是代表它的过去。随着无产阶级发展的向前推进，密谋家们失去了自己的影响，并且在那些工人秘密社团中遇到了危险的竞争，这些社团给自己提出的目的不是直接的起义，而是组织工人阶级的力量和提高它的阶级觉悟。那时候的共产主义宣传，简直跟发生在不同派别的共产主义者之间的争论一样，始终是法国旧式密谋家们很难了解的，就像当今我国捍卫70年代革命传统的人很难了解俄国社会民主主义各派代表之间的争论一样。

据恩格斯证实，1847年路易-菲利浦政府发动的爆炸事件瓦解了最倔强的和最顽固的密谋家的队伍，并把跟着他们走的工人推上纯粹无产阶级运动的道路。1848年二月革命时期，共产主义者已经是革命无产阶级最强大的派别。但是1848年运动淹没在6月战士的血泊中，而且在许多年的岁月里，由于自己的大失败而灰心丧气和失去一切政治权利的法国工人阶级都没有摆脱停滞不前的僵局。只是60年代的政治解冻才使他们的解放斗争得到了恢复。而现在这一斗争向前迈进了新的步伐。现在法国工人的先进代表们站在马克思领导的国际工人协会的旗帜下。虽然这些代表的大多数继续受到空想社会主义、主要是蒲鲁东主义的影响，不过密谋家们的老策略，连同他们的暴动主义、政治谋杀以及其他"炼金术"，并没有在他们中间得到任何同情。培养工人的阶级觉悟成为当前的实践任务。这种培养毫无疑问会由于保存在当时法国大多数国际领导者头脑中各式各样的空想主义残余而大大地延缓下来。而且不能不承认，群众性的工人运动的自发性乃是这些残余的有益的平衡物,光凭这种运动很少会使用任何一种理论,它就同空想是格格不入的。

如果说巴黎公社的措施中看不出空想主义的痕迹,那么这个道理在于伟大革命运动的客观逻辑比它的领袖们的主观逻辑更有力量,因此受空想主义感染的思想从属于社会生活的权威指示。这当然是很好的。不过,如果人们的主观逻辑不和生活的客观逻辑发生分歧,如果事件的自发力量不跟人的意识即跟在一定程度上与这种力量相离异和相对抗的要素发生冲突,而是在人的意识中得到密切的和明显的表现,事情就会发生好得无比的转变,3月18日革命就会更有成果得多。

从巴黎公社时期起法国社会主义的成就正是在于事物进程和思想进程之间的这种不一致由于现代科学社会主义的影响而越来越消失了。科学社会主义的思想同事物的自发力量是不矛盾的,总的说来同这种力量也是没有分歧的,它是这种力量的自觉表现。这些思想越是广泛传播,这种力量的胜利就越是接近。这就是为什么当人们对科学社会主义的拥护者说,他们夸大了自觉性的意义而对自发性力量的依靠太少时,他们只好耸耸肩膀的缘故。

在1871年革命爆发时期,事物的自发力量可惜还没有在人的意识中得到应有的表现。这也说明一方面革命无产阶级组织性薄弱,另一方面对遭到3月18日迎头痛击的敌人的追击不够坚决有力。利沙加勒[①]在自己的巴黎公社史中叙述说,这一天大约下

[①] 利沙加勒(Hippolyte prosper Olivier Lissagaray,1838—1901),法国记者,1871年巴黎公社参加者。他的名著《1871年公社史》(有中译本)获得马克思的高度评价。——译者

午 3 点钟，由武装的无产者组成的几营国民卫队静静地通过外交部大楼，当时梯也尔①和他的部长们正在那里开会。如果革命者逮捕了这个"丑陋可怕的矮子"，这也许会预防出现未来的很多不幸。同一位利沙加勒说道，从 3 月 18 日夜到 19 日，维努亚②将军通行无阻地从巴黎撤出了正规军，并且从那里运出了许多武器、装备和弹药。革命者本来可以不费很大力气就使维努亚将军的士兵站到自己方面来，并且控制住他们的各种军需品。但革命者没有这样做，这又削弱了自己的力量。最后，本来必须跟踪追击所击溃的敌人，不让他们在凡尔赛站稳脚跟和重新组织起来。关于这一点看来谁也没有想到过。运动的伟大的自发力量在人们的意识中没有得到应有的表现。由此产生：缺乏集中化的组织，白白浪费宝贵的时间，不会利用有利的形势。

然而无论 3 月 18 日开始的革命运动有怎样一些缺点，它使自己的参加者赢得了流芳百世的光荣，并且表明法国工人自从不再迷恋于旧式密谋家以来走过了多么长的发展道路。1871 年巴黎公社的历史意义是真正巨大的。只有善于评价这一意义的人才会看到，同它相比，专制政权的任何个别代表，不管是生活在罗马还是生活在彼得堡，不管是称为尤利乌斯·恺撒还是叫作亚历山大

---

① 梯也尔(Louis Adolphe Thiers，1797—1877)，法国政治家，历史学家。1871 年 2 月出任法国政府首脑(内阁总理)，1871 年 9 月至 1873 年任法国总统。矮小丑陋的梯也尔是镇压巴黎公社的刽子手。——译者

② 维努亚(Joseph Vinoy，1800—1880)，法国将军，波拿巴主义者，普法战争时任第 13 军军长，后任巴黎第 2 军团第 1 军军长和巴黎第 3 军团司令，1871 年 1 月 22 日起为巴黎总督；镇压巴黎公社的刽子手，凡尔赛分子预备军指挥官。——译者

二世,他们死亡的历史意义该是多么微不足道。

5月"流血的"一周标志着资产阶级对起义的巴黎无产阶级的胜利,它也使我们懂得,在力求使我们相信阶级斗争会采取越来越温和的形式的"马克思批评家们"的话里有怎样多的真理。事实上这种斗争的形式只有在它没有超出"合法性"界线以前才或多或少是"温和的",而且即使在那种场合也可以指出含义极其深刻的例外。而一旦无产阶级超出"合法性"的界线,资产阶级马上就会忘记自己的思想家关于"温和性"的一切甜言蜜语,而暴露出连最野蛮的吃人生番也会感到羞愧的那种贪得无厌的嗜血成性。

梯也尔和他的帮凶们展示了自己敌视工人阶级解放意图的全部力量。革命的法国无产阶级很懂得这一敌视的社会意义。但是怪事!他们多少有点名气的代表中间谁都没有想到用任何"恐怖"行动来"报复"梯也尔。只有无政府主义者后来才从沙丁鱼罐头下面把装满火药的盒子放在他的铸像旁边,企图炸毁它。但是这个幼稚的行动,正像后来发现的那样,乃是在巴黎警察局长安得列的殷勤协助下完成的。为什么这个"丑陋可怕的矮子"惨无人道的残酷行为始终没有受到惩罚呢?难道是因为法国无产阶级中间没有一个勇于自我牺牲的人么?不,完全不是这个原因!自我牺牲精神在1871年公社以后正像1871年公社时期一样为先进的法国工人所具有。复仇的思想也是一刻都没有离开这些工人。但是复仇对于他们来说意味着推翻梯也尔及其战友所捍卫的那个社会秩序,意味着摧毁以资本对雇佣劳动剥削为基础的那个制度。任何其他种类的复仇都被当作毫无价值的东西而没有受到他们的注意。这就是为什么他们中间没有人企图杀害梯也尔的缘故。法国的工人运动早已脱离了襁褓时期。因此它的先进代表们早已超越了过时的密谋家的心理。正是在这方面我们俄国革命者可以向英勇的法国无产者学习很多东西。

废除连环保

(载1903年4月15日《火星报》第38期)

尼古拉二世在2月26日诏书中下令"采取紧急措施,废除限制农民的连环保"。

机灵的维特[①]先生立即采取了这些措施,于是现在连环保就不存在了:3月12日它被给参政院的上谕废除了。

在这道上谕中,这位专制君主保证说,"在不断关怀我国人民的幸福生活中……我们没有放弃对于通过减轻农民赋税负担来改善他们的日常生活的操心"。但是如果沙皇对农民的关怀真正是不断的,那么为什么连环保只是现在才废除呢?这位操心的君主说,的确,"我们那位掌握最高政权的祖父亚历山大二世皇帝[②]通过取消人烟稀少的村庄的连环保活动,已经着手限制了这个规定",又说,他,尼古拉二世,为了"执行"他祖父的"遗训",在1899年6月23日关于从村社份地征收直接税制度的条例中再次大大地缩减了连环保的活动,此外当时还命令财政大臣"开始考虑完全废

[①] 维特(Сергей Юльевич Витте,1849—1915),伯爵,俄国国务活动家,代表俄国垄断资产阶级利益,1892—1903年任交通及财政大臣,1905—1906年任首相。——译者

[②] 俄国皇帝尼古拉二世(1894—1917年在位),为亚历山大三世(1881—1894年在位)之子。亚历山大三世为亚历山大二世(1855—1881年在位)之子。——译者

除缴纳直接税的连环责任制问题"。然而究竟为什么只是在1899年他才决定执行"解放者沙皇的遗训"？难道是他在其诏书中谈到的，用他的话说就是"有碍于改善国民福利的总任务"的那个"骚乱"，以前妨碍他这样做吗？但是要知道，现在这个"骚乱"比过去任何时候都要强烈，而维特先生终究还是摆脱了连环保，一旦他得到有关它的坚决"命令"。为什么以前没有发出这个命令呢？最后，为什么"解放者——沙皇"仅仅让一些缺少耕地的村社免除连环保呢？

这一切都是由于跟"不断关怀我国人民的幸福生活"毫无共同点的那些原因而发生的。政府在对待"限制农民的连环保"的态度上始终以"不断关怀"国库利益为指导，而在农民"解放"时期则把这种"关怀"同让农民认真履行对地主的义务结合起来。

我国的农村公社并不总是现今存在于大俄罗斯的那种形态：先前它不知道什么连环保，什么土地重分。还在16和17世纪，缴纳所欠税款的责任仅仅落在出面积欠的那些当家人身上。17世纪，政府的确作了一些轻微的尝试，企图不加区分地从所有村社成员那里征收欠缴税款，然而这些尝试看来没有取得什么效果，很快就放弃了。18世纪情况发生了另一种转变。远远超过国民生产力增长的国家需求的增长以及"不断"扩大的农民农奴化，逐渐使我们走向纳税人相互之间的连环责任制，这种制度曾在罗马帝国的库里亚①存在过，而且黑格尔之子②很成功地称之为最坏的惩罚

---

① 库里亚（Курия，curia），古罗马对人民的政治区划。据传说，罗马城的缔造者罗慕路把全城人民分为30个库里亚（胞族），每个库里亚由10个氏族组成。——译者

② 黑格尔之子，指著名德国古典哲学家黑格尔的儿子卡尔·黑格尔（1813—1901），德国历史学家，对罗马统治时代到12世纪末意大利的都市以及中世纪日耳曼民族的都市和会社有系统的专门研究。——译者

制度。到农民"解放"时期,纳税人连环责任制原则在所有"国家村庄"都是独占统治。负责缴纳各种赋税的地主们不需要这个原则,因为他们对农奴有无限的权力,即使没有这个原则也能够采取一切必要措施来逃避或偿还欠缴税款。

和连环保一起,大大限制纳税阶层人口流动的身份证制度的严格措施也加强了,加强的还有国家的经济发展。最后,作为"大厦的顺利完成",在明显缺乏土地,因而某一部分农民耕地不足的现象可能妨碍认真纳税的那些地方出现了重新分配村社田地。土地重分制度完成了国家对农民的奴役。它并不表示农民集体控制了土地,而是表示农民连同他们的土地都成了国有财产。无怪乎农民时常"成群地聚集起来,拿着棍棒",公开反抗实行这种制度。但是国家比他们强大得多。"军事命令"制服了暴动者,出色地惩罚了他们,对他们"施行了""残酷的公开的鞭刑";自然难免要把不屈服的人流放到西伯利亚,永久流放,或者甚至去服苦役。可以用这样的理由使任何人信服。"村社的理想"是农村居民长期养成的,有些地方他们至今还保存了对接受这些理想的时代的悲痛的回忆。这些理想取得最充分和最全面的胜利是在 19 世纪中叶,即在建立国家产业部以及臭名远扬的基谢廖夫伯爵[①]担任该部大臣职位的时期。请看一位研究者是怎样说明当时所建立的制度的,这位研究者——应当指出——本人远不是没有民粹主义"理想"

---

① 基谢廖夫(Павел Дмитриевич Киселёв,1788—1872),俄国将军和政治家。1837—1856 年任国家产业部大臣,改革有关国家农民的法规。主张废除农奴制。——译者

的。"试设想一下世界上最大的地主——奴隶主。这个奴隶主不是别的什么人,而是国家本身;基谢廖夫伯爵——这是主要的管家人,国家产业部是他的世袭领地的事务所,而管区首脑则是在当地行使权力的庄园管理人。他们的影响由于用拳头击腮帮、关进看守所、鞭笞,外加收取'祈祷费'而得到加强"①。但是提出这种出色说明的这位作者弄错了,他说,"除了俄国,任何时候任何地方都没有过也不可能有任何这类现象"。在整个东亚曾经存在——而且不能不存在——某种完全类似的现象。连环保和土地重分生长在国家对农民的奴役的基础上,反过来它们在这里又成了最野蛮的专制制度最牢固的基础。

当"解放"开始时,我国的地主们都很熟悉连环保的一切利弊。省委员会的某些委员发表了反对连环保的激烈言论②。叶卡捷琳诺斯拉夫省委员会委员保尔和米克拉舍夫斯基声称,把连环保连同它的必然结果都加在被解放的农民们身上——在他们履行他们对地主的义务的条件下——不仅意味着农奴制的继续,而且甚至意味着农奴制的加强,只有一点不同:取代地主权力的是农民成了官吏和农村首脑的农奴。③ 然而连环保还是施行了,因为它是地主利益不可替代的保障。堆在农民身上的种种义务按其规模远远

---

① H. A. 勃拉戈维辛斯基:《四分之一的权利》,莫斯科,1899年俄文版,第134页。——作者

② H. 勃尔热夫斯基:《村社的连环保。编辑委员会在1861年2月19日条例编成时的见解以及政府在1861—1895年期间的观点》,圣彼得堡,1896年俄文版,第12页。——作者

③ 勃尔热夫斯基,第16页。——作者

超过了给予他们的"利益"。因此"解放者"自然产生了一种担心:"被解放者"宁愿放弃"利益",决不履行义务。正是这种担心产生了把农民拴在连环保铁链上的结果。自然,国家并不想落在地主后面。它废除了地主对农民的人身权利以后,完全没有意思让农民们得到充分的公民自由。不,它只打算使他们成为自己所有的农奴,而在这种场合国家就不能没有连环保。

除了连环保以外,给"被解放的"农民戴上的还有身份证制度的锁链。只要主要的居民群众仍然作为无权的"纳税阶层"被拴在土地上,那里就必然没有迁徙的自由。

"解放者——沙皇"之所以给"缺少耕地的"、其实就是人烟稀少的村社免除连环保的瘟疫,唯一的原因是:由于那里人烟稀少,连环保不可能成为认真履行义务的多少可靠的保证①。

当尼古拉-昂先生在自己的《论文集》(第67页)中说关于摆脱了农奴依附关系的农民的条例"是古老生产过程的最后杰作"时,他发表了这样一个按其直接意义简直荒唐的思想:法律制度不受生产过程制约,而是受人们在这个过程进行时所形成的那些相互关系的制约。然而尼古拉-昂先生的思想如果用适当的方式来表达,在某种程度上可以承认是正确的:2月19日"条例"是改革前旧俄国存在的生产关系的产物。但这不是它的优点,而是它的根本缺点。谈论解放,同时又使被解放者屈服于按其一切意义都是农奴制残余的那些制度,意味着对贫苦农民的嘲弄:这些农民抱着

---

① 起来反对连环保的辛比尔斯克委员会的委员们早在编纂条例时就对问题的这一方面作过说明。——作者

如此热烈的急切心情以及对亚历山大二世的善良意图如此深厚的信念期待着自由。

"新的农奴制"是在这样的时候实行的，这时由于同一个1861年改革而获得十分有力的推动的经济生活的发展，破坏了农民的旧式自然经济，使他们变成了小生产者，他们的产品变成商品以后必须在世界市场上同海外自由国家自由劳动的产品进行竞争。因此我国农民不仅因经济发展而苦恼，同时也因2月19日条例给经济发展所设置的那些障碍而苦恼。农民群众的极度贫困是农民经济生活新条件和他们的法律地位之间这一矛盾的必然结果。这种贫困光是由于它造成了欠缴税款的大量积累就不能不引起政府的注意。正是为了同欠缴税款作斗争而实行的"限制农民的连环保"，证明不了对"关怀的"首长们的期待是有道理的。这就是为什么首长们很快开始对连环保感到失望的缘故。早在1873年瓦卢耶夫委员会就指出，连环保是农民生活最大的祸害之一。以后人们从各个方面都指出了这一点。然而政府始终没有下决心废除连环保，因为它懂得，连环保只是把俄国农民禁锢起来、而政府又根本不想砸碎的那副锁链中的一个环节。我们已经知道，在历史上连环保是同村社土地占有制紧密联系着的。我们又看到，每当政府考虑连环保时，它面前总是摆着这种土地占有制的问题。定期重新分配田地本身自然不可能成为对政府有吸引力的办法。其次，定期重分田地本身一定会包括任何一个坚持"保守派"观点而且不是仅仅想到国库的行政官员感到不快的某个东西。在我国行政官员之间有时因此出现了一些指责村社土地占有制的人，这也是因为这种制度似乎会培养农民的社会主义意向。在这些人中间,例如就有 1893 年发表整篇情绪激愤的抨击性演说反对村社的前宫廷事务和皇室领地大臣沃龙佐夫-达什科夫伯爵①。值得注意的是当时的内务大臣杜尔诺沃先生②实质上没有反驳沃龙佐夫-达什科夫伯爵的论据,而只是指责他的急躁。杜尔诺沃先生断言,村社土地占有制只能慢慢地消灭,同时必须对它采取"极其小心谨慎"的态度③。这是有一些原因的,而主要原因在于:"特别是还因为我这方面难以理解,用什么方式也许可以把在大致确定的规模和界限内推广小土地所有制的经验同后来根据私有财产和既得权利不可侵犯原则从这一和那一方面对小土地所有制所进行的修正调和起来,这个原则同时受到法律和全民公认的保护,而且似乎同样可以应用于大土地占有制和小土地占有制"④。这是相当清楚的,不过表达得极其富于外交辞令。杜尔诺沃先生担心,消灭村社的土地占有制以后,国家将不得不把农民财产置于保障"私有财产和既得权利不可侵犯"的"法律的保护"下。因此,他就问沃龙佐夫-达什科夫伯爵,——好像马尼洛夫之间向他购买死魂灵的乞乞可夫一样,——这会不会损害国家的意图和俄国未来的前程。

---

① 沃龙佐夫-达什科夫(Илларион Иванович Воронцов-Дашков,1837—1916),俄国国务活动家,伯爵,1881—1897 年任宫廷事务和皇室领地大臣。——译者

② 杜尔诺沃(Иван Николаевич Дурново,1834—1903),俄国国务活动家,1889—1895 年任内务大臣,推行司法行政、地方自治和市政的反改革措施。——译者

③ 《宫廷事务和皇室领地大臣沃龙佐夫-达什科夫伯爵关于消灭农民村社的报告和内务大臣伊·尼·杜尔诺沃对它的反驳》,日内瓦-卡卢日,1900 年俄文版,第 46 页。有趣的是社会主义者—反动分子的机关刊物《俄国革命通报》也要求对村社采取审慎态度(第 1 册,第 12 页)。几乎逐字抄录杜尔诺沃先生的话!——作者

④ 同上。——作者

我们的专制国家通过杜尔诺沃先生之口声明自己不愿意放弃它如此习惯的"世界上最大的地主—农奴主"这一角色,它可以不受监督地支配自己的"忠实臣民"农民阶层的份地。我国关于农民土地所有制的最新立法的一切动摇,其答案就在这个不愿意中。这也部分地说明这样一个情况:尼古拉二世决定废除连环保以后急忙答应坚持"村社土地占有制不可侵犯"以取悦于社会主义者—反动分子。维特先生至少五年反复地对沙皇说,是同时消灭连环保和村社的时候了,因为在农民当前的经济状况下,这些制度已经不会促进,而是妨碍跟欠缴税款作斗争①。其时,波别多诺斯采夫②先生曾悄悄地对他说,保守的立法"应该以极其小心谨慎的态度对待村社土地占有制的改革问题"。我国这位未成年的皇上处在这两种对立的影响下,像布利丹的驴子③一样长期不能做出任何决定。最后,他为了摆脱困境,发表了2月26日诏书,显然是希望用这份

---

① 在随后的五年期间,这个思想被财政部的一些机关刊物,主要是《俄国经济评论》热心地发展了。H.勃尔热斯基先生的《村社的欠缴税款和连环保》一书中也很详细地发挥了这一思想(特别参见最后几章)。1897年出版的这本书是献给维特先生的。在这里提一提下面一点是恰当的:1893年,当国务会议上发生关于村社土地占有制的争论时,财政大臣发表了一份报告,其中用完全从民粹派那里抄来的一些论据捍卫了村社。遗憾的是篇幅不允许我们详细论证我们的这个思想:维特先生只是从他看到村社现在对富农比对国库更为有利的那个时候起才对村社表示了失望。也许我们下一次再来做这件工作。——作者

② 波别多诺斯采夫(Константин Петрович Победоносцев,1827—1907),俄国国务活动家,法律学家,俄国东正教的世俗领袖,1880—1905年任正教院总监,在亚历山大三世王朝颇有影响。是反动势力的鼓吹者。——译者

③ 布利丹的驴子:相传14世纪法国哲学家布利丹(Jean Buridan,1300—1358)写了一篇讽刺优柔寡断者的寓言《驴子》。寓言说,一头驴子站在两捆同样的干草之间,竟不知吃哪一捆才好,结果饿死了。——译者

诏书一下子同时使波别多诺斯采夫先生和维特先生都感到满意。我们不知道他的希望在何等程度上实现了。但我们十分清楚地知道，郑重地宣布废除连环保远没有满足诏书中不无雄辩地谈到的"人民生活正在增长着的需求"。事实上"村社土地占有制不可侵犯"无非是国家为自己保持其地主对农民土地的权利，在这个时候土地重分将越来越困难，而最贫困的村社社员将越来越经常地失去自己的份地[①]。因此，"村社土地占有制不可侵犯"将依然只是表示国家用以控制农民的那条锁链的不可侵犯。

沙皇政府的新措施不仅对那些"正在产生着的"人民需求，而且对老早已经产生的人民需求都没有带来任何满足。光凭这种措施是孤零零的这一点，它就是糟糕的。德国谚语说："谁说了Ａ，他就应该说Ｂ"。废除连环保只有在这种废除标志着我们的国家放弃自己作为"地主—奴隶主"的历史作用和赐给农民充分的公民自由的那种场合下才有重大的意义。然而无论2月26日诏书还是3月11日命令中对此都没有说过一个字。而且沙皇的诏书也不可能说到这一类的事情。专制制度按其本性是不可能承担解放的使命的。而俄国的专制制度现在比过去任何时候更不能承担这一使命。一般说来沙皇政权现在所能做的只是妨碍俄国人民生活的发展。因此俄国人民生活的发展使沙皇政权的处境变得越来越动摇。只有通过俄国的政治解放才能给俄国人民带来公民自由。因

[①] "使一些独立的农户当家人便于脱离村社"实际上就是使那些发觉这样做对自己有利的"善于经营的庄稼汉"便于脱离村社。从事耕作的贫农和以前一样仍然是受奴役的。村社土地占有制的一切所谓好处正是为他们才当作不可侵犯的东西完整保存下来。——作者

此，只要俄国农民希望得到公民自由，他们就不得不参加到俄国的政治解放活动中去。而在这种活动中追求公民自由的强烈意愿就会觉醒。俄国农民日常生活的新条件会在他们身上引起新的需求，会破除他们旧时的偏见。去年的农民骚动只是即将搬上俄国历史舞台的伟大戏剧的"序幕的序幕"，这部戏剧的题目就是七个字："沙皇制度的垮台"。

布列什柯夫斯卡娅[①]女士和奇吉林事件[②]

(载1903年4月15日《火星报》第38期)

就奇吉林事件进行的辩论没有停止。在第20期《革命俄国报》上,布列什柯夫斯卡娅女士刊登了《致编辑部的信》,她在信中的一个地方说了以下的话:

"对于我们所有奇吉林事件同时代人说来,这个事件的出现是由于充满痛苦的意外情况……在座的大多数人(除了本案的当事人,还有第50号案件中未被放逐的人以及一些不大的单独案件中的许多人在座)都曾尖锐地发表意见反对斯特凡诺维奇[③]的活动

---

① 布列什柯夫斯卡娅(Екатерина Константиновна Брешко-Брешковская,1844—1934),俄国社会革命党领袖,也是组织者之一。1874—1896年被捕入狱,服苦役,被流放。参加1905—1907年革命。小资产阶级报刊称她为"俄国革命老太太"。1919年起为白俄侨民。——译者

② 奇吉林事件:俄国"南方暴动者"小组原成员雅·瓦·斯特凡诺维奇、列·格·捷依奇和 И. В. 博哈诺夫斯基试图在基辅省的奇吉林县,通过伪造沙皇诏书,依靠秘密农民组织"秘密卫队"发动农民起义,结果失败。1877年8月,组织者和参加者均被逮捕。——译者

③ 斯特凡诺维奇(Яков Васильевич Стефанович,1854—1915),俄国革命民粹派分子,"到民间去"运动的参加者,"奇吉林密谋"的策划者之一,"土地和意志社"及"黑土重分社"社员。1881年起为民意党执行委员会委员。1883年被判处8年苦役。——译者

方式……知道斯特凡诺维奇的人都为他辩护，反驳对他个人的激烈攻击，有的战斗力强些，有的弱些，但是我熟悉的活动家中间没有任何人，也包括我在内，赞同过斯特凡诺维奇所使用的手段"①。接着她引证已故的基巴利契奇②的话，后者在给她的一封信中说道，他在基辅监狱里亲自结识斯特凡诺维奇以后，虽然"终于开始喜欢上了斯特凡诺维奇的个性"，但仍然"憎恨欺骗和诅咒金色的文件"。

布列什柯夫斯卡娅女士的这个供述毫无疑问很值得重视。然而正是由于这个原因必须拿它跟我们就同一事件拥有的其他材料作一比较。

首先我请读者回忆一下《革命俄国报》第 12 期上登载的彼·克鲁泡特金先生的信。信中我们发现以下几行文字：

"无可怀疑，七十年代俄国革命者对在奇吉林散发的、伪造的沙皇诏书的意见是受到赞同的。大多数柴可夫派③分子反对这些意见；而在更有战斗性的小组中间，特别是在南方，捷依奇和斯特凡诺维奇有不少的拥护者"。

彼·克鲁泡特金先生的供述与布列什柯夫斯卡娅女士的供述是矛盾的。用后者的话说，那时任何一个活动家都不赞成斯特凡

---

① 着重号是布列什柯夫斯卡娅女士加的。——作者

② 基巴利契奇（Николай Иванович Кибалачич，1853—1881），革命民粹派分子。"土地和意志社"成员，民意党执行委员会委员。曾参与谋杀亚历山大二世。1881 年 4 月 3 日在彼得堡被绞死。——译者

③ 柴可夫派，1869—1874 年彼得堡革命民粹派组织。他们是"到民间去"的发起人。成员们曾因"193 人案件"受审。——译者

诺维奇和捷依奇同志在奇吉林所使用的手段,然而彼·克鲁泡特金先生声称,当时许多革命者——特别是在南方——都同情这种手段。他又证实,对斯特凡诺维奇和捷依奇同志抱着无条件同情态度的革命者属于更有战斗性的小组(着重号是我加的)。这一点必需注意。

究竟怎样说明这个矛盾的供述呢?简单地引证偶然性对它也许是一种十分充分的说明。布列什柯夫斯卡娅女士谈的是她个人所了解的活动家。因此可以假定,她根本就没有机会遇见无条件赞成"金色文件"的人们。不过那时仍然得问自己,能不能给这个——初看起来很奇怪的——偶然性一个合理的说明?我们现在看到,这是可能的。不过,首先我也想告诉读者我本人所知道的70年代革命者对待奇吉林事件的态度。

1878年早春,在彼得堡的、属于组织的中央核心即属于所谓"土地与意志"社基本小组的"土地与意志社分子"中间绝大多数人在讨论最符合我们目的的策略问题时,不仅以充满同情的态度对待在奇吉林事件中使用的手段,而且坚持认为土地与意志社分子在伏尔加进行鼓动时应该采取这个手段。发言反对这个思想的只有基本小组的两个成员:我和另一位同志,"由于对强者的恐惧"我就不称呼他的名字了。

在我们两人看来,这个思想是跟革命党的任务完全背道而驰的,所以当这个思想变成所有土地与意志社成员都必须遵守的决议时,我们就决定立即退出该组织。我们当时把我们的这个决定通知了我们的彼得堡的同志们。我们同时提醒他们,在没有征求我们组织的外省同志的意见之前,策略上的任何变动都是不能实行的。因此我们的争论推迟到另外的时候才告结束。我记不得"土地与意志社分子"后来是否回到了这个问题。因此我不能十分有把握地说,大多数外省"土地与意志社分子"也都赞成在奇吉林事件中使用的手段。而且仅仅因此,我在为图恩的一本书所写的序言①中谈到这个手段时表示了几分不确定的意见,我说:"我甚至以为,大多数'土地与意志社分子'对它曾抱有完全赞同的态度"(第XⅦ页)。对那时外省"土地与意志社分子"的意见我只能作些猜测。从在这种场合下所有可能的猜测中,我觉得最有可能的是:外省大多数我的同志都无条件地同情斯特凡诺维奇和捷依奇。不过我现在且放下猜测,转过来谈事实。当1878那一年顿河哥萨克骚乱开始时,先于我们所有的人而深入顿河的同志,——的确在形式上他不属于"土地与意志"社,但是全心全意同情它,并接受它的纲领,——带着以沙皇名义签发的革命宣言希望投向"光荣的顿河部队"。在这里他打算冒充沙皇的使节。正是那个时候,我经常同他见面,——因为我本人参加了在哥萨克中间进行鼓动的工作,——我很清楚地记得我同他就这个问题进行的激烈的争论。我费了很大的劲才劝阻他放弃他的企图。

这种对斯特凡诺维奇和捷依奇的无条件的同情是由什么引起的呢?是由于克鲁泡特金先生在日内瓦俄国侨民大会上捍卫奇吉林的鼓动者时(用他本人的话说)所列举的那些想法:"在全部俄国历史上可以看出,——他说,——人民自己怎样求助于种种伪造的

---

① 指普列汉诺夫为A.图恩《俄国革命运动史》一书俄文版所写的序言。该序言后来收入《普列汉诺夫全集》俄文版第24卷。——译者

沙皇谕旨、求助于关于沙皇诏书的传闻，甚至求助于僭称王，以便使因循守旧的农民群众振作起来。这样的传闻，就像关于正在解放农奴的任何一个加里波第的传闻或者关于出现在伏尔加河的斯捷潘·拉辛的传闻一样，始终都是人民自身中那些领头闹事的人喜爱的手法。但是这些人之利用关于沙皇谕旨和文件等等的传闻，不是为了欺骗，倒是作为失败时的一种防卫或辩护手段。大家知道，不仅是接近普加乔夫的人，而且俄国国内的农民都这样谈论他说：'只要他能消灭地主和官僚，他就是魔鬼的儿子又何妨'。此外我还指明了1788年在法国东部开始的农民运动，这个运动在第二年7月导致了各城市的起义和攻占巴士底狱，并在此基础上爆发了全国政治革命，直到1793年。我在研究这个运动时发现一些明显的迹象：农民们总是在国王下令夺取领主庄园的影响下起事的，然后以国王名义焚毁各种法定文书（terriers①），以及从领主手中夺取他们从村社夺去的土地。无论过去有过'文书'，或者现在甚至有僭称者的踪迹——两年过去了，这些却都没有妨碍法国东部同一些农民拥护自己的代表投票处死国王和赞成共和国。"读者应该注意这些想法。虽然在俄国进行活动的民粹派没有可能详细了解法国农民运动史，但是俄国人民暴动的心理可以完全按照克鲁泡特金先生这里所说的用法国农民运动来解释。而如果这些民粹派分子决定求助于以沙皇名义签署的文件和诏书，——或者赞同这些诏书和文件，——那么他们这样做完全"不是为了欺骗"，而是因为他们相信自发的农民暴动的革命逻辑，并认为这种暴动即

---

① terrier：法文，指（领主的）土地赋税簿籍。——译者

使是以沙皇的名义进行的，其结果也必然是对沙皇政权的否定。对农民运动革命逻辑的这个信念自然一定会同民粹主义一起产生、巩固和破灭。而既然民粹主义（即捷依奇同志所说的那个独特的俄国社会主义）只是在70年代中期产生和发展的，那么，在前一时期、也就是民粹主义以前的革命时期的人们即跟布列什柯夫斯卡娅女士同时坐牢的那些人身上不存在这种信念也就不足为奇了。这就是布列什柯夫斯卡娅女士所说的对奇吉林手段持否定态度在这些人中间之所以占主导地位的缘故。对于他们来说，这种否定态度是很自然的，就像他们的直接继承人——暴动派民粹主义者——很自然地无条件同情斯特凡诺维奇和捷依奇一样。如果我和其他一些土地与意志社分子没有这种无条件的同情，那么应该承认，我们当时的同志们比我们的推论更为彻底。

因此，整个问题可以很简单地用我国革命运动中思想的内容和更换来解释。关于各个时期俄国革命者的道德问题，在这里根本不相干，布列什柯夫斯卡娅女士提出这个问题是徒劳的。她这样做只是表明她绝对不应表明的东西，即表明她对自己忽然想要捍卫的那个"社会革命"党的历史太不熟悉了。而且她多么奇怪、多么笨拙地捍卫这个党啊！她说，"从《火星报》和《曙光》杂志以及它们的文坛先驱（'劳动解放社'的出版物）的一些声明的总和中，革命青年只能得出结论：俄国社会革命政党过去的一切工作是全盘错误的"。遗憾的是布列什柯夫斯卡娅女士没有告诉我们，究竟什么样的我们的"某些命题的总和"可以证明这个奇怪的推论。如果她仔细地对待我们的出版物，那么她自己就会看到，从其中不可能得出任何类似的结论。作为证明,我可以举出比方第一个俄国社会民主主义团体的第一本著作——我的小册子《社会主义和政治斗争》。在这本小册子的序言中说道:"在民间工作和为人民工作的志向,对工人阶级的解放应该是工人阶级自身的事业的信念,——我国民粹派的这一实际倾向,我还是同以前一样地珍贵。可是它的一些理论上的命题,我觉得在许多方面……是错误的"①。难道这样说就意味着断定"俄国社会革命政党过去的一切工作是全盘错误的"?我不知道布列什柯夫斯卡娅女士说的究竟是怎样的青年;不过我想,这个青年并没有失去起码的健全思想,而且因此他懂得,与某个党的"理论命题"不一致完全不等于"全盘"指责它的活动。况且布列什柯夫斯卡娅女士所指的那个"社会革命政党"本身远不是"全盘的"。其中也有不同派别,它们互相取代,并且没有批评是行不通的。民粹派不同意自己的先辈——宣传派;民意党人激烈地反驳民粹派。这是坏还是好?如果是坏,布列什柯夫斯卡娅女士为什么不谴责他们?如果是好,那么为什么在民粹派或民意党人允许自己进行批评的那种场合批评就是适当的和有益的,而当社会民主党人着手批评时,却变成不适当的和不道德的了呢?

我们任何时候都不会把谁革出教门。我们只是敢于有自己的判断。同时一般说来,革出教门不符合那些进行批评的人即诉诸

---

① 参见《普列汉诺夫哲学著作选集》,第1卷,三联书店1962年版,第51页。——译者

读者理性的人的习惯。情愿搞"革出教门"的是那些起来反对批评的人以及为了堵住反对自己的人的嘴、力图影响自己读者的情感或者通过诉苦打动听众的人。情愿干这号事的人多的是；我们不在此列。

如果有人被革出教门，那么被革出的就是我们，而且正是在布列什柯夫斯卡娅女士的信中被革出的。这封信恰恰是用把违反教规者开除出自己的教会的神甫们和最高主教们说话的那种口吻写成的。我们自然不会被任何革出教门所吓倒。不过我要向布列什柯夫斯卡娅女士指出，她本该把为"劳动解放社"和《火星报》以及《曙光》杂志准备的革出教门放到其他任何一篇文章中去。要知道她的信中谈的是捷依奇同志断言奇吉林事件中使用的手段得到俄国革命者的同情时他是错了还是没有错。布列什柯夫斯卡娅女士认为捷依奇同志错了。她本来应该简单地宣布这一点。但是她以为捷依奇同志想玷污70年代革命者的道德品质，因此她就决定反过来玷污捷依奇同志和他现在的同志们。她发火了，于是她的整个供述就都具有一种相当古怪的形态。它使人想起格·伊·乌斯宾斯基的特写《又安静又柔顺》中以下一个片断：

"对于她是否知道这位女被告的问题，女证人回答道：

——怎么不知道，尊敬的大人，她到现在还欠我两卢布银币。我们很了解！

——关于孩子您有什么要说的？

——她把他淹死了，再也没有什么了！因此她有很不好的性格，尊敬的爵爷……她直到现在都不能把两个卢布给我，哪怕一个月十戈比也好"，等等，等等。

格·伊·乌斯宾斯基所描绘的女市侩—女证人的做法会策略得多,如果不提到被告没有对她履行自己的义务;布列什柯夫斯卡娅女士的做法会策略得多,如果她对捷依奇同志和他现在的同志欠她的债表示缄默……不,是他们很不好的性格伤了她的心,不,是他们对旧的革命纲领和观点的批判伤了她的心。

沙皇制度最后一张牌

(载1903年5月1日《火星报》第39期)

我国又开始了蹂躏犹太人的暴行。大家知道,这种运动具有多么丑恶、残酷和黑暗的性质。宗教狂热、种族仇恨、损人利己的愿望、暴力、对弱者的嘲弄、有时是野兽般的残忍,——一言以蔽之,最野蛮的情欲都会在其中得到最野蛮的表现。然而刚刚发生的基什尼奥夫[①]暴行打破了野蛮行径和野兽行径的纪录。"暴徒们"从来还没有过如此精明能干的,他们从来还没有过如此残酷无情的,他们的牺牲者的数目也从来还没有达到过如此高的数字。在我们写作本文的这一时刻,被打死和因伤致死的累计已经超过100人。大概还有不少现在正在极大痛苦中疲惫不堪的受难者将随他们之后到彼岸世界去。基什尼奥夫社会民主党组织的一个委员会说"袭击从4月6日中午延续到8日黎明,而且可以说简直没有任何一座犹太人住宅没有遭受这样或那样的损坏,窗户上没有一块完整的玻璃……街上是羽毛的海洋;羽毛像霜一样粘满树木、围墙;被摔坏、被摧毁、被粉碎的家什和衣服成堆成堆的;在羽毛、

---

① 基什尼奥夫,苏联摩尔达维亚共和国首都。俄土战争后,1812年由土耳其割让给俄国。——译者

俄文书籍和犹太书籍的碎片、神圣的犹太法衣的破布片、女式短上衣、旧裤子和木器碎片、石头上面都染红了和浸透了人的鲜血;人行道上、走廊里、房间内凝固的鲜血像一条小小的溪流……最贫苦的犹太街区居民受害最深。小货摊、兼作坐凳用的箱子被毁掉了,穷人沦为乞丐,无力自卫者中最无力自卫的人则被杀死……城市里一片哭声和呻吟声……"

我们的一位记者在描述这次袭击时说道:"人们闯进了房屋,进行抢劫、杀戮;他们杀死了保卫自己孩子的母亲,还把孩子从三楼窗口扔出去……从有轨马车车厢里抓住有犹太人面貌的人就当场杀死。犹太人在惊慌中逃进城里,但是人们在街上把他们抓住杀掉;有些能够来到火车站的人就动身去敖德萨。来到敖德萨的有整车整车两三天没有吃饭、衣不蔽体的犹太人……许多人到现在还没有找到自己的孩子,因为这些孩子在恐惧中躲进了地窖,躲进了大圆桶,而且在那里大概由于饥饿而死亡。双亲们辨认不出尸体,因为尸体被捣乱分子弄得乌七八糟……"是谁制造了这些可怕的场面?谁把哭声和呻吟声带到了"无力自卫者中最无力自卫的人"中间?这一群"暴徒"的特点是具有各式各样的性格!其中既有外来的建筑工人,也有手工业者,还有庄稼汉。不过值得注意的是在许多地方领导这群人的都是"知识分子":公证人、各种管理局的成员、医生。上述委员会在自己的传单中补充说,"我们更不必提到主要由官吏和他们的太太、军官和资产阶级组成的、看热闹的观众对这群人的行动的同情态度了。这些观众通过自己的挑衅性的笑声、戏言、对这群暴徒赞许性的怂恿、鼓励,有时指指点点和提些建议,从精神上刺激了暴徒们野蛮的本能,并使这种本能发展到不可理解的凶残,结果就出现了从肚子里拔出来的脚,切下的舌头和嘴唇,以及遭到强奸的姑娘和怀孕的妇女。学生们骑着自行车来回奔跑,保持各队暴徒之间的联络。官员们和'知识分子们'趁着混乱从被捣毁的沙赫商店搜罗各种文具。"

就让对基什尼奥夫干下的暴行承担的道德责任首先落在这种贪婪的、堕落的和残酷的、丧失最起码的人道精神、没有丝毫对国家的义务感的所谓"知识分子"身上吧。这种人类的败类,这种卑鄙的、虚伪地号称有教养阶级的贱民,在整个文明世界面前使自己蒙受了洗刷不掉的耻辱。凡是知道这些"有知识的"暴徒的名字的人,都应该把它们公布于众。比如我们就知道公证人皮萨尔热夫斯基和当地富翁西纳季诺的儿子曾用粉笔在犹太人的房子上作了记号,并且指出隐藏犹太人的那些基督徒的住宅。我们赶紧把这些名字钉在耻辱柱上。①

对于愚昧无知、没有觉悟、参加了基什尼奥夫抢劫的工人说来,进步的道路还没有关闭。现在的"暴徒"——无产者——将来会懂得自己阶级的利益,为了捍卫这个利益,工人们必须不分宗教和种族出身同心协力地工作。那时,当无产者回忆起由于自己的愚昧和落后曾积极参加的那些兽行,他们内心会感到万分羞愧。无产阶级运动的逻辑就是这样:在它的强大影响下工人中间的民族偏见和部族偏见将日益消失。而那些以目睹基什尼奥夫抢劫为乐事甚或指导了这场抢劫的、"有教养"和有官衔的贱民的运动逻

---

① 没有必要说出编辑"比萨拉比亚人"克鲁舍凡的名字,他通过自己的文字宣传为袭击做了准备。即使没有这件事,他也是臭名远扬的。——作者

辑又是怎样的呢？奇怪的问题！这种贱民只知道商品价格的波动以及职位的升降；他们不会对任何广阔的社会思想产生激情。他们之赞赏针对犹太人的暴力行动，不是因为他们不理解自己的阶级利益，而是因为他们理解得过分清楚了，因为这些利益，由于他们的狭隘性和局限性，使他们想起了居心险恶的黑暗势力的政策，这个社会阶层中一部分人之所以敌视犹太人，原因在于犹太人在各个生活领域都是他们可能的或实际的竞争对手，他们中的另一部分人则抱着嫉妒、愤恨和恐惧的心情把犹太人看成是会瓦解和冲毁我国现时农奴制的国家制度和社会制度的流动资本的代表；最后，这两部分人以及我国反犹太主义者所有其他变种，以同样愉快的心情准备嘲弄和残害犹太工人。在他们这些习惯于尊重表面上的强大力量的人看来，这些工人是可鄙的。第一，因为他们是无产者。第二，因为他们是特殊血统的无产者，是连信仰基督教的俄罗斯无产者都拥有的微不足道的权利的某种微不足道的类似物也没有的无产者。拯救犹太人不受来自我国居民的这个阶层的迫害的只能是一场革命，它会从俄国土地上彻底扫除可耻的中世纪制度的残余，它会使犹太人在公民权利和政治权利上和所有其他公民平等，使他们处于民主宪法的保护之下。

然而大家知道，"有教养的"贱民的特点之一就是胆小，其结果，它就——正如常言所说的——看风使舵，也就是洗耳恭听来自"统治阶层"的一切命令。而如果这些胆小的贱民曾经勇敢地支持基什尼奥夫的捣乱鬼，那就清楚地说明，他不担心这样做会引起上司的不满，也清楚地说明，对犹太人的袭击在他们看来是同各类当局意见一致的。而且他们没有弄错。政府不仅不急于制止基什尼奥夫对犹太人的袭击，而是竭尽其一切手段为它煽风点火。政府自己身上就溅满了基什尼奥夫受害犹太人的鲜血。

这个政府就像著名轻歌剧中的警察局长一样，想知道一切，看到一切，并且把自己的鼻子伸到一切地方去，却假装对袭击的准备工作、对整个基什尼奥夫都知道的事情一无所知；这个政府如此关心"社会的安宁"，以致用哥萨克的皮鞭和警察的马刀对付政治自由拥护者们最和平的示威，却装出一副它不能对付基什尼奥夫"暴徒们"的样子；这个政府在同一切解放运动斗争时的不变格言是迅雷不及掩耳地猛攻，而在需要它保护基什尼奥夫犹太人的生命财产时却完全像麻痹瘫痪了一样。星期日午后两点钟，基什尼奥夫省长冯-拉阿宾先生，——他大概知道他应当做什么，如果讲的是镇压"暴动者"，然而现在显然担心"照办不了"，因此不敢擅自行动，——冯-拉阿宾先生拍电报到彼得堡请示。对他的询问的答复只是在星期一晚上6点钟才到达。我们不知道普列韦①先生究竟是怎样回答的，然而光是他的答复没有超过一昼夜这一情况就表明，内务部没有反对袭击的任何意思。基层的警察分局都很清楚地懂得这一点，因此它们不仅不保护犹太人，而是直接参与对他们的屠杀。在崩得国外委员会的《新闻》中我们读道："在人群攻击随便哪一幢房子的时候，警察都遵循这样的策略：让人群毁灭一切可能的东西，然后他们突然出现，并且说：'够了，走远些'，他们就用这样的方式指导人群的行动。"在一个地方，一群犹太人为了保卫

---

① 普列韦(Вячеслав Константинович Плеве，1846—1904)，俄国内务大臣兼宪兵司令(1902—1904)。极端反动分子。被社会革命党人 Е.С.索佐诺夫刺死。——译者

商店而聚集起来，以便进行抵抗。警察所长出现了，命令人群散开。人群表示拒绝，这时就会召来巡逻马队，他们冲进人群，用皮鞭驱散犹太人。几分钟以后那里就出现了进行大屠杀的人们，而警察和巡逻队却销形匿迹了！在另一个地方，犹太人为了从受折磨的死亡中得救，沿着屋顶勉强走到警察分局，以为自己马上就会得救，然而人们立即把他们赶到街上，交给野蛮的人去蹂躏。浩劫之后，在花园里发现一份写得文理不通的传单，内容大概是这样的："警察开始了抢劫，而现在得到了犹太人的贿赂，开始把我们坐进监狱"……人们在人民中间读文件，说根据上谕下令屠杀犹太人。花园里发现的这份文理不通的传单中的词句大概不会有什么夸大。带头发动抢劫的看来实际上是警察。刚才我们引证的一期《新闻》报道说，还在复活节前夕警察所长助理多勃罗谢利斯基来到宾杰尔斯基烟草店，肆无忌惮地把手伸进钱柜，从那里拿出五个卢布。他在回答感到惊讶的主人的抗议时说："反正我们要在复活节把你所有的人、犹太佬都宰掉。"然而这还不是一切。参加了大屠杀的农民索洛维耶夫来到警察分局，并且宣称，他杀死了一个犹太人。人们把他关进了拘留室，但是第二天早晨人们发现他已经死了。无论如何不让他作证，对警察而言本来就是必需的。

  这样做之所以尤其必要，是因为警察已经过于卖力气了，而且最高当局为了体面不得不追究它的责任。大屠杀结束之后在警察所长和监督者那里进行了搜查，而且在他们中间的许多人那里都发现了抢劫来的黄金和白银。不用说，这些代表"秩序"的人都是好样的！显而易见，关怀备至的当局会做好一切来掩盖他们的罪行的痕迹。光凭那些本身就抢劫过犹太人的官员也参加了该案的侦讯这一点,就对此作了保证。

这以后要嘲弄司法机关是不可能的。再说一遍:沙皇政府从上到下,从内务大臣到基什尼奥夫最后一名密探都沾满了复活节那天受难的犹太人的鲜血。这一点现在所有的人都看清了,这一点现在连保守的西方刊物也在重复地说,政府方面的任何"解释"和"报道"都不可能掩盖事情的真相。世界上没有,也不可能有这样巧妙的诡辩家,能够抹去政府对组织白天的抢劫、对参与掠夺和屠杀的道德责任!

然而,为什么它需要组织抢劫?它参与掠夺和屠杀给它带来了什么利益?

这个问题容易回答。

沙皇制度的奴仆们清楚地懂得,我国工人运动越是发展,我国"旧制度"就会变得更加不稳固,他们应为自己在俄国人民面前犯下的无数罪行而受惩罚的那一天将更加临近而恐惧。于是他们竭尽全力推迟这个审判日的到来。同不断增长的工人运动的斗争对他们所有的人说来成了为他们自身的生存而进行的绝望的斗争。所以他们使出只有拜占庭陷落这个最黑暗的时期才会出现的残酷而阴险的手段进行这场斗争。没有任何卑鄙的措施是他们在自己的"顽固守旧的"政治中会不敢采用的。起先他们力图通过派遣各式各样的暗探和奸细钻进正在产生中的工人组织来破坏这些组织;他们希望在这些组织中复活臭名昭著的杰加耶夫①的实践——祖

---

① 杰加耶夫(Сергей Петрович Дегаев,1857—1920),彼得堡暗探局暗探、奸细、退役上尉。1878年起参加革命运动,1882年充当暗探,同时还领导"民意党"的中心小组。1883年被揭露后隐匿起来。——译者

巴托夫主义①的第一时期。后来他们看到这种手段不会带来警察局的腐蚀专家期待于它的那一切成果；他们确认我国工人阶级的自我意识不断向前迈出越来越新的步伐，社会主义运动越来越有成为群众运动的危险，于是企图通过答应给群众一些经济上的让步和在同资本家的斗争中给他们某种支持的办法，把群众吸引到自己方面来——祖巴托夫主义的第二时期。伴随和补充这一企图的是：去年5月1日的鞭打，将引起无产阶级先进代表们的绝望并促使他们走上不会使任何人感到恐怖的"恐怖"道路。最后，当这一企图结果也像在工人中间创立有影响的"独立"政党和阻止社会民主党取得成功的努力一样没有成效时，蠢材尼古拉的政府打出了自己最后一张牌：现在它力求模糊迅速成熟的俄国无产阶级的自我意识，办法是使他们感染种族仇恨和宗教狂热的病毒。在基什尼奥夫抢劫时刻俄国政府以自己的罪恶行径仿佛对我们社会民主党人说：你们想要唤醒群众；你们企图使群众成为今后俄国历史发展最强大的因素。很好！唤醒群众吧，但要知道，群众的觉醒对你们来说将会是不愉快的；请记住，群众是嗜血的野兽，当这头野兽从锁链中放出来以后，它就会残酷无情地撕毁它周围的一切，不分自己和异己，不分无罪和有罪。你们向群众大声疾呼，重复着自己的战斗口号："全世界无产者联合起来"，然而他们中间却燃烧着

---

① 祖巴托夫（Сергей Васильевич Зубатов，1861—1917），宪兵上校，莫斯科保安局长（1896年起）和警察司特别局长（1902—1903）。祖巴托夫主义是1901—1903年沙皇政府对付俄国工人运动的一种斗争形式，是"警察社会主义"的变种。目的在于把莫斯科、彼得堡等地的合法工人组织置于警察监督之下，并向工人宣扬伯恩施坦主义和"经济主义"思想，诱使工人放弃政治斗争。发起人为谢·瓦·祖巴托夫，故名。——译者

民族仇恨，同时俄罗斯工人会动手"砸碎"自己原来的同志，只要这个同志属于另一民族或信奉另一信仰。你们想唤醒群众。请看看他们的血腥勾当吧，请认清自己意图的疯狂吧。这就是俄国政府通过自己之组织基什尼奥夫抢劫，通过自己之参与基什尼奥夫屠杀所告诉我们的东西。同时应该承认，它的这些话不失为一篇生动有力的辞令。它们之所以好像有比较大的说服力，是因为80年代初伊格纳季耶夫①伯爵成功地把迅速增长的人民不满情绪纳入了反犹主义的轨道，从而长期地阻碍着俄国的革命运动。我们社会民主党人应当用更加生动有力的革命行动的辞令来回答反犹主义抢劫的生动有力的辞令。

我们一定会用事实使政府相信：时代变了；它不知道现今的俄国工人是什么样子。

我们这个领导无产阶级的党，应当指明，政府以为它能够用反犹主义的迫害来腐蚀俄国工人阶级是打错了算盘。它应当从工人群众自身中召唤出对抗反犹主义的力量。它应当靠自己的力量组织对"暴徒们"的还击。在这种或那种场合究竟要怎样做到这一点，自然是取决于各地的条件。凡是我们党已经非常强大，能够一有需要就派出几百坚定果敢的工人走上街头的地方，它都应该立即用实力镇压反犹"骚乱"的任何企图。凡是它的影响还不很大的地方，它就应该使骚乱群众的注意力离开犹太人，并且通过举行示威、通过袭击警察局大楼等等，使这些群众的矛头对准警察。最

---

① 伊格纳季耶夫（Николай Павлович Игнатьев，1832—1908），俄国国务活动家，伯爵，步兵上将（1878年起）。1881—1882年任内务大臣。——译者

后,凡是连这一点也做不到的地方,我们的委员会就至少应该勇敢地和奋不顾身地站出来反对狂暴的人群而保护犹太人(以及普遍地说保护遭难的非俄罗斯人),而不在任何危险、任何荒唐的指责面前退缩。① 他们应该记住,拯救遭难的人,也就是拯救自己党的荣誉,拯救俄国无产阶级的荣誉和我们整个运动的未来。

　　沙皇政府打出了自己最后一张牌。压住这张牌,从而截断它得救的最后一条路,就取决于我们。俄国社会民主工党会神圣地履行自己对俄国工人阶级、对整个国家的义务。现在全世界社会民主党都在注视它。

---

① 据说在基什尼奥夫一些勇敢的人成功地守卫了整整两个街区。社会民主党人不应当把这种刚毅创举的荣誉让给任何人。——作者

时 代 变 了

（载1903年5月1日《火星报》第39期）

现在，当基什尼奥夫流血事件把如何抵抗"反犹骚乱"这样一个极其重要的实际问题迫切地摆在我们面前时，回忆一下1881年差不多在整个南俄发生的蹂躏犹太人的暴行是不无益处的。这次暴行不仅给许多犹太家庭造成了许多完全不公正的和不必要的痛苦，而且甚至在我国居民的这样一些阶层中助长了民族偏见的产生，以前这些阶层同这些偏见完全是格格不入的。可以毫不夸张地说，1881年蹂躏犹太人的暴行所造成心理上的后果，在以后整个20年期间不断地危害着我国的社会主义运动。光凭这一点（且不说社会主义者应该比"旧世界"的人们具有更强烈得多的那些自然的或必不可免的人道主义动机）就足以使我们党坚决地做出它所能做的一切来同反犹"暴徒们"进行斗争。

基什尼奥夫的洗劫是在警察亲切的参与下由各地的排犹分子组织的。反犹主义的病菌在警察所管辖的各个地段热心地培植起来。当政府及时地打开蹂躏犹太人的暴行这个安全阀，从而阻止人民中正在兴起的革命动荡时，它显然是想让1881年的故技重演。但是从那时以来的22年，异乎寻常地改变了局势。现在俄国工人阶级中已经有了较之那个时代多得无法相比的觉悟分子。这些觉悟分子善于给我国反犹主义者以坚决的回击。

　　一些刚毅果敢和有觉悟的革命者在同类似蹂躏犹太人的暴行的自发运动的斗争中,是能够做非常多的事情的。在1879年罗斯托夫骚乱时期,由于同警察斗殴而冲动和激怒的人群走过犹太教堂。孩子们开始向教堂的窗子扔石头。如果人群中没有传来坚决抗议这样做并号召打击警察的呼声,不知道以后会发生什么事情。人群听从了这些呼声,并给警察上了绝妙的一课,使他们很久都忘不了:一些警察分局遭到了严重的破坏。这是一个可供效法的好榜样。

　　不知道我们的读者是否注意到我国一些"合法"报纸报道的那个事实:正当基什尼奥夫发生蹂躏犹太人的暴行的时候,在日托米尔的一群人差点儿打死了在当地马戏院工作、出来观看节日游艺会的四名中国人。为什么他们要打死中国人呢?很清楚,只是为了给一种混乱的不满情绪找出路,这种情绪由艰难的生活条件所引起,却还没有为革命意识所净化。当警察发现群众中聚集了许多这样的不满情绪,他们自然要竭力把它从自己身边引开,使它去反对"犹太佬"、鞑靼人、亚美尼亚人、中国人,一句话,去反对最先碰到的外国人或非俄罗斯人。我们应当阻止他们去打开这个安全阀。对于"打死犹太佬!"(或其他非俄罗斯人)的叫喊,我们应当用"打死警察!"的喊声来回答。现在群众的情绪是,这些喊声没有同情的回应就会消逝:我们觉得日托米尔那些准备打死中国人的人群会很愿意去干掉警察。

　　政府在玩对它很危险的游戏。它忘记了现在的无产阶级已经不是过去那个无产阶级,现在的社会主义者也不是过去那些社会主义者。1881年在我国革命运动中占统治地位的那个派别还没有站在现代社会主义的观点上,因此它还不善于正确对待蹂躏犹太人的暴行。它误认为这些暴行就是社会革命的开始。这可以从它当时的出版物中清楚地看出来。

第6期①《民意报》②内部评论栏给蹂躏犹太人的暴行提供了相当大的篇幅。用评论员的话说,在整个俄国,人民开始意识到,他们已经忍受够了,不过暂时这种意识只是偶然地表现出来。"只是在南方比在其他地方更早一些,人民的不满情绪开始表现为由于当地的条件而带有反犹色彩的群众性的革命运动。"往下我们读到,现时期"作为占有阶级"的地主们在俄国南方乃是某种已经完全过时的东西,人民已经不会注意他们,对他们的态度与其说是敌视,不如说是宽容。"实行自卫的人民全部注意,——评论员继续说,——现在都集中在商人、小酒馆老板、高利贷者身上,一句话,都集中在犹太人这个当地的资产阶级身上,这些犹太人无论在什么地方都急急忙忙地和狂热地掠夺着劳动人民。……犹太人在掠夺事业上露骨的、有时是可笑的厚颜无耻是无法形容的。上一世纪的费加罗③(?)大概少一些乖巧而多一些良心。"评论员在证实

---

① 这一期的注明日期是1881年10月23日。——作者
② 《民意报》,俄国民意党的秘密机关报,1879—1885年于彼得堡出版,共出12期。——译者
③ "上一世纪的费加罗"究竟何所指?如果指《费加罗报》,首先是时间上不相符合,因为这家著名法国资产阶级日报创办于1826年,对作者说来应为同一世纪,而非"上一世纪"。如指博马舍两部著名喜剧《塞维勒的理发师》和《费加罗的婚姻》中的主人公费加罗,那么,把18世纪法国大革命前夕第三等级的代表人物同19世纪末期唯利是图的资产者相提并论,是不恰当的。因此普列汉诺夫在这里加了一个问号(?)。——译者

自己的话时援引了著名的反动报纸《基辅人》,这家报纸在攻击犹太人时自然是无所顾忌的。后来评论员在对暴徒们的"革命"勾当作了一番震撼人心的描述以后说道:"对于蹂躏犹太人的暴行,许多人关心的是我们这些社会主义者—革命者(sic!①)在类似的平民执行判决时为自己保留的作用。为了人道很难回答这个问题,不过答案本身是明显的。记得泰纳②书中关于法国革命的一个场面吗?一个杀人犯扑向刚刚被狂怒的人群勒死的女尸,撕开她的胸膛,挖出心脏,在狂怒中用牙齿咬住它不放。触目惊心的场面!然而难道罗伯斯庇尔、丹东、圣·鞠斯特和德穆兰面对着为压迫所激怒的人民的极端行为就该放弃自己在法国历史上的作用和责任吗?革命运动的表现取决于一定阶级或一定社会的世界观,而革命运动的结果则由这个阶级或社会的觉悟程度所制约的,在这里指导力量就是先进的、更加果敢和更加自觉的革命团体。在法国,在革命时代,这样的团体是雅各宾派;在俄国则是执行委员会。我们不仅无权对纯粹的人民运动采取否定态度,甚至无权对它采取漠不关心的态度;我们必须表明所有公正地表示不满和积极地提出抗议的力量的一般纲领,并且有意识地指导这些力量,同时坚守他们的出发点。"——这几行字下面有一个注释说道:"作者这里只是重复执行委员会1881年8月30日致乌克兰人民的公告中说过的观点。"这个注释会消除一切可能的误解。我们所援引的对蹂躏

---

① Sic!原文如此!——译者
② 泰纳(Hippolyte Taine,1828—1893),19世纪法国思想家、文艺评论家、历史学家和哲学家。他的名著《艺术哲学》有傅雷先生的中译本。——译者

犹太人的暴行的观点不是随便哪个个别的民意党人的观点；在1881年它可以说是"民意党"的正式观点。

《民意报》引证的执行委员会的这份公告正是图恩在自己的书中（参看我们的出版物第178页）所说的和号召乌克兰人"向地主复仇，抢劫犹太佬和杀死官吏"的那份公告。

我们这里不来证明80年代初我国"社会主义者—革命者"以为反犹运动似乎类似于曾经结束了法国"旧制度"的存在的那个强大的革命爆发的想法是一个严重的错误了。证明这一点就会得罪革命刊物的现代读者。我们也不打算因为过去时代的革命活动家们的这个严重错误而责备他们：他们已经离开了历史舞台。然而我们之所以指出他们的错误，不是为了进行指责。我们只是想拿过去同现在作一比较，并且指出现在的形势跟20年前存在的那种形势相比不相同到何种程度。现在的无产阶级已经完全不是那种样子了，社会主义者也完全是另一种样子。因此我国政府那时能够奏效的手段，现在就行不通了。时代变了。

"正统的"咬文嚼字

（载1903年6月1日、6月15日、7月1日
《火星报》第41、42、43期）

I

Н.梁赞诺夫①整整写了302页来批评我们的俄国社会民主工党纲领草案。②这当然很好,只要他的批评能够对我们的纲领问题做出一点点新的说明,我就会第一个赞扬他热爱劳动和感谢他对我们的关注。遗憾的是这个批评恰恰没有做到这一点。梁赞诺夫什么也没有说明白,倒是把很多事情都搅混了。他的批评像把自己献给上帝的处女一样是不生育的。此外它的吹毛求疵和矫揉造作令人无法容忍。它使人情不自禁地想起莫里哀的 *précieuses*

---

① Н.梁赞诺夫,疑有误。当指 Д. Б. 梁赞诺夫（Давид Борисович Рязанов,1870—1938）。Д.梁赞诺夫于1889年参加俄国革命运动。1903年积极从事俄国社会民主工党第二次代表大会准备工作,并被推为大会代表。1921—1931年任苏联马列研究院院长。《普列汉诺夫全集》就是由他主编出版的。——译者
② 参见他的《为拟定党纲而准备的材料》一书,第2分册《火星》派的纲领草案和俄国社会民主党人的任务》,"斗争"社出版,日内瓦,1903年俄文版。——作者

*ridicules*①。因此您可以判断，阅读梁赞诺夫的新作会多么高兴，而分析这部新作又会多么愉快！这的确是活受罪；有点像纠缠不休的牙痛。

不过读者切勿以为我对梁赞诺夫的书没有给予好评，只是要报复他的批评："喂，你等着，你批评我们，那我们就嘲笑你。"完全不是！如果我们的特点甚至是有睚眦必报的心理，如果我们对来自同志方面对我们的批评态度也要进行报复，那么这样一来，梁赞诺夫的著作也就不会使我们产生进行报复的念头：他提出的那种批评对我们根本没有危险，因为任何感觉稍微敏锐一点的读者大概都会立即发现这种批评完全没有对事物的严肃认真和深思熟虑的态度。至于说到我本人，那么，如果我在自己的评论文章中徇私偏袒，我倒是宁愿夸奖梁赞诺夫的书，而不是指责它。他常常十分赞许地引证我的著作，有一个地方他甚至把我列入现代社会主义最优秀的理论家。您得承认，这是很大的恭维。大到这样的程度，以致我甚至吓坏了，惶恐不安地问自己。我怎么担待得起呢？难道我没有写过某种学究式的东西么？难道我不是也像莫里哀的"précieuses ridicules"么？不过在某种程度上使我感到安慰的是这样一种考虑：梁赞诺夫远非在一切方面都赞许我。他夸奖我的其实只是我从前的著作，至于我在《曙光》杂志和《火星报》上写的文章，是得不到他的赞赏的。说真话，我对自己过去的著作并不是漠不关心的，要我相信比方我的《我们的意见分歧》一书或者刊登

---

① *précieuses ridicules*，即《可笑的女才子》，法国古典主义时期著名剧作家莫里哀的名作。——译者

在《社会民主党人》上的我的论文犯了如此丰富多彩地充满上述梁赞诺夫著作的那种可笑的学究式文风的毛病,我也会很不愉快的。然而就在这时候我恰好产生一个很使人慰藉的思想。正是:我对自己说,如果梁赞诺夫发现需要称赞我以前的著作,而对我后来的文章困惑莫解地耸耸肩膀,那么这种情况同这些或那些著作的内容和优点是没有任何关系的。不,

……这里另有打算:
主人喜爱音乐……①

梁赞诺夫之所以称赞我过去的著作,不是因为他确实发现它们是好作品,而只是因为属于完全外在的而且完全"音乐的"性质的某种原因他才要称赞它们。因此我用不着为他的称赞而伤心。

然而梁赞诺夫喜爱的究竟是什么样的音乐呢?在这种场合他喜欢的是这样的音乐。

他呀,请注意,想要证明俄国社会民主党的老祖宗"劳动解放社",在没有受到列宁这条诱惑人的蛇的诱惑之前是站在正确观点上的。他惋惜它的堕落,但同时又暗示,他承认存在着减轻它的罪过的情况,而且(如果它振作起来反对蛇)甚至准备抹去那个头。他建议我们党不要接受《曙光》杂志和《火星报》编辑部制定的纲领

---

① 语出《克雷洛夫寓言》"乡村乐队"。张三请李四吃饭,不是为了使他的朋友不再瘦弱下去,而是另有意图,他要李四听乡村乐队的演奏。而李四对乐队震耳欲聋的乱吹乱打却感到十分难受。——译者

草案，而通过"劳动解放社"的旧草案，只作适当修改。他显然认为自己的提议是"劳动解放社"极为称心的，他希望该社将支持他。这样的"音乐"是会使梁赞诺夫非常愉快的。不过我们没有丝毫的愿望取悦于他的听觉。

第一，梁赞诺夫大错特错了：他以为他批评的纲领草案是诱惑人的蛇强加在我们这些从前的"劳动解放社"成员身上的。一般说来，诱惑人的蛇任何时候都没有把任何东西强加在我们身上，而总是作为志同道合的同志思想上和我们协同一致地进行活动，他对正确理论在我们事业中的伟大意义的理解丝毫也不亚于我们，而且他一点也不想把这个理论作为实践的牺牲品。而如果我们向俄国社会民主党提出的纲领草案有缺点，那么，我们——即巴·阿克雪里罗德、维·查苏利奇和我——应对这些缺点所负的责任决不会少于列宁或我们编辑部这个集体的任何其他成员。梁赞诺夫和其他一些喜欢评议《火星报》和《曙光》杂志的、眼光敏锐的"读者"，如果彻底地牢牢记住了我这一断然的声明，是会有很好的作为的。现在某些喜爱富有诗意的虚构的人相当热心地培植的关于诱惑人的蛇的神话，是应该彻底抛弃了。

第二，我们现在的纲领草案不是别的，恰恰是经过适当修改以后重新出版的"劳动解放社"的旧草案。梁赞诺夫不赞成这些修改，但是我们确信，不作这些修改是行不通的，而且如果我们党委托我们起草新纲领，同时拿我们社的草案作为出发点，那么我们就会毫不动摇地立即逐条地恢复现在以《火星报》和《曙光》杂志编辑部草案名义而著称的那个草案。我们之所以不能起草任何别的草案，是由于这样一个简单的原因：任何其他的草案都不会如此确切地表达我们的观点。

梁赞诺夫在《火星报》和《曙光》杂志的草案中发现对所谓马克思的批判者们的一些重大的和不适当的让步。在他看来,草案的理论部分似乎是在伯恩施坦先生强烈影响下写成的。而他之所以这样看,唯一的原因是他不懂得现在所谓正统的马克思主义的本质内容是什么。在自己的正统信仰中他没有走得比言词和语句更远。当他在他所分析的草案中偶然碰到随便一种他不习惯的言词或语句时,他就大声喊叫:"救命啦!背叛马克思啦!普列汉诺夫为什么犹豫不决呢?为什么他不击毙列宁这个机会主义的蛇呢?"对正统思想的这种爱好,就其本身说甚至是令人感动的,而同时它又是非常滑稽可笑的。它确实需要有自己的莫里哀。

举一个例子。梁赞诺夫在他觉得不愉快的草案中读到了以下几行话:"资本主义生产关系占统治地位的领域,随着技术的不断改进而日益扩大;其结果一方面使大企业的经济意义增加了,另一方面则导致独立小生产者受到排挤,把他们中间一部分人变成无产者,缩小其余部分在社会经济生活中的作用,而在某些地方则使他们处于对资本的或多或少全面、或多或少公开、或多或少严重的依赖关系中。"

这几行文字使梁赞诺夫非常愤慨,因为他在其中发现有 Канупер[①],就像涅克拉索夫作品中一个书刊检查员称呼有害的思想那样。"为什么在本来可以简单地说资本主义的增长或发展的时候,纲领却要说资本主义关系占统治地位的领域的扩大?——他

---

① Канупер:一种小黄菊属植物(Pyrethrum balsamita)。——译者

挖苦地问道，——岂不是因为资本主义的增长就是无产阶级的增长，即对独立生产者的 sans phrases① 剥夺，而'生产领域的扩大'等语的特点是具有很大的'灵活性'，使得有可能更好地把握生动的现实么？"（第21—22页）回答这个挖苦的问题是很容易的。如果我们由于某种原因避免谈"无产阶级的增长"和"对独立生产者的 San phrases 剥夺"，那么我们就不会说技术的改进使部分独立小生产者变为无产者了。既然我们说了这句话，那就很清楚，我们一点也不怕说无产阶级的增长。而如果我们需要补充说，除此之外那些还没有来得及成为无产者的小生产者中的许多人落入对资本的依赖关系之中，那么，需要有梁赞诺夫全部学究式的天真才会在这个补充中看到对机会主义者的让步。实际上这里不是让步，而是某种直接相反的东西。机会主义者们（和梁赞诺夫一起）用生产者无产阶级化的增长来衡量资本主义的增长。而我们说，他们（即机会主义者和梁赞诺夫）使用的是不精确的尺度，因为在某些地方小生产者虽然表面上保持了自己的独立性，因之也就不能把他们算作无产者，事实上却仍然处在对资本的依赖关系中。因而，资本主义的增长进行得比机会主义者们（和梁赞诺夫）仿佛觉得的那样要迅速些。这就是我们这位批评家不喜欢的几行文字所要说的内容。这里的机会主义究竟何在呢？对伯恩施坦先生的恐惧何在呢？其中没有这方面的任何痕迹。所以我们一点也不害怕我们这位批评家撒在它们身上的那些嘲笑。我们知道，这些嘲笑是梁赞诺夫理论上无能的结果，他记得某些"正统的"词句，却不理解

---

① Sans phrases：直截了当的。——译者

"正统的"马克思主义的思想。对于他的嘲笑我们可以用一位诗人的话来回答他：

> 你的笑话自然是尖刻的，
> 不过我惋惜地看到
> 其中有你的理智的不幸
> 和你的记忆的幸运。

那么为什么我们把上面提到的小生产者对资本的依赖关系称为或多或少公开、或多或少全面、或多或少严重的呢？难道这里没有对机会主义者的某种让步么？不，我们写这几行字不是因为我们想在机会主义者面前退却，相反，而是因为我们认为有必要和可能迫使他们退却。当小生产者——比如农民——对资本的依赖关系还没有明显暴露在主要是为了不看才存在的那些近视眼面前时，社会主义的机会主义者们和资本主义的辩护士们不愿去注意这种关系，而且把处在这种关系中的生产者继续看作独立的东西。鉴于这一事实，——所有熟悉当代社会政治文献的人都清楚地知道这一事实，——我们认为必须提醒注意，或多或少隐蔽的依赖关系仍然是依赖关系，而且它的产生本身就标志着资本主义生产关系占统治地位的领域的扩大。这种提醒在梁赞诺夫看来是危险的新东西。然而我们又怎么办呢？和以前一样我们只好对他的记忆比他的判断力较为幸运表示哀悼。

那么为什么我们说上述依赖关系有时是或多或少全面和严重的？这原因跟刚才援引的道理是同样的。"独立"生产者对资本的依赖关系在它还不很严重，或者还没有发展到最后限度的时候通常是不会引起注意的。因此在为反驳"马克思的教条"而引用的统计核算中，还没有落到全面和严重依赖资本的境地的生产者，通常是以独立者的身份出现的。我们用这个说法提醒人们注意，这不过是辩护士的诡辩，而梁赞诺夫之叫喊背叛正统思想，唯一的原因是他在其他各国正统纲领中没有遇见类似的说法。看到他的记忆的这种幸运和他的判断力的这种不幸，我们感到惋惜，很惋惜。

"扩大'经济意义'是什么意思？"——梁赞诺夫继续挖苦道。

对于这个证明他科学上十足天真的问题也很容易回答。

如果以前大企业年产值构成该国年产值的一半，而现在构成它的四分之三，那么这些企业的经济意义就扩大了。难道这不明显么？难道这不简单么？并且难道梁赞诺夫不知道，随着资产阶级社会生产力的增长，大企业的经济意义会日益扩大么？如果他的确不知道，我建议他去看一看比如德国的统计：在那里他可以找到这方面很有教益的材料。

那么大企业经济意义的这种扩大是由什么代价换来的呢？这里答案也是简单的和明显的：代价是中小企业意义的缩小。在这种情况下，自然可能有各式各样的组合。可能出现无论小企业主的数目或者中企业主的数目都不变的情况。也可能出现这个数目或多或少地增加的情况。① 最后，还可能出现其中一类企业生产

---

① 请梁赞诺夫原谅我常常使用"或多或少"一词。我知道，他由于自己坚毅的性格很不喜欢这一词组。然而没有它又怎么避免不变成按照"是就是，不是就不是，此外全是鬼话"这个公式进行议论的形而上学呢？——作者

者数目增加,而另一类企业生产者数目减少的情况。例如在德国,从1882年到1895年期间,(拥有1—5人的)小企业的数目减少到186,285个,而(拥有5—50人的)中等企业的数目则增加到54,458个。不过这后一种情形,即中等企业数目的增加,并不妨碍它们在国家经济中的意义的减少。① 如果这种意义的减少造成生产者的状况甚至在生产者人数增长的场合下也相对的恶化,那么可以猜想在这种人数减少的场合会发生什么情况。考茨基在自己的《爱尔福特纲领》中公正地说:"要设想比同大生产竞争的小手工业者或小农更悲惨更艰难的处境是困难的。"1882—1895年期间德国小生产者人数之所以减少,正是因为他们中间一部分人经受不住大生产的竞争(与此同时另一部分人则落到了对资本的"或多或少全面的"等依赖关系中,见上)。而大生产对小生产的胜利恰恰标志着大企业经济意义的增长。在这种情形下,请判断一下梁赞诺夫的深刻思想吧,他带着沾沾自喜的挖苦心情向我们问道:"难道不断改进技术使得独立小生产者受到排挤,只是因为大企业经济意义在增加么?"(第22页)

我们这位深思而又挖苦的梁赞诺夫并不罢休:

"独立小生产者受谁排挤呢?"——他挖苦地问道。然而读者会同意,回答这个问题完全是多余的:事情本来就是明显的。我们倒是觉得最好同梁赞诺夫谈谈危机。在这件事情上我们可以从他

---

① 尽管这类企业的数目增加,但它们的经济意义可能在减少,这种见解通常是资本主义的辩护士们和马克思的批判家们所没有想到的,或者是他们避而不谈的。我们的纲领提到了它。而梁赞诺夫照例不弄清事情就叫喊:"背叛!"——作者

那里听到某种确实耸人听闻的东西(пикантное)①。

我们的纲领草案指出,技术的进步怎样朝不利于无产阶级的方向改变着现代社会的生产关系。随后我们说:"各资产阶级国家内部的这种状况和这些国家在世界市场上不断尖锐化的竞争,使以不断增长的数量生产出来的商品的销售变得越来越困难。表现为或多或少尖锐的危机的生产过剩,以及随后出现的或多或少持续的工业停滞时期,乃是资产阶级社会中生产力发展的必然结果。危机和工业停滞时期反过来又更加破坏了小生产者的经济,更加增强雇佣劳动对资本的依赖,更加迅速地造成工人阶级状况的相对恶化、或者甚至绝对恶化。"

这几行文字使梁赞诺夫很开心。他,正如常言所说的,简直笑得前仰后合,而且不断地由于开玩笑而神采飞扬。"'既是蘑菇,就要进篓'②,——他说着俏皮话,——'或多或少尖锐的危机'和'或多或少持续的工业停滞时期'只能仍然'或多或少'地破坏小生产者的经济,仍然'或多或少'地增强雇佣劳动对资本的依赖等等。这个结论自然'或多或少'是荒唐的,不过这里的过错在于'或多或少'荒唐的前提。"(第33页)

很好!你的笑话自然是俏皮的!不过,究竟为什么我们这位机智的批评家提示给我们的那个结论恰恰是荒唐的呢?就因为危机和停滞时期对无产阶级和小生产者状况的有害影响只是作为

----

① пикантное:双关语,指引人入胜、令人感兴趣的东西;有失礼貌、有伤大雅、有失庄重的东西。——译者

② Назвался груздем, полезай в кузов:"既是蘑菇,就要进篓",俄罗斯谚语,意为"说到就要做到","挑上了重担就挑到底"。——译者

"或多或少"强大的影响才在其中显露出来么？不！这根本不是荒唐，这是最明显的真理：谁不懂得不是所有的危机，也不是所有的工业停滞时期都同样有害地影响着雇佣工人和小生产者的状况呢？荒唐不在这里。荒唐在于这样一个假定——梁赞诺夫机智的笑话中默然接受的假定：危机越是尖锐，它对上述那些阶级的状况的影响就越是有害。这个假定没有任何根据：在一定条件下较不尖锐的危机比更尖锐的危机对工人和小生产者可能产生更大的危害。关于工业停滞时期也应当说同样的话。它们的有害影响不能光凭它们的持续性来衡量。这两个默然接受的假定确实是荒唐的。不过它们不是我们的：它们是梁赞诺夫做出的。就是说梁赞诺夫不是嘲笑我们，而是嘲笑自己。

不过这还只是一朵小花，下面才是小果子——而且是相当鲜美多汁的小果子。梁赞诺夫以他进行分析时固有的尖酸刻薄和毫不留情，把我们关于危机和停滞时期的这几行话，可以说辨析得细致入微。例如他听到我们谈及危机和工业停滞时期，就疾首蹙额，立刻向我们提出如下一个微妙的和（用他的话说）毁灭性的问题："这里连接词'和'有什么意义呢？是对比呢还是联言呢？"并且他不准备在我们后面再作回答："明确地说是困难的，——他两手一摊，说，——我们只能说，摆在这两个概念之间的'和'字应该表明，作者们是把危机跟工业停滞时期作了区别的。否则他们不会认为必须分出第二种现象。"对的就是对的！我们的确把危机跟停滞时期区别开来了，因此我们为梁赞诺夫的机灵鼓掌。不过他对我们并不满意；他在生气；他又变得尖酸刻薄。"他们干吗这样做？"——他射出威胁的眼光，问道，并且面含讥讽地回答说："为了应付各种情况。而且真正的,如果出现一个什么新的伯恩施坦,并向我们证明:'或多或少尖锐的危机'已经消失,那么我们仍然还贮备着或多或少持续的工业停滞时期呢!这样我们就会所向无敌地驳斥可能的伯恩施坦的可能的反对意见。然而遗憾的是在这种情况下我们是以逻辑和科学性为代价来换取'写真性'(фотографичность)、具体性的。"(第 32 页)

原来是这样!以逻辑和科学性为代价!然而这种严格岂不过分了么,我们机智的批评家?为什么您以为我们害怕可能的伯恩施坦呢?为什么您不愿假定我们只不过是想仍然忠实于真正的马克思的真正的观点呢?请拿起被称为《资本论》这部真正的著作的真正的第 1 卷,在那里,在真正的俄译本(彼·司徒卢威先生校订)真正的第 374 页上,您可以找到这样的话:

"工厂生产的这种巨大的、在跳跃中发生作用的扩展能力和它对世界市场的依赖,必然造成热病似的生产,并随之造成市场商品充斥,而当市场收缩时,就出现瘫痪状态。工业的生命就这样按照中等活跃、繁荣、生产过剩、危机和停滞这几个时期的顺序转换。"①您怎么想呢,深思的批评家,——这里连接词'和'字有什么意义呢?它是对比呢还是联言呢?您会同意吧,这是很有意思的问题,难道您不会告诉我们,当真正的马克思真正地把危机跟工业停滞时期区别开来时,他究竟害怕什么"可能的伯恩施坦"呢?

请您考虑考虑这一点吧,而我们暂且指出,在同一(即第 1 卷)卷以及第 3 卷《资本论》中有许多类似的观点,它们丝毫不容怀疑

---

① 参见《马克思恩格斯全集》,第 23 卷,第 497 页。——译者

地表明,真正的马克思本人由于使您痛恨的"情况"而苦恼。

在此以前我赞赏梁赞诺夫记忆的幸运,只是哀悼他的理智的不幸。现在我要说,在他同连接词"和"的倒霉的斗争中,他同时遗弃了理智和记忆。在这里他遭到了彻底的破产,在年轻力壮和创作才华无比美好的时候倒下了。现在梁赞诺夫只要轻易地改动普希金诗中奥列格的几个字,并且不带讽刺而用最真诚的忧郁心情读它们,就可以感叹地说:

这就是我的毁灭隐藏的地方,

"和"死亡威胁我的地方。

不幸的梁赞诺夫啊!我确实非常非常可怜您。

我们这位吵闹不休的批评家的整本书都是用这种精神写成的。梁赞诺夫冒称正统派,然而他只不过是在做咬文嚼字的勾当,在这里,——就像我们刚才看到的,——他有时远远地离开了正统派的观点。这也是显然的事:要成为"正统派",光记住言词和语句是不够的;需要有辩证思维的能力,在梁赞诺夫身上却没有这种能力的痕迹。梁赞诺夫那个或多或少"正统的"咬文嚼字的笨重成果有300页,它们对任何人(除了梁赞诺夫本人,再说还有他的一伙人)都是根本不必要的,也是根本没有任何益处的,也许除了充当一个非常鲜明的例子,来表明批判是一回事,而咬文嚼字则是另一回事。同咬文嚼字打交道是枯燥的。但是……义务先于一切。所以在下一期,出于职责的义务我将继续分析梁赞诺夫或多或少"正统的"批判习作。

Ⅱ

　　铁面无情的梁赞诺夫不限于向我们宣读严厉的同时又是挖苦的关于"连接词和"的训词。他对我们关于工业危机基本原因的整个观点都给予批判性的分析，并且宣布它是不能令人满意的和非"正统的"。马克思和恩格斯对这个问题的看法——用他的话说——完全不像我们这样。我们在这里也偏离了正统思想，害怕伯恩施坦先生及其同道。然而我们已经知道，梁赞诺夫身上的理智比记忆差得多；我们还看到，甚至记忆有时也以最奸诈的方式背叛他。我们来看一看就在一般的危机理论中他是不是弄错了什么东西。

　　为了尽快揭穿我们的异端邪说，梁赞诺夫直截而又坚决地向我们提出表现在——正如我们的纲领草案所说——或多或少尖锐的危机以及随后出现的或多或少持续的工业停滞时期的生产过剩取决于什么的问题。我们的草案在回答这个问题时说，生产过剩乃是资产阶级社会中技术进步（即生产力发展）的必然结果，这个社会的生产关系本身已经极其不利于工人，而且越来越变得适应资本家的利益，从而造成无产阶级状况的相对恶化，而有些地方甚至是绝对恶化。然而正是这个回答不为我们这位似乎正统的批评家所喜爱，他把自己批判分析的尖锐锋芒也正是指向这个回答。他从《资本论》第2卷中摘引以下一段话作为反对我们观点的最重要的和——在他看来——最无可反驳的论据："认为危机是由于缺乏有支付能力的消费者引起的，这纯粹是同义反复。资本主义制度除开支付的消费不知道其他种类的消费，受到社会轻视的那些人和骗子在外。商品卖不出去,无非是找不到有支付能力的买者,也就是找不到消费者(前提是购买商品归根到底为了生产消费或个人消费)。如果有人想使这个同义反复具有更深刻的论据的假象,说什么工人阶级从他们自己的产品中得到的一部分太小了,只要他们从中得到较大的部分,即提高他们的工资,弊端就可以消除,那么,我们只需指出,危机每一次都恰好有这样一个时期做准备,在这个时期,工资会普遍提高,工人阶级实际上也会从供消费用的那部分年产品中得到较大的一份。按照这些具有'简单'的健全思想的骑士们的观点,这样的时期反而把危机消除了。因此,看起来,资本主义生产包含着各种和善意或恶意无关的条件,这些条件只不过让工人阶级暂时享受一下相对的繁荣,而这种繁荣往往只是危机风暴的预兆。"[1]

梁赞诺夫以为这段引文会一下子推翻我们对危机基本原因的整个观点。而他之有这样的看法唯一是因为他记住了马克思的一些术语,却不理解他的整个经济学说,也不理解刚才引证的话。

从这段引文中可以得出什么结论呢?就是——而且只是——资本主义生产自身中包含着不依人们意志为转移的和注定要引起危机的种种条件。这个结论是马克思本人做出的,而且当然是难以辩驳的。然而这个结论却丝毫也不会驳倒我们,因为我们任何时候也不会肯定相反的观点。要知道我们的草案恰恰是在说,资本主义社会中生产力借以发展的那些条件必然会(即不以人们的意志为转移地)造成生产过剩。马克思关于引证缺乏有支付能力的消费

---

[1] 参见《马克思恩格斯全集》,第 24 卷,第 456—457 页。——译者

者说明不了危机起源的那个见解并不与我们的观点相矛盾。我们很清楚地知道,——说明不了,因为全部问题就在于什么东西引起上述消费者的缺乏。谁要想回答这个问题,他就应该指明这种缺乏同资本主义社会中生产关系的一般性质和发展有什么因果联系。我们的草案用不多的话语揭示了这种因果联系。它指出,资本主义关系的发展注定会(即又是不依个别人的意志为转移)造成无产阶级相对贫困,有时还会造成无产阶级的绝对贫困。在这里(也像在各个地方一样),我们的草案始终完全忠实于马克思的学说。马克思坚决地断言,"一切真正的危机的最后原因,始终(请梁赞诺夫注意:始终)总是群众的贫困和他们的有限的消费,而不顾资本主义社会这样发展生产力的企图,好像只有社会的绝对的消费能力才是生产力发展的界限。"①梁赞诺夫不妨费点力气向我们证明,马克思的这一坚决的断言哪怕有一点同我们草案中所说的相矛盾。

梁赞诺夫自己也清楚地知道,这里没有任何矛盾,他也预感到,我们(如果我们发现必须同他争论的话)要向他指出的正是刚才引证的马克思的话。因此他自己认为必须引证它们,并就它们提出如下的见解:"不过从这一点还远远不能得出结论说,'科学社会主义的奠基者们'在说明危机时对引证'国民收入的分配',引证'特定国家居民购买力与该国生产力不相适应',引证'工人阶级状况的相对恶化、甚至绝对恶化'会感到满意",等等。

我之所以要着重研究这一见解,因为它极好地说明梁赞诺夫

---

① 《资本论》,第 3 卷,第 395 页[参见《马克思恩格斯全集》,第 25 卷,第 548 页。——译者]。——作者

的"批判"风格和思维方法,如果只能谈论一个习惯于只运用语词的人的思维方法的话。

马克思和恩格斯在说明危机时不满意引证国民收入的分配,引证群众的贫困等等。假定这是对的。但要知道我们也"不满意";要知道我们同样走得更远,我们指出,国民收入或者——也可以说——社会收入的分配如何取决于生产关系的发展。为什么梁赞诺夫要宣布我们是"满意的"呢?只是因为他没有什么可说,因为他像普劳图斯①一部喜剧中那位不招人喜欢的主人公一样进行"批判",这位主人公陷入困境后激动地说:"现在我得搞乱,这是局势的需要!"

并且我还要问一问梁赞诺夫:马克思和恩格斯在什么地方、在什么场合曾经不满意引证(当然不是歪曲的引证,而是正确理解的引证)收入分配等等?如果他们写过关于危机的专门研究,那么这种引证对他们说来自然是不够的。但是在问题是指出危机的最后原因的那个地方,——而在我们的草案中引文所谈的这个原因,——他们不仅会满意上述引证,而且事实上已经表示了满意,我从马克思撰写的和恩格斯当作某种十分明显和毋庸置辩的东西不加任何修改和注释地予以保留的《资本论》第3卷中摘引的那个地方就可以证明这一点。

梁赞诺夫指摘我们,说我们没有说明马克思危机理论不同于

---

① 普劳图斯(Titus Maccius Plautus,约前254—前187),古罗马著名喜剧作家。用讽刺诙谐的风格改编新喜剧,创作了一批具有诗体喜剧特色的作品和一些不朽的典型。——译者

洛贝尔图斯危机理论的特点。这真是可笑的指责,因为纲领草案中根本没有篇幅去谈经济学说史。然而根据我们援引国民收入的分配是不足以宣布我们是洛贝尔图斯学派的,这一点从马克思下面几行话中可以清楚地看出来:

"总商品量,即总产品,无论是补偿不变资本和可变资本的部分,还是代表剩余价值的部分,都必须卖掉。如果卖不掉,或者只卖掉一部分,或者卖掉时价格低于生产价格,那么工人固然被剥削了,但是对资本家来说,这种剥削没有……实现,……直接剥削的条件和实现这种剥削的条件不是一回事。二者不仅在时间和空间上是分开的,而且在概念上也是分开的。前者只受社会生产力的限制,后者受不同生产部门的比例和社会消费力①的限制。但是社会消费力既不是取决于绝对的生产力,也不是取决于绝对的消费力,而是取决于以对抗性的分配条件为基础的消费力;这种分配条件,使社会上大多数人的消费缩小到只在或多或少狭小的界限以内变动的最低限度。② 这个消费力还受到追求积累的欲望的限制,受到扩大资本和扩大剩余价值生产规模的欲望的限制。……因此,市场必须不断扩大……这个内部矛盾力图用扩大生产的外部范围的办法求得解决。但是,生产力越发展,它就越和消费关系的狭隘基础发生冲突。"③

---

① 着重号是我加的。——作者
② 着重号又是我加的。——作者
③ 《资本论》,俄译本第3卷,第189页[参见《马克思恩格斯全集》,第25卷,第272—273页。——译者]。这个译本有些地方很不成功,因此我在摘引的这几行话中作了某些修改。最后两行的着重号也是我加的。——作者

这个矛盾会引起什么结果呢？引起生产过剩。因此，明显的是，在"说明"生产过剩时引证消费关系和分配关系不仅不是多余的，而且简直是必不可免的：放弃这个引证意味着在这个问题上什么都说明不了。而梁赞诺夫倒是应该在这个引证问题上叫喊对正统思想的背叛。

"资本主义生产方式固有的、力量绝对发展的倾向，不是表现在消费资料生产过剩上，而是表现在生产资料生产过剩上，——梁赞诺夫教训我们说，——应该在这种生产过剩中寻找危机的主要原因。"（第42页）

是……是这样。不过……关于这个问题让《资本论》的那位作者再说说吧：

"在制造作为不变资本的商品的各个资本家之间会发生不断的流通……这种流通就它从来不会加入个人的消费来说，首先不以个人消费为转移，但是它最终要受个人消费的限制，因为不变资本的生产，从来不是为了不变资本本身而进行的，而只是因为那些生产个人消费品的生产部门需要更多的不变资本。"①

看来在谈到危机时你不会抛弃个人消费；而如果你不抛弃，那就避免不了资本主义社会中收入分配问题，提出这个问题本身就会使得梁赞诺夫叫喊："不得了哇！他们背叛了马克思啊！"好一个正统派，那还用说！

请读者原谅从《资本论》中作长段的摘录。我认为做这样的摘

---

① 《资本论》，第3卷，第242页［参见《马克思恩格斯全集》，第25卷，第341页。——译者］。着重号是我加的。——作者

录是必要的,因为我觉得这些话会澄清问题,而且从中可以看出,那些企图离开分配关系去解决整个市场问题,特别是危机问题的经济学家在怎样的程度上没有忠实于马克思。马克思危机理论的革命方面就在于指出周期性的生产过剩标志着资本主义社会生产力的发展超越它固有的财产关系,即超越了它的经济组织。按照上述经济学家们的学说,结论是不存在,也不可能存在这样的超越。他们的这一学说不仅没有揭示发达资本主义社会的基本矛盾,反而用一系列完全任意选取的具体数字、同样任意建造的"公式"和没有任何根据的三段论来掩盖这个矛盾。它之对待马克思的理论就像令人放心的安慰之对待可怕的预言。梁赞诺夫正是从这种学说的观点来攻击我们的。这种情况给我们提供衡量他的"正统性"的尺度。

不过暂时关于危机,关于"灰色的理论"已经说得够了。现在来谈谈我们党的实践任务。

按照梁赞诺夫的意见,《火星报》把这些任务解决得糟透了:在这里我们编委会的机会主义达到了极点;在这里,对以前的"劳动解放社"的退让态度扩展到把"俄国社会民主党老的革命纲领"整个地束之高阁的程度。这真是可怕。而如果我们这位无情的批判家没有想出这种可怕,那就应该承认,制订了"俄国社会民主党老的革命纲领",后来又在诱惑人的蛇的坚持下把它束之"高阁"的前"劳动解放社"恰好犯了背叛的罪过。

然而究竟在什么地方检查官不可怕呢?

且听听指责的根据何在。

例如梁赞诺夫很不喜欢我们纲领草案中这样一个地方,其中说道,在俄国,资本主义已经成为占统治地位的生产方式,那里每一步都会遇到旧的、前资本主义社会制度的残余阻碍经济的进步,不容许无产阶级阶级斗争的全面发展。对于这个地方梁赞诺夫照例要嘲笑一番。

"赫卡柏和她有什么关系?①——他激动地喊道,——经济进步怎么跑进了社会民主党的纲领呢?难道为了推动无产阶级阶级斗争的全面发展,我们就要促进经济进步么?"②(第211页)把进步一词放进社会民主党纲领,在梁赞诺夫看来不仅多余,而且简直不能容许。他提醒我们说,马克思"从来没有说过经济进步,他说的只是经济发展"(第212页)当然,《资本论》作者的榜样在我们心目中永远是很有教益的,不过我们没有在词句面前停步不前的习惯,而是力求掌握包含在词句背后的概念,请梁赞诺夫回想一下《资本论》第1卷第1版的序言,其中一个地方谈到,德国也同西欧大陆所有其他国家一样,不仅苦于资本主义生产的发展,而且苦于它的不够发展。"除了现代的灾难而外,——马克思肯定地说,——压迫着我们的还有许多遗留下来的灾难,这些灾难的产生是由于古老、陈旧的生产方式以及伴随着它们的一切现象还在苟延残喘。不仅活人使我们受苦,而且死人也使我们受苦。"③梁赞诺夫如何

---

① 赫卡柏,希腊神话中佛律癸亚国王底马斯(一说是喀修斯)的女儿。她的形象是极端悲痛和绝望的象征。后来她的命运引起很多诗人(如但丁等)的同情。莎士比亚《哈姆雷特》中有"赫卡柏和她有什么关系?"一语,现在这句话成了成语。——译者
② 着重号是梁赞诺夫加的。——作者
③ 参见《马克思恩格斯全集》,第23卷,第8、11页。——译者

看呢：马克思是否认为帮助排除旧事物的这些残余是必要的呢？而如果马克思是这样认为，那么我们力图消除迄今还在我们俄国保存着的大量前资本主义制度的残余，又怎么会是犯了背叛马克思主义的罪过呢？过去在马克思和他的西欧同志们的纲领中是必需的和必然的任务，一写进俄国社会民主党人的纲领，怎么就成了不适当的，甚至是声名狼藉的呢？

——然而为什么你们需要经济进步呢？——梁赞诺夫痛苦地叹道，——为什么你们不说发展呢？

——安静些，最可尊敬的人！——我们回答他说，——请记住，我们是站在辩证的观点上，而从这种观点来看，任何发展过程都有两种因素：发生和消灭，换句话说，——进步和退步。我们不是反动派，我们必然要倾向于进步并且认为自己有义务同所有阻碍社会关系进步运动的现象和制度作斗争。如果我们不这样想，那么我们就会和40年代德国"真正的"社会主义者一样了；这些社会主义者曾经受到《共产党宣言》如此辛辣的嘲笑，而他们和你们的相似之处却很不少，因为你们和他们一样，学究气地爱好古怪的名词，完全没有辩证思维的能力，而没有这种能力的帮助，就不可能解决，也不可能正确提出我们时代的革命任务。

梁赞诺夫没有能力抛弃按照"是就是，不是就不是，此外都是鬼话"的公式进行推论的形而上学观点达到怎样高的地步，可以从下面一个例子中看出来。

在我写的一篇登在《曙光》杂志上、对一位匿名作者的《20世纪前夕的俄国》一书的评论中，我用这样一类词来形容俄国自由派："聪明的和有教养的，正派的和廉洁的"。这样形容在梁赞诺夫看来似乎极为滑稽可笑。他经常重提此事,并且可以说每一次都笑得前仰后合。他觉得特别可笑的是这样一个情况:我还把我评论的这本小册子的那位不知名的作者算作上述一类的自由派,而这位作者对车尔尼雪夫斯基和他的同志们采取了很否定的态度。看来梁赞诺夫坚信只有愚蠢的、无教养的、不正派的和不廉洁的人们才能这样对待我国这位伟大的启蒙派。这种信念证明他非常尊敬那些的确值得非常尊敬的人。不过这种信念也暴露出他的确乎稚气的天真,暴露出他完全没有能力理解由社会斗争引起的感觉和情绪的辩证法。车尔尼雪夫斯基本人很懂得这种辩证法,因此他会抱着很遗憾的心情看待自己那些天真幼稚的捍卫者。

一般来说梁赞诺夫很不喜欢我们对待自由派的态度。他认为这种态度是我们的机会主义最鲜明的证据之一。他情愿预先提出这个虚假的证据,因为他知道,还没有完全清算"经济主义"偏见的那部分俄国社会民主党人迄今为止都没有好好理解我们策略观点的这一方面。在这里和在所有的地方一样,梁赞诺夫都不是说明问题,而只是混淆问题。因此我认为着重谈谈这一点是不无益处的。

我们对待现今俄国存在的各种政党的态度可以用《共产党宣言》中的一句话来规定,即:"共产党人到处都支持一切旨在反对现存社会关系和政治关系的革命运动。"①在这种情况下,不言而喻,

---

① 着重号是我加的[参见《马克思恩格斯全集》,第4卷,第504页。——译者]。——作者

每一种特定社会运动的革命意义越是深刻越是重大,我们对这一运动的同情就越是强烈。然而,现在只有无产阶级的党,只有社会民主党才在完全的和最深刻的意义上是革命的。同它相比,其余的一切政党,只是部分地,只是在一定的、有时相当狭窄的界限内可以承认是革命的。其他党的革命者由于不善于站在无产阶级的观点上,不由自主地把狭隘性、局限性的因素带进自己的社会政治的宣传鼓动。只要这一因素跟我们的宣传鼓动相矛盾,它就会给工人的思想造成混乱,它就会是保守的,或者甚至是反动的,而且我们就会认为自己有责任跟它进行可以说是殊死的斗争,不会因为某些天真的读者和听众在这个问题上向我们提出种种责难而感到困窘。我们那种所有人都知道的和这么多人都感到愤慨的"对论战的强烈热情",可以用这一点来解释。然而正是因为这种"热情"是由我们极端革命的观点,而且只是由这种观点所制约的,我们才不会对任何"教条"和任何"公式"感到困惑不安,而是给我们那些甚至最顽固最坚决的政敌以应有的评价,只要他们不企图模糊工人的阶级觉悟,能在同事物现存秩序的斗争中采取任何一些坚决的步骤。因此在某些不是出于理智而热心捍卫"正统思想"的人看来我们是"机会主义者"。这就是我们对待其他政党的总的态度。至于具体地说到自由派,我们认为他们是资产阶级的代表,因此我们完全按照马克思和恩格斯在上世纪(19世纪)40年代末对待德国自由资产者那样对待他们。"在德国,——《共产党宣言》说,——只要资产阶级在自己反对君主专制,反对中世纪土地所有制和小市民的斗争中是革命的,共产党就同资产阶级一起走……但是,共产党一分钟也不停止在工人头脑中培养尽可能更加明确的对资产阶级利益和无产阶级利益敌对的对立性的意识。"①

梁赞诺夫自己清楚地懂得,在这方面我们忠实地遵循着马克思和恩格斯的榜样,因此他宣称,马克思和恩格斯错误地理解了当时德国资产阶级面临的政治作用。我不想深入考察这个历史问题,只限于提出三点小小的意见。

第一,如果我们对自由资产阶级的态度是错误的,那么结论是,我们同相当不错的伙伴即同《共产党宣言》的两位作者一起犯错误。

第二,十分值得注意的是这样一种情况:为了证明我们离开了正统思想,梁赞诺夫必须指责马克思和恩格斯本人的错误。

第三,我们这位批判家强加在我们身上的错误即使事实上存在,也不会有任何实践意义。这个错误,用梁赞诺夫的话说,就在于我们夸大了我国资产阶级的进步作用。假定我们真的夸大了它。这种夸大的有害的实践后果又在哪里呢?我们是不是因此就不再在工人头脑中提高他们的利益和资产阶级利益对立性的认识呢?我们是不是会力图使我们这里进行的阶级斗争有任何一点削弱呢?凡是了解我们的出版物,而且不想干违心事的人都会说,从来没有过任何类似的事情,我们始终明确地和坚定地捍卫着无产阶级的阶级观点。我们对资产阶级的仿佛夸大的期望丝毫不会使我们偏离即使根本没有这样的期望我们也会循之行进的那条路线。因此为这些期望而责备我们,意味着就"期望"这样的问题进行徒劳无益的争论:在解决这个问题时没有任何可能运用多少确

---

① 参见《马克思恩格斯全集》,第4卷,第503页。——译者

切的方法。我知道,正是这些"期望"产生我们的下面这种所谓异端邪说:我们希望——像列宁同志所说的一样——走进一切社会阶级中去。我们的某些批判家认为,正是这种期望表现了对无产阶级的背叛。然而在这里我们再次看到,人们使用词句,却弄不清它们所表示的概念。当18世纪法国资产阶级思想家"走进"贵族中去,在那里招募为新社会制度斗争的战士的时候,他们是不是背叛了自己阶级的观点呢?不是,这里任何背叛都没有,有的是可以更加牢固地确立同一观点的、完全正确的政治考虑(或者也可以说,政治本能)。如果无产阶级的思想家们走进"上层"阶级,目的是为了在那里寻找能够为社会民主党的利益服务的手段和力量,这会是背叛么?看来这里不会有任何背叛,看来这种"走进"将是政治考虑的事情。因而从原则的观点看,这里什么也没有说明。剩下的不过是一个实际可能性的问题而已。在俄国"上层"阶级中是否存在这样一些能够为我们的运动好好服务的手段和力量呢?是的,它们在很大的数量上暂时还存在着,如果不善于利用它们,那是非常非常可惜的。其次,在我们自己的队伍中是否存在这样的个人,甚至整批这样的人,他们虽然没有可能在无产阶级中间进行活动,却能够在所谓上流社会中保持牢固的和对我们有利的联系?这样的人无疑是存在的。因此从这方面说问题可以很简单地解决:"走进"一切社会阶级——在上述界限内——既是可能的又是必要的。在这种情形下我们尽可以不为背叛我们的原则的想法而困惑不安。背叛完全是由于其他一些原因引起的。一分钟都不走出无产阶级队伍也可以背叛无产阶级。为此只要丧失对于把无产阶级利益同其他阶级利益区分开来的界限的清楚认识就行了。

至于说到这种丧失,那不是《火星报》和《曙光》杂志的宣传所能促成的。要知道我们之所以由于自己的"论战中的热情"而出名,正是因为我们在任何时候和任何地方都明确地和无情地捍卫无产阶级的阶级观点。

读者可以由此看出,无论是《火星报》还是《曙光》杂志距离把"俄国社会民主党的旧的革命纲领"束之高阁的意向有多么遥远。如果这样的纲领存在,——它也确实存在过,——那么《火星报》和《曙光》杂志乃是它的最好的和最可靠的捍卫者。它们在从各个方面传来真正机会主义者们反对它的号叫的那个悲惨时期,以及现在,当这些机会主义者的事业由于这两家机关刊物而完全输掉了的时候,都无畏地捍卫了它;现在,当——又是由于它们,即由于《曙光》杂志和《火星报》——革命的一派在我国社会民主党中取得了彻底胜利的时候,指责它们背叛"正统思想"无异于亲手给自己写下智力贫乏的证明,或是出于某些纯属个人的考虑利用另一些读者智力贫乏进行投机。

这一次是足够了。

Ⅲ

梁赞诺夫就社会民主党纲领中"没有"同前资本主义社会关系残余作斗争的"地位"问题把我们训斥了一番以后,就着手向我们证明,被我们当作旧社会制度的残余的种种设施(他说的是:"现象"),实际上应该看成是新制度而且正是资本主义制度的"开端"。他在这种场合所引用的证据,对他这位所谓的批判家来说是非常有特色的,所以我禁不住至少引用其中最值得注意的某些证据。

"其实还有一个大问题,——他说,——即《火星报》纲领在将其与'残余'相联系时所指出的所有那些现象,实际上怎样用这些残余而不是用资本主义的'开端'来说明。现在我们是否必须着手'彻底修改农民解放的条件',如果这种'解放'不是由'人民生产'而是由'以劳役制为基础的资本主义'所未准备好,如果这种'解放'不是由农夫们所完成,他们已经擅长于榨取'剩余价值'的事业,擅长于跟对发展资本主义的兴趣不比他们少的国家结成联盟?"(第215页)

这几行话,就像读者所看到的,写得极其拙劣,因此要正确理解它们是不很容易的事情。然而在可能范围以内来理解,即有可能把它们解释为这样的意思:如果农奴制的取消是由(民粹派文献中)所谓人民生产而不是以劳役制为基础的资本主义所准备的,那么我们现在就不会一定要彻底修改农民解放的条件了。然而请问,"人民生产"能不能创造使得农奴制的取消会成为迫切的经济必然性的那样一些条件呢?对于这个问题,任何一个有点见识的人都会毫不动摇地做出否定的回答:不能,这种"生产"随着时间的流逝本身就会变成我国一切种类和变种的农奴制最牢固的基础。对此不可能有任何怀疑。既然我们确信这一点,那么我们就会产生一个新问题:为什么梁赞诺夫需要1861年农民改革为人民生产所"准备"这种荒唐的假设呢?显然,他之所以需要这种假设,只是为了更鲜明地突出这样一个思想:如果农民是在对他们很不利的条件下得到解放的,那么这原因不是别的,而恰恰是资本主义的发展,诚然是还继续保存其劳役制基础的资本主义的发展。看来这个思想应当使我们必然做出这样的结论:1861年立法使俄国农民所处的那种地位本身就是由资本主义发展所"准备"的。

这个结论中正确的东西只是:朝资本主义方向进行的经济发展使得农民因以变为不得不出卖其劳动力的半无产阶级的那些解放条件在很高的程度上成为地主所必需的。既然农民变成了这样的出卖劳动力的人,那么他们就陷入资本主义社会中整个工人阶级所处的,而且只有社会主义革命才会予以消灭的那种状况。这种状况自然不是旧时代的遗物,而且我们纲领中主张同旧的前资本主义制度的残余作斗争的那些条款并不反对它。然而问题在于缺少土地的农民和无产者所共有的这种状况由于整整一系列这样的设施的存在而变得复杂了:在这些设施下我国出卖劳动力的人们都被捆住了手脚,不得不在比他们如享有现代资产阶级社会中无产者的合法地位时所处的那些条件更为不利的条件下出卖自己唯一的商品。这就是标志着我国古老农奴制残余的那些设施;这就是我们纲领草案中引起梁赞诺夫关于"开端"和"残余"的混乱议论的那一部分敦请我国革命者进行斗争加以反对的那些设施。如果梁赞诺夫以为这些设施(比方使农民依附在土地上以及诸如此类)是资本主义的开端,那么他本应援引比下面这个可笑的假设较为严肃的某种东西来支持自己的意见:按照这一假设的意思,我们本来就不需要彻底修改农民解放的条件,如果这种解放是由人民生产所准备的话。然而他没有援引任何东西,原因简单:他本来就根本用不着援引,而是需要按照跟社会民主党纲领的任务没有任何共同点的那些考虑讨论一下。

"难道从大改革时代到现在这段时期,——梁赞诺夫继续

说,——即资本主义不断发展的时期,没有创造出整整一系列不容无产阶级阶级斗争全面发展的开端么?"(第215页)

假定说创造了。由此是否可以得出结论说,我们草案中所指出的残余不会存在,或者指出同这些残余作斗争在革命社会民主党纲领中"没有地位"呢?看来无论如何不应得出这样的结论。

然而梁赞诺夫还没有讲完。"难道它(即刚才指出的时期)没有创造出整整一系列不仅有助于保存和加强对千百万农民最野蛮的剥削形式,而且形成虽然较不野蛮却无比精巧的新的剥削形式的开端么?难道它没有创造整整一系列和前资本主义制度残余一样在黑暗和无权的状态中同等地控制着全体人民的开端么?难道保护关税政策、税务制度、军国主义以及诸如此类都是农奴制的后果么?"(216页)

这是什么意思呢?如果梁赞诺夫所指出的时期确实创造了新的较不野蛮却更精巧的剥削农民的形式,那么这里可能会出现以下两种情形的一种:或者这些新形式建立在过去我国农奴制遗留给我们的旧的法律设施的基础上,或者它们依靠按其内容完全适合当代资本主义社会生产关系的我国公民权利的那种状况。在第一种场合,同它们的任何严肃的斗争都是反对"残余"的斗争,我们纲领中与此有关系的条款也对这种斗争作了大致的规定。在第二种场合,同新的剥削形式的斗争只是社会民主党同资本主义斗争的一种形态。后面这种斗争的任务在我们的纲领中也是很明显地指出来了,这就是为什么新的较不野蛮却更精巧的对农民的剥削形式既不会使我们手足无措,也不会提供任何一点论据来反对我们纲领的这一部分或另一部分的缘故。

说到俄国的税务制度,那么迄今为止都是部分地建立在农民这个特殊纳税阶层无权状态的基础上,而且在这些范围内这一制度无疑是以"残余"为依靠的。至于保护关税政策、军国主义"以及诸如此类"(不管这里可以数出什么来),那么类似的现象就其本质而言不仅是我国固有的,而且是西欧固有的,在这种意义下当然不能把它们算作什么"残余"。不过我还是要问,究竟由此可以得出什么结论?由此可以得出的只是:对于怎样同这些现象作斗争的问题的答案,不应到我们纲领谈到"残余"的那一部分中去寻找。不过如此而已。读者不难同意,这完全不足以证明梁赞诺夫的下述思想,即"残余在社会民主党纲领中没有地位"。

"而且社会民主党人最好行动起来,——梁赞诺夫继续道,——如果他们让资产阶级民主派进行反对前资本主义制度残余的战斗,而自己则仅仅指出这些残余在资本主义已经成为占统治地位的生产方式的地方必然灭亡,以及在商品经济条件下它们从福利的泉源变为诅咒的泉源"(第216页)。

咬文嚼字也像所有其他事情一样有自己的逻辑。由于只记住正统马克思主义的术语,而不能理解它的内容,梁赞诺夫自然要得出这样的实际结论:这些结论是对马克思主义最辛辣的讽刺。我们让资产阶级民主派进行反对我国旧制度残余的战斗,而自己则只限于指出这些残余"在什么地方必然"灭亡,等等!不,梁赞诺夫先生,如果我们这样做,我们就会因而绝对明确地彻底表明,指责马克思主义者是无为主义的民粹派和主观主义者是正确的;如果我们这样做,那么在这种场合我们就会让资产阶级民主派完全充当现代俄国社会生活中革命因素的角色,而只把扮演脱离现实生活的书呆子的可怜的角色留给自己。

这种场合远不是不重要的,这一点可以从下面的情况中看出来:法律上把大多数工业工人也都包括在内的我国农民,在自己争取改善生存条件的斗争中,迄今为止每一步都遇到由于"残余"的存在而造成的种种障碍,这些障碍为有水平的鼓动者提供了许多不可替代的、进行政治鼓动的理由。根据"残余"对另一种思想家说来也许可能是"开端"这一点而忽视这些理由,意味着效法那位著名形而上学家:他坐在墓穴中,迟迟不使用给他放下去的绞索,因为这绞索只是一根"普通的绳子",而他一定要知道,能不能想出"别的什么东西"代替它。如果我们党希望有幸成为革命思想最有力和最坚决的代表,那么它一定要比所有其他政党更坚决和更有力地同前资本主义关系的残余作斗争。否则它的希望就会成为轻率的,因而也是可笑的。

"前资本主义社会制度并不总是建立在农奴制基础上的,——梁赞诺夫指出,——任何时候都不要忘记,正如马克思所说的,依靠中世纪成为'自由主义的'是很方便的。而且在像俄国这样的国家,这里'资本主义已经成为占统治地位的生产方式',我们所需要的就是摧毁任何关于前资本主义制度的神话"(第217页)。

并非任何前资本主义制度都建立在农奴制基础上,这是完全正确的。然而我们的草案中谈的是完全确定的和大家都知道的前资本主义制度,即确实是以劳动群众成为上层阶级、国家或其首脑的农奴为基础的前资本主义制度。如果这种制度不是建立在农奴制基础上的制度,请问怎样称呼呢?至于说到依靠这种制度成为自由主义的是方便的,我看不出这种方便性究竟在什么地方。俄国读者很长时期以来处于民粹派宣传的影响下,他们恰恰相反,喜欢把我国的前资本主义制度理想化,——至少从它的经济方面,——其结果在我国,有利于前资本主义制度的"自由化"比反对它的"自由化"要容易得多。虽然资本主义在我国现在事实上已经成为占统治地位的生产方式,但是第一,这一点还没有得到所有人的承认,第二,资本主义生产方式在我国还远不具有与它相适应的法律上层建筑。在我国经济和法律之间现在存在着深刻的矛盾,这种矛盾应该由我国社会主义运动的第一次伟大的胜利来消除。既然我国的法律上层建筑(在它和现代社会需要相矛盾的同等程度上)是我们从我国前资本主义制度那里继承下来的,所以有思想的俄国人是不可能依靠这种制度而成为太"自由主义的"。把我们对这种制度的关系跟现代西欧公民对"中世纪"所处的那种关系相提并论是可笑的。梁赞诺夫在这里又陷入了窘境。他希望在想到这样一些社会关系时像马克思那样说话,然而如果这些关系存在,马克思大概会作另一种表示。

梁赞诺夫很不喜欢我们把沙皇制度说成是我国前资本主义制度最大的和最有害的遗迹。我们这位批判家宣布这种观点是资产阶级民主派固有的启蒙主义历史文献的成果。"在历史上我国的专制制度确实根源于过去时代,——他说道,——然而它和许多其他社会生活现象一样是分享这一命运的。跟别的'残余'不同,它不是遗迹,不是偶然保存下来的过去时代的残骸。可惜!它很牢固地扎根在现在。如果我们草案的作者们不是把整个历史分为两个时期:一个是前资本主义时期,另一个是资本主义时期,他们就会看到我国专制制度的性质发生了多么剧烈的变化,哪怕是从约翰三世①起也好"(第220页)。

无论是我们的草案还是对它的评述都没有任何一行文字会让人有理由认为,我们硬说俄国专制制度具有不变的性质。我们清楚地知道,这种性质是随着我国社会关系发展的进程一起变化的。然而此种变化的这一不容争辩的事实一点也不妨碍我国专制制度是过去时代的"残余"、"遗迹"。难道只有具备不变性的特点的那些设施才能作为"遗迹"或"残余"出现在历史舞台上么?这就新鲜了!那么为什么梁赞诺夫以为我们认为专制制度是偶然保存下来的过去时代的残骸呢?要知道无论是我们的草案还是我们对草案所写的评述对这个思想始终没有一点暗示的迹象。然而这就是梁赞诺夫主要的"批判"手法的不变性,这种手法是:把对手从未有过的荒诞思想硬加在他身上并且胜利地驳斥这一虚构的荒诞思想。不用说,这种手法大大地有益于梁赞诺夫的"批判"事业。

后来我们从梁赞诺夫那里获悉这样一个有趣的新闻:我国专制制度一向是这一或那一社会阶级手中的武器。"在从18世纪末期到大改革时代的这一时期中,当'人民生产',……最后让位于以劳役制为基础的资本主义的时候,我国专制制度经历了特别剧烈的变化。如果我们说我国专制制度按其现代形式说乃是资本主义开端的产物,我们将无可比拟地接近真理。关于它是一些贵族手中的武器的那个时代的历史传统,在资本主义强壮而坚实的萌芽面前老早就已经——虽然也是"固执地"——退居次要的地位。它还试图在土地占有制和资产阶级中间保持平衡,不过由于资本主

---

① 历史上有好几个约翰三世。梁赞诺夫这里究竟指哪一个,不详。——译者

义的发展而在它的这两个支柱内部增长起来的矛盾必将把它引向灭亡,尽管所有的企图都适应变化着的阶级结构"(第220页)。

总之,专制制度要灭亡,因为它不能适应变化着的"阶级结构"。为什么它不能作这种适应呢?是不是因为专制制度乃是不适应已达到相当发展水平的资本主义社会的那样一种政治设施呢?如果是这样,那么这不就意味着专制制度是作为旧社会制度遗迹的一种政治设施吗?很像是这样!梁赞诺夫本人也感觉到这一点,但他不服输。他宣布了专制制度是资本主义开端的产物,因为它早已不再仅仅是一些贵族手中的武器,而开始也为资产阶级服务,以便达到资产阶级的目的。然而这个理由只有在下面唯一的场合才是令人信服的:如果梁赞诺夫向我们证明了,资产阶级从来不希望或者不可能把这一或另一旧制度遗迹变成自己的武器。既然他没有证明这一点,而且任何时候都证明不了这一点,那么他的全部论据就会再一次像纸糊的小房子一样垮掉。实际上任何新的、上升的社会阶级总是力图——而且并非没有成功地——为自己固有的目的而利用在旧社会制度基础上生长起来的种种设施,只有在这个阶级借助于这些设施已经达到一定发展水平的时候才会同这些设施进行斗争。例如曾经有过一个时候,资产阶级力求使封建设施变为达到自己目的的武器。而只有不善于"适应"最起码的逻辑要求的人才会由此得出结论,说这些设施是资产阶级发展"开端"的产物。

我们关于专制制度按其本性敌视任何社会运动的那个思想,也是梁赞诺夫很不喜欢的。

"这个民主主义的智慧是从什么地方进入社会民主党纲领的

呢?——梁赞诺夫威严地喊道,——难道草案的起草者们不知道按其本性专制制度所敌视的并不是任何社会运动,而只是某些社会运动,并不是任何阶级的社会运动,而只是某些阶级的社会运动么?"(第222页)

我们已经从梁赞诺夫那里听说,我国专制制度一向是这一或另一社会阶级手中的武器。如果这是对的,那就很明显,在尼古拉·巴甫洛维奇统治时期曾经有过这样的社会阶级,它善于使无限制的王权变成自己的武器。在当时专制制度究竟为什么阶级服务的问题上,我们不会跟梁赞诺夫发生争吵:对我们来说只要我们的第一前提是正确的,专制制度一定得为其中的一个或几个阶级服务就够了。从这一信念出发,我们请梁赞诺夫告诉我们:沙皇—上士①政府不敌视哪一个阶级的哪一种运动? 我们坦率地承认,我们"不知道"这样的运动。

我出于工作责任心的驱使,越是潜心阅读梁赞诺夫的书,就越是经常地想起有一次恩格斯对某些批评历史唯物主义的人不由自主地发出的感叹:辩证法是这些先生们所缺少的! 梁赞诺夫正如我曾经说过的一样,所缺少的正是辩证法。他是天生的形而上学者。当形而上学者进行抽象议论时,指望有什么好结果是不可能的。在形而上学者那里,就像在托尔斯泰伯爵描绘的虚无主义者那里一样,动作既笨拙,学说也有点粗鲁。梁赞诺夫将自己的有点粗鲁的学说在我们面前冒充最正统的正统思想。这岂不可笑!

不过我们这位形而上学者在批判我们的土地纲领时表现得还

---

① 上士,原文为фелъдфебелъ,含有"极粗野的人"的意思。——译者

要笨拙和粗鲁。

列宁同志在自己的关于俄国社会民主党土地纲领的论文中指出,在问题涉及产业工人运动的地方,我们"从德国人那里"会得到许多现成的东西,而在土地问题方面我们也许能创造某种新东西[①]。梁赞诺夫刚刚读过这些话,就——正如常言所说的——耳朵生在头顶上,十分警觉:"哼!新东西!那么,这样的东西是马克思和恩格斯著作中所没有的啰。然而马克思和恩格斯著作中没有的东西就不可能是正统的。就是说列宁是异端分子,应当把他当作这样的人来鄙视"。然而梁赞诺夫从列宁那里听说在土地问题方面"并不是一切在西方正确的东西在东方也正确"的时候,他的正统热情[②]就更加高涨了。对此梁赞诺夫突然爆发出下一大段激昂的挖苦话:

"这个'新东西'就在于发现'世界上一切事物都有两面'。如果在'西方'向自己提出'增加小经济和小私有制'的目标的土地纲领是对社会民主党原则的破坏,那么在'东方'我们有'特殊例子'。[③] 我们支持和增加的小私有制是为了消灭农奴制残余和农村阶级斗争的自由发展,换句话说,为了发展农业资本主义"(第247页)。

从辩证唯物主义观点看来,世界上一切事物的确有两个方面。应用于一个方面或一个时期具有重要意义的特定原则,很有可能

---

① 参见《列宁全集》,中文第1版,第6卷,第112—113页。——译者
② "热情",原文为ревность,双关语:醋意,忌妒;热心,热忱。——译者
③ 参见《列宁全集》,中文第1版,第6卷,第111页。——译者

应用于另一方面或另一时期是错误的。形而上学者却不理解这一点,因此当他听说在一些地点和时间的条件下认为正确的原则在另一些地点和时间的条件下被宣布为不正确时,他就惊讶地张大了嘴巴。他在这里看到了不彻底性、矛盾、背叛。形而上学者们曾经使科学社会主义两位伟大奠基人很不愉快。比如说《共产党宣言》就跟形而上学者进行了战斗。读者大概会记得书中有这样一个地方,那里说到德国的热爱智慧的人、哲学家和半哲学家,他们贪婪地抓住法国社会主义文献,只是忘记了"法国的各种关系没有和社会主义文献一起搬到德国去"。① 这些热爱智慧的人、哲学家和半哲学家都是纯种的形而上学者。《宣言》的两位作者对他们忘记下面一点是不会原谅的:法国的社会主义批评(他们是这种批评的不理智的回声)是"以现代的资产阶级社会以及与它相适应的经济关系和政治组织为前提的,而这些社会条件,当时在德国正是尚待争取的。"② 梁赞诺夫也是同样纯种的形而上学者,为了羞辱我们,他指出西欧的马克思主义者不愿意"增加小私有制"。梁赞诺夫忘记了,这些马克思主义者在土地问题上的观点(他是这些观点不理智的回声)是以现代的资产阶级社会以及与它相适应的农民的经济地位和法律地位为基础的,而这些条件我们的土地纲领中正是尚待争取的。当我国农民处在现今西欧农民所处的那种地位时,我们也会坚决地起来反对任何"增加"私有制的企图。而现在,当我国农民处在另一些条件下的时候,西欧马克思主义者的榜样

---

① 参见《马克思恩格斯全集》,第 4 卷,第 495 页。——译者
② 同上书,第 496 页。——译者

是不能让我们信服的:一旦处于另一些社会条件下,我们就必然要作另一番议论。这自然不是说我们一定要增加私有制。不,这也是依种种情况为转移的,不过显而易见的是,既然说到私有制,我们就应该考察我国局势的特点,而不是满足于什么也证明不了的对西欧马克思主义者的引证。

谈到我们增加私有制时所涉及的究竟是些什么情况呢?

这些情况有两种。

第一,农民私有制的某种增加可能是把著名的割地归还给农民的结果,即把在消灭农奴制时由他们使用的和从他们那里割去的土地归还给他们的结果。

第二,私有制的大量增加是把自由支配农民土地的权利交给农民所造成的,即是现代的村社土地占有制瓦解所造成的。

我们首先谈谈割地①。割地在农民经济生活中具有怎样的意义呢?它们是农民受奴役的根源。下面就是我们从比方像阿·尼·恩格尔哈特②这样一个熟悉我国农村生活的专家那里得知的关于割地的叙述:

"在对农民进行分配时,按照规定多余的土地被割去了,而这种确实为农民所必需的割地被他人占有以后就把农民压挤在自己

---

① 割地,俄国 1861 年农民改革后从原先归农民使用的土地中割给地主的那一部分。农民的份地凡超过 1861 年 2 月 19 日法令规定的最高限额都实行割地。割地约占改革前农民使用土地的 18%,个别省份占 40% 左右。——译者

② 恩格尔哈特(Александр Нцколаевич Энгельгардт,1832—1893),俄国农学家、政论家,19 世纪 60 年代"土地和意志社"成员。1866—1870 年彼得堡农学院教授。1871 年被流放。1882 年出版《农村来信》。——译者

的一种处境中,因为割地通常以一条狭窄的耕地把他们的土地包围起来,并且毗连着所有的三块田地,因此无论牲畜从哪里跳出来,一定会落在属于地主老爷的土地上。起初,当地主还不懂得割地的意义时,以及在农民比较讲求实际和不大希望"新的自由"的地方,地主们或者用金钱或者用任何废物(?)就成功地买下了割地,这样一些人现在是相当享福的了。现在所有的人都懂得割地的意义①,并且每一个地产购买者、每一个佃户,甚至每一个不会讲俄语的德国人,首先就看是不是有割地,怎样利用割地,以及把农民排挤到何种程度。在我们这里农民到处都由于割地而替地主耕种土地——恰恰是劳动一圈,即用自己的马连同自己的工具像在农奴制度下一样在所有三块田地上生产充分的成品。估价这些割地——常常实质上什么也不值——不是按土地的性质,不是按土地的生产率,而只是按照土地在何种程度上为农民所必需,它们在何种程度上排挤农民,由于这些割地而能够从农民身上压榨出多少。"②

这就是割地对于农民的意义。归还割地对农民是否有利呢?显然是有利的。而如果是有利的,那为什么我们不把归还割地写进自己的纲领呢?因为,——我们的批评家们回答我们说,——这无异于支持和增加私有制。然而为什么支持和增加私有制是有害的呢?因为私有制阻碍社会的经济发展。认为归还割地有害处的

---

① 在这里恩格尔哈特不完全正确;割地的意义对于我们的批评者中间的许多人说来,例如对梁赞诺夫先生说,就是不可理解的。——作者
② 阿·尼·恩格尔哈特:《农村来信》,第415页。——作者

其他理由是没有的。这就是说,在那里由于某些原因,归还割地并不会阻碍社会经济发展,反而会加快社会经济发展,对此提出异议是不可能的。然而这恰恰是我们在使我们感到兴趣的场合所看到的情形。所有研究人员都一致承认,阿·尼·恩格尔哈特如此鲜明地描述的通过割地对农民的"排挤",大大地妨碍俄国农村经济的进步。因此,把割地归还农民意味着给我国经济发展一个新的推动。而既然经济的发展在我们这里正如在所有的地方一样归根到底都会导致社会主义的胜利,即导致生产资料私有制的废除,那就可以得出结论说,归还割地符合社会主义革命的利益,支持和增加私有制在这种场合会加速生产资料向公有制的过渡。因此我们不仅能够而且应当主张把割地归还农民。在形而上学者看来,这样的结论自然是一种逻辑游戏。不过我们并不指望说服形而上学者;我们重视的是能够掌握现代社会主义辩证方法的人。

顺便指出,当梁赞诺夫硬说我们企图赎买全部割地时(第264—265页),他严重地歪曲了我们的思想。只有在原先的地主地产转到了他人手中时,我们才同意赎买。而且就是在这里赎买的实现——根据我们的要求——也应该不是由农民负担费用,不是由国家负担费用,而是由所有的地主负担费用,应该为此对他们课以特别的赋税。让读者自己来判断,这样的赎买在何种程度上跟"臭名昭著的赎买行动"类似,而我们这位深思的、机智的和能随机应变的梁赞诺夫却将它们相提并论。

现在来谈谈村社。废除村社土地所有制毫无疑问等于大大地支持和增加私有制。不但如此:由于废除了村社土地占有制,许多俄国农民便第一次获得了作为私有财产的土地。社会主义者能不能同意这样做而又不背叛自己的纲领呢？我们以为能够；而且我们这样认为时，又发现自己有很不错的伙伴。1850年3月共产主义者同盟中央委员会在告该同盟成员书（Ansprache）中——这份告同盟书显然是马克思亲笔写的——断然说道，无产阶级政党最不（am allerwenigsten）应该容许永远保存村社所有制（Gemeindeeigentum），这种所有制甚至和现代私有制相比也是落后的形式，它到处都必然要解体并转变为现代私有制。① 私有制的增加是村社所有制解体的结果，这种增加，正如我们所看到的，完全没有被马克思当作能够延缓现代社会向社会主义运动的现象。而且在马克思看来，它也不可能是这样的现象。作为一个有巨大影响的辩证法家，他比任何人都更好地认识到下述命题的正确性：世界上一切事物都有两个方面；支持和增加私有制在或多或少迅速地朝社会主义革命行进的资产阶级社会中是有害的和反动的，而在问题涉及使资产阶级社会从"旧制度"的羁绊下解放出来和涉及消灭古老的、落后的和过时的所有制形式的地方却可能是一种必要的和有益的措施。

然而我刚才引证的这份《告同盟书》还要求没收"封建地产"，把这些地产变为国家财产，并在那里设立工人居住区。② 在这里马克思和他的同志们当时的纲领看来跟我们的草案是有分歧的，而梁赞诺夫似乎成了真正的正统派，因为他的土地纲领草案在这方面和马克思的纲领看法一致。不过这只是一个假象，因为在这

---

① 参见《马克思恩格斯全集》，第7卷，第298页。——译者
② 同上书，第297页。——译者

里梁赞诺夫又力求在想到这样一些社会关系时像马克思那样说话,然而如果这些关系存在,马克思就会开始用完全不同的方式说话了。

如果马克思主义的确能够称为革命的代数学,那么忠实于马克思主义精神的纲领自始至终就应该是革命的纲领。而在革命的纲领中每一项个别的要求都是从它在何种程度上有助于革命运动的成功的观点出发加以评价的。如果发现某项要求一旦实现就会加强反革命力量,就应当把这项要求撤下来,尽管它本身也许会给革命阶级预示某些好处。我们就是从这种观点来看待把土地变为国家财产的要求的。

在我们俄国,自古以来国家就习惯于把不属于所谓私有者的土地看成自己的财产。农民的村社土地所有制实际上意味着无论土地还是依附在土地上的农民都属于官方,而且根据"官方的利益"加以对待。这就是为什么我国的村社土地所有制是沙皇制度最牢固的经济基础的缘故。为了推翻沙皇制度,应当摧毁它的经济基础,而为了摧毁这一基础,则必须使农民处于现代的私人土地所有制的条件下和消灭我国实际上建立的亚细亚式的土地国有制。因此,任何土地国有化或把地主的土地变为国家财产的方案在我国实质上和其革命的外表相反,都是反动的。因此马克思大概要谴责这些方案,把它们看成是跟我们面临的革命的基本要求相矛盾的东西。如果在德国他作了另一种议论,那是因为那里的条件完全不同。

梁赞诺夫和所谓的社会主义者—革命者们(他从后者那里借用了自己的土地草案)说道,诚然,革命后从大私有者那里夺来的土地，不会属于现代的我们的警察国家，而是属于用完全不同的态度对待土地和庄稼汉的自由民主共和国。但是梁赞诺夫和他的"社会革命"导师们这样说的时候就把我们所分析的问题给歪曲了。这个问题就是：如何争取民主共和国的胜利。假定这个问题已经解决，我们当然就会排除一切与之有关的困难，但同时我们也就抛弃了科学社会主义的观点，从而变成了空想主义者。实际上民主共和国只有在革命运动摧毁沙皇制度的经济基础，即摧毁社会主义者—革命者（请读作：反动分子）和我们这位可怜的梁赞诺夫力求加以巩固和扩大的那个土地国有制的场合下才会胜利和巩固。

还有几句话。梁赞诺夫说，我们既然争取把割地归还农民，那我们就是承认其余的土地乃是地主完全合法的财产。这跟无政府主义者的议论一模一样，无政府主义者孜孜不倦地反复对我们说，既然我们要求缩短工作日，比方说缩短到8小时，我们就等于承认不超过8小时的资产阶级剥削是公正的。对这样的议论可以不作研究。

梁赞诺夫提醒我说，我在说明我们的纲领草案时承认，在革命运动进行时我们也许不得不提出完全剥夺地主土地的要求。我很清楚地记得这一点。不过我在这里根本看不出有任何与归还割地的要求相矛盾的地方。在这两种要求中没有任何本质的区别，有的只是量的不同，正如两个法律草案，一个要求把工作日缩短为10小时，另一个则要求缩短为比方说6小时，它们之间也只是量的区别。此刻我们接受哪一种要求，这取决于社会力量的对比，而且仅仅取决于这种力量对比。现在，当农民革命能量很小时，我们自然会为他们提出比较温和的要求,而一旦我国农民显示出很大革命能量的时刻到来,我们当然不会拖他们的后腿。这完全不是我们的事情。我们要向他们指出更为广阔的革命目标。而且在这种场合,我们仍然忠实于自己纲领的精神,而不会支持梁赞诺夫从社会主义者—革命者那里抄来的反动空想。这就是整个问题之所在;这就是我们纲领的主要特征之所在。

现在,在结束我和梁赞诺夫谈话的时候,我不由自主地想起叶卡捷琳娜二世的一句话。"这并不是产生不和的最后原因,——有一次这位风流女皇写道,——某些人指摘另一些人的即使也是有益的事情,只是因为不是他们完成的,虽然他们自己还从来不擅长做这些事。"梁赞诺夫也是这样。我觉得他之所以不喜欢我们的草案正是因为不是他完成的。而我们这位严厉的批判家本人"擅长"制造的只是由他理解得很糟糕的马克思主义以及(可惜呀)十分牢固地铭刻在他心上的社会主义者—"革命者"们那些反动空想的要求组成的难以消化的混合物。

在俄国社会民主工党第二次
例行代表大会上的讲话

(1903年7、8月)

在代表大会开幕式上的讲话

同志们！组织委员会委托我主持俄国社会民主工党第二次例行代表大会的开幕。我把这一巨大荣誉只是理解为我所代表的组织委员会想向20年前即1883年第一次在俄国革命文献中开始宣传社会民主主义思想的那个由俄国社会民主主义老战士们组成的团体表示自己的同志式的同情。对于这种同志式的同情，我以所有这些老战士的名义向组织委员会谨致衷心的同志式的谢忱。我愿意相信，至少我们中间某些人注定还要同新的、年轻的、越来越人数众多的战士一起长期地在红旗下并肩战斗。现在的形势对我们党是如此有利，以致我们每一个俄国社会民主党人都可以，而且也许已经不止一次地用一位人道主义骑士的话喊道："生活在这样的时代是愉快的！"是呀，既然要愉快地生活，那么打猎的人，用赫尔岑的话说，就不要进入矿物的—化学的王国，他就要想着为继续斗争而生活；这就是我们生活的全部意义之所在。

我说过,现在的形势对我们党极为有利。鉴于最近五年来发生如此强烈作用的许多混乱现象、纠纷和意见分歧,这些话听起来可能是一种夸大。这些混乱现象、纠纷和意见分歧无疑是很大和很令人惋惜的。不过它们并不妨碍我们党成为——无论在理论方面还是在实践方面——俄国一切现存革命党和反对党中最强有力的政党。尽管我们存在种种意见分歧和纠纷,我们却赢得了不止一次光荣的理论胜利,而且有许多重大的实际成就。30年前我们微不足道,现在我们已经是一种巨大的社会力量,——我这样说自然是就俄国范围而言。然而既然有相当的力量,就有相当的义务。我们是有力量的,而我们的力量是由对我们有利的形势造成的,这是形势的自发力量。我们应当把这种自发力量自觉地表现在我们的纲领中、我们的策略中、我们的组织中。这就是我们代表大会的任务,这次代表大会,正如你们现在看到的那样,面临非常之多的严重而困难的工作。然而我确信,这种严重而困难的工作将会顺利完成,这次代表大会会在我们党的历史上开创一个时代。我们是有力量的,代表大会会在很大程度上增强我们的力量。我现在宣布大会开幕,并提议进行委员会选举。(长时间地鼓掌)(第19—20页)。[①]

关于党的纪律

叶戈罗夫同志的声明形式上显得温和,实质上却是尖锐的。如果我没有打断巴甫洛维奇同志的话,那么过错就会落在我这个

[①] 这里引用的页码指俄国社会民主工党第二次例行代表大会纪录的页码(日内瓦,1903年)。——《普列汉诺夫全集》俄文版编者注

主席身上。然而我之所以没有打断巴甫洛维奇同志，因为我不认为他的话违反了纪律。我们这里没有要求绝对服从的委任状。而且在谈到党的纪律时，我们应当弄清楚与此有关的概念。每一个机构（коллегия）的纪律对局外人和下级都是必须执行的，但对上级则不是。我要问，第一，代表大会对组织委员会而言是局外人吗？第二，代表大会是否认为对组委会说来它是下级呢？不，代表大会是党的最高一级，而巴甫洛维奇同志向代表大会通报这一事件时在任何场合都没有违反党的纪律。（热烈鼓掌）——讲到纪律，我不知道在俄国工作的同志们现在怎样看待它。可是我意识到，大多数同志都赞同我的意见。因此我想，不打断巴甫洛维奇同志是做得对的，因为他的话没有违反纪律。相反，叶戈罗夫同志的声明应该认为是对代表大会纪律的违反（第42—43页）。

叶戈罗夫同志说我向他提出了严厉的责备。但是毫无疑问，这一责备跟他向巴甫洛维奇同志提出的责备是同样严厉的。喜欢坐雪橇也得喜欢拉雪橇。我没有责备任何人，而只是作为允许发表似乎不适当的声明的主席替自己申辩。而在申辩时我本来应该说明我遵循的关于党的纪律的那些看法。阿勃拉姆松同志怀疑俄国的同志们和我在规定党的纪律方面是团结一致的。我想俄国的同志们和我意见一致，就像逻辑和我意见一致那样。下级的责任由上级控制。说到可悲的事件，我应该作如下声明：我们所有的人，和领导机构一样，都十分感谢组委会为代表大会的召开所付出

的劳动,不过……"柏拉图是我的朋友,而真理是我更大的朋友"。现在组委会是作为对自己的活动作报告的团体而存在的。不能同时报告自己的活动而又继续活动(第45页)。

关于不策略和民族狂热

在继续开会之前,我要向代表大会作以下的说明。我已经有幸警告李伯尔同志,主席的确应当打断发言者,如果他在讲不策略的话。不过在这种场合裁判正是主席,而不是大会的某些成员。我作为主席,在托洛茨基同志的声明中没有发现任何不策略的东西。究竟什么是不策略呢?是他提到自己出身犹太人么,还是他提到自己的犹太人出身时指出他认为自己是犹太无产阶级的代表呢?至于谈到争论转移到民族情绪方面,那么,如果托洛茨基同志这个无可非议的声明能够煽动民族情绪,显然,这些情绪是很接近民族狂热的。

我可没有权利认为在座的任何人可能有民族狂热。不过既然毕竟在李伯尔同志的坚决要求中我看到对我的做法不表赞同,那么我就把这个问题拿到代表大会讨论,同时我本人提议向主席团表示信任,没有这种信任,我们无法使会议继续下去(第63—64页)。

自治还是联邦

李伯尔的实际提议可以归结为不通过原则性的决定。我对这一提议表示抗议。我不想出来反对崩得的明确的提议。我希望同这个党组织取得一致，然而遗憾的是，我们党的文献中出现了自治还是联邦的问题。这个问题看来对代表大会是非常重要的，所以它决定首先把它提出来进行讨论。而在两天的争论之后，在我们听完李伯尔关于联邦如何美妙的见解之后，不对我们取得的成果做出总结就会使人觉得奇怪。既然大多数人发言反对联邦制原则，那么不作决议就会是奇怪的、不适宜的和不合逻辑的；既然联邦制原则被认为是有害的，会导致解体、灭亡的，那就应该通过这样的决议，其中应该指出：我们否决联邦制。马尔托夫是对的，他说，我们不讨论章程的细节，在原则性的决议中我们应该说明：只要联邦制原则是崩得的同志们提议的那种形式，我们就否定它。虽然新的提案中有一些让步，但它的基础还是联邦制原则，——至少我个人的意见是这样。如果我们发言反对联邦制，那么我们这样做也就是发言反对规定的各点，而把讨论所提出的章程的细节搁到按顺序该讨论议事日程第六项的那个时候（第99—100页）。

我对戈弗曼同志提出两点意见。第一点关于技术上的自治问题。我们认为一切超出这一自治范围的观点都是联邦主义，并当作这样的东西予以摒弃。然而技术自治的范围可宽可窄。我们并没有缩小其范围的意思。人们对我们说，我们改变了日程。事实上没有任何变化。人们认为变化在于我们要坚持原则性的立场。第二项议程的内容是："崩得在党内的地位"；我们想回答说：崩得的地位不应该由联邦制原则来规定。这不是离题么？不，这是对

日程上第二个问题的明白的、断然的和毫不含糊的回答。这样的回答崩得不喜欢,但我们没有义务讨它的喜欢,所以代表大会可以心安理得地通过提交给它的决议(第102页)。

关 于 纲 领

我想请你们注意,特别是请马尔丁诺夫同志注意:他把争论转移到另外方面去了,争论这方面的问题是不恰当的,这样的争论会徒然浪费精力。他对纲领提出的批评是针对纲领草案编纂人之一的一本著作中的一句话。我们甚至假定这句话是不妥当的。那么这似乎就因此证明了我们其余一切思想都是卓越的。马尔丁诺夫同志的手法使我想起一位书刊检查员,他说过:"把《我们的天父》给我,让我从那里摘出一句话,我就会向你们证明,它的作者应当绞死"。然而,不止马尔丁诺夫同志一人,而是许许多多其他人都提出的所有针对这句倒霉的话的指责,是建立在误会的基础上的。马尔丁诺夫同志引用恩格斯的话说:"现代社会主义是现代工人运动的理论表现"。列宁同志跟恩格斯的观点也是一致的,如果他不是跟恩格斯一致,那就的确应当把他绞死。但是要知道恩格斯的话是普遍原理。问题在于究竟是谁第一次确切简练地对它作了理论表述。列宁写的不是历史哲学论文,而是反对经济主义者的论战文章,这些经济主义者说:我们应该等待工人阶级不靠"革命霉菌"的帮助而自行得到的东西。其所以禁止"革命霉菌"向什么工人说话,正是因为他们是"革命霉菌",即因为他们身上有理论意识。然而如果你们排除"霉菌",结果就只会剩下没有觉悟的群众,应该把觉悟从外面灌输到这些没有觉悟的群众中去。如果你们愿意公正地对待列宁和细心地阅读他的整个的那本书,那么你们就会看到,他所说的也正是这一点。比方他在谈到工会斗争时所发挥的就是这样一个思想:广阔的社会主义意识只有超出争取改善出卖劳动力条件的直接斗争的界限才能灌输进去(第122—123页)。

———————

阿基莫夫同志对贫困化理论的观点,合乎逻辑地和必不可免地要导致机会主义。按照阿基莫夫同志的意见,如果我正确地理解了他,工人阶级在资产阶级社会中的状况不仅不会绝对恶化,而且也不会相对恶化。阿基莫夫同志认为,现在社会已经有可能改善整个无产阶级的物质状况,而且工人阶级物质生存条件的这些逐步的改善可能导致社会主义。

从阿基莫夫同志的这些声明中可以合乎逻辑地得出否定"雇佣劳动对资本依赖性的增加",否定"剥削程度的提高";从阿基莫夫同志的声明中可以合乎逻辑地得出否定社会不平等现象的增长,否定生活没有保证,否定失业现象的增长等等。实际上,如果现代资本主义、私有制制度的存在不会导致劳动群众状况的相对恶化,甚至绝对恶化,如果它们不会一方面导致资本集中在少数人手中,另一方面则导致规模越来越广泛的人民大众的无产阶级化,如果这是对的,那么请问,为什么在工人阶级中间不满的精神状态、革命的情绪会增长呢,为什么各阶级间的敌对现象会发展呢,为什么阶级矛盾会尖锐化呢?否定贫困化理论无异于默默承认机会主义理论。像巴师夏那样的资产阶级经济学家,比如吉芬[1]或勒鲁瓦-博利厄[2]和他们的门徒们,在反对革命社会主义的斗争中首先要证明的就是阿基莫夫同志向我们所证明的东西,即否定贫困化理论,并且硬要我们相信劳动阶级状况日益改善等等。资产阶级的作者们正确地理解这一理论具有什么意义。另一方面,对这一理论的否定把伯恩施坦和他的拥护者们引向伯恩施坦主义和饶勒斯主义,即引向机会主义。实际上,如果工人阶级状况逐步得到改善,如果这种改善现在对于越来越广泛的群众是可以达到的,那么自然,社会主义者—改良主义者就会有一切机会和一切权利成为无产阶级利益真正的表达者和捍卫者,而革命社会民主党就只好站在机会主义旗帜下。但是不行,阿基莫夫同志,我们不会到那里去;越来越广泛的无产阶级群众所处状况的不断发生的相对恶化和绝对恶化号召我们站在革命社会民主党的旗帜下。我们现在就站在而且会始终站在这面旗帜下(第127—128页)。

李伯尔同志问,会不会有一个什么社会阶级整个地转到无产阶级方面来。这好像是要反驳我们纲领中所说的观点。然而我们的观点并没有涉及这个问题;它是有条件地说的:我们无产阶级政党邀请劳动居民中一切其他阶层参加自己的队伍,只要他们转到

---

[1] 吉芬(Giffen,1837—1910),英国经济学家。——译者
[2] 勒鲁瓦-博利厄(Leroy-Beaulieu, Pierre Paul, 1843—1916),法国经济学家。——译者

我们的观点上来。李伯尔同志以为,在这里我们表达得不够确切。但《共产党宣言》也是这样说的;一切其他阶层只有当他们转到无产阶级观点上时才是革命的。李伯尔同志想成为比马克思本人更加正统的人。就个别人说这是可能的,但对整个党而言毫无这个必要。我们的表达相当确切,足以把自己的观点同比方社会主义者—革命者的观点划清界限。这些社会主义者—革命者把农民吸引到自己方面来,却不要他们转向无产阶级的观点;我们则说:农民只有在抛弃自己的农民观点的场合下才能和我们一起走。这是把我们同社会主义者—革命者区别开来的主要特点。——至于阿基莫夫同志,我要指出一点。他硬说我们的整个草案都充满着这里那么多次引证过的列宁的话的精神。然而只有既不理解列宁这句话又不理解我们草案的人才会这样说。实际上,构成我们纲领基础的是什么思想呢?构成它的基础的是马克思历史理论的根本思想,——这个思想就是:生产力的发展决定生产关系的发展,而生产关系的发展本身又决定社会的整个发展。这跟列宁的话有什么关系呢?总的说来阿基莫夫同志的发言使我惊讶。拿破仑有一种使自己的元帅跟他们的妻子分手①的嗜好,某一些元帅向他作了让步,虽然他们热爱自己的妻子。阿基莫夫同志在这方面像拿破仑,——他千方百计地想使我跟列宁分手。然而我表现了比拿破仑的元帅们更多的个性;我不会跟列宁分手,而且希望他也没有跟我分手的意思。(列宁同志笑了,否定地摇了摇头。)最后来谈谈马尔丁诺夫同志。他说:社会主义是由整个无产阶级铸造的,这里

---

① 分手(或离异),原文为 разводить,双关语:分开;离婚。——译者

也包括它的有觉悟的部分,就是说社会主义使所有那些转到它这方面来的人都心明眼亮。如果马尔丁诺夫同志想说的是这个,那么我不仅看不出跟列宁分手的理由,也看不出跟他分手的理由。在这种说法下,无产阶级也包括著名的霉菌,——这样一来就没有什么可争论的了。那时剩下的只是转向阿基莫夫同志,以便他彻底地向我们说明,应当用哪一格①来谈论整个无产阶级,特别是霉菌(第132—133页)。

革命的成功是最高的法律

我完全同意波萨多夫斯基同志的话。对于每一个特定的民主原则,我们都不应该就其抽象性自在地加以考察,而要从它同可以称之为民主主义基本原则的那个原则,即同 Salus populi suprema lex② 原则的关系上来考察。翻译成革命者的语言,这意思就是,革命的成功是最高的法律。而如果为了革命的成功需要暂时限制一下某个民主原则的作用,那么在这种限制面前停步不前就会是罪过的。作为个人意见,我要说,甚至对于普选权原则也应该从我指出的基本民主原则的观点去看。假定我们设想这样的场合:我们社会民主党人发言反对普选权。意大利共和国的资产阶级有个时候曾经剥夺属于贵族阶级的人的政治权利。革命无产阶级可能

---

① 俄文名词有六个格,即主格、所有格、与格、受格、造格和前置格。同一名词在不同格的形态上其语法意义是不相同的。——译者

② Salus populi suprema lex:人民的福利是最高的法律。——译者

会限制一些上层阶级的政治权利,就像上层阶级当年限制过无产阶级的政治权利一样。这种措施是否适当只有从 Salus revolutiae suprema lex① 这一准则的观点出发才能判断。在议会存在的时间问题上我们也应当站在这个观点上。如果人民在革命激情爆发中选举了很好的议会——自己的 chambre introuvable,②——那么我们就应该力求使它成为长期议会;而如果选举不能令人满意,那我们就应该力求不超过两年把它驱散,如果可能的话就在两周内驱散它。(鼓掌,一些座位上发出嘘声,有人喊:"你们不要嘘!"普列汉诺夫:"为什么不呢?我务必请同志们不感到受拘束!"叶戈罗夫站起来说:"既然这样的发言引起掌声,那我就一定要嘘!")(第169页)。

关于免费教科书

在马尔托夫之后我只好补充说,如果一提到穷人就令人难过,那么实施所得税应该觉得不好意思。普遍教育完全不需要以免费教科书为前提,这一点从瑞士的例子中可以看出来。这是资本主义社会固有的矛盾之一。我在瑞士生活过;缺乏免费教科书在那里给穷人带来许多屈辱。关于食物我要指出瑞士学监舒勒的证词。用他的话说,穷人的孩子常常要饿着肚子去上学。教育问题

---

① Salus revolutiae suprema lex:革命的成功是最高的法律。——译者
② chambre introuvable:无双议院,指1815—1816年由极端反动分子组成的法国众议院。——译者

我认为是基本问题,这是无产阶级权利的保证(第181页)。

关于割地和赎金①

在自己的10分钟内②,我自然不能反驳这里所说的一切。我首先回答马尔丁诺夫同志。他的发言很机智。他给我们的辩论带来令人愉快的活跃气氛,他问我们,我们怎么对待路易十六③,如果资产阶级没有清算他的话。完全同意他的看法,如果资产阶级没有砍掉路易十六的脑袋,我们稍迟一点就会把这件事做完。不过我们作另一种假设:路易十六留下来了。在我国王位上有两个路易,十六和十八,一个是现代的立宪制度的代表,另一个是封建制度的代表、过去时代的象征。在这种场合我们怎么办?我想,我们首先会清算旧事物的传统,清算路易十六,然后继续坚定不移地同路易十八作斗争。我们在我们的纲领中就是这么做的,我们力求使我国社会现代化。请看一看普鲁士、奥地利、匈牙利吧。它们中间每一个国家在1848年都不得不清算没有为先前的各种改革所排除的那些历史上的对待农民的不公正现象。这纯粹是实践问题;我国农民的双肩上压着桎梏,它损伤他们的肩膀,它应该打碎

---

① 赎金,原文为 выкупные платежи,指1861年所谓农奴制改革后沙皇政府为地主阶级利益规定农民赎取份地必须支付的赎金。——译者

② 代表大会规定,讨论问题时发言人每次讲话的时间不得超过10分钟。——译者

③ 路易十六(Louis Ⅹ Ⅵ,1754—1793),1774—1792年为法国国王。法国大革命中为起义的人民推翻,后被处死。——译者

所以我们希望打碎它。马尔丁诺夫同志说,割地并不是到处都有同样的意义,因为有的地方地主们特别依靠赎金。然而在这里我们要在双脚钉上马掌①,因为我们既要求归还割地又要求归还赎金。就债约关系是从事物现状中产生的而言,同这些关系作斗争的方式则由纲领的另一部分指出来了。最后,人们对我们说,我们的要求是渺小的。这很像无政府主义者对我们提出的反驳,这些无政府主义者对我们说,类似例如缩减工作日那样的要求是十分渺小的。按照他们的意见,应该从生产资料社会化开始。但这自然只是可笑的。当人们指责我们,似乎我们反对把土地变为社会所有的时候,他们忘记了,我们的最终目的恰恰在于把全部生产资料转交社会所有,而在通往这一最终目的的道路上,我们力争取得一系列局部的改革。归还割地的要求就属于局部的要求。但它有一个特点。它的目的是使我国社会现代化。我们的土地纲领本身所包括的只是这样的一些要求。当问题谈到现代资产阶级社会的时候,我们坚持考茨基的观点,我们不认为必须制定一个特殊的土地纲领。我们离 à la Darvid② 机会主义是遥远的。

现在转过来说李伯尔同志的反驳。是的,俄国社会民主工党所有那些不得不在特殊条件下工作的组成部分,都有权提出这些条件所提出的要求。然而我们这些起草纲领的人应该以科学社会主义原则的观点来评价这些要求,根据它们是否符合这些原则来

---

① 在双脚钉上马掌,原文为 подковать на обе ноги,俗语,意为做好准备以便顺利地进行工作。——译者

② à la David:大卫式的(Eduard David,1863—1930,德国社会民主党右翼首领之一)。——译者

接受或者不接受它们(第 198—199 页)。

———————

按照马霍夫同志的意见,归还赎金不仅是不适当的措施,而且是蛊惑人心的措施。为了让他放心,我提醒他注意1848年马克思在《新莱茵报》(*Neue Rheinische Zeitung*)上提出的要求,归还西里西亚的数十个亿的要求。因此在回答所谓机会主义的指责时,我只要说,这个指责也是针对马克思的。同时在马霍夫同志的论据本身中并没有暗示这种措施是蛊惑性的。甚至可以让农民互相分享所获得的金钱。我看不出用几千个亿来改善农民的经济有什么坏处。当然这种改善只会扩大农民之间的分化,但是我们不怕这个。至于李伯尔,那应该说,他的第二个发言不像第一个。开始他向我们谈到对待农民的总的要求,随后就指责对农业无产阶级没有提出要求,即要求具体化。我们当然不认为我们的纲领没有漏洞,但李伯尔同志没有指出这些漏洞。

转过来谈谈著名的黑土重分问题。人们对我们说:你们提出归还割地的要求时应当记住,农民走得比这些要求远些。这丝毫吓不住我们。实际上:我们懂得黑土重分的意义。恩格尔哈特对这个问题的意见是有趣的:"在农村,——他说,——最起劲地宣传黑土重分的正是很有钱的富农,他们指望从地主那里没收的土地将'凭金钱'分享,即转到财主手里"。确实,这种拥护重分的运动乃是有利于资产阶级的运动。我们当然没有义务积极地为资产阶级提出纲领,但如果在反对农奴制关系残余的斗争中农民走上了这条路,那么我们就不要去阻止这个进步的运动。我们的作用只在于:跟我们那些认为它是社会化起点的论敌社会主义者——革命者不同,我们把一切力量用来不让无产阶级对这个运动的结果留下任何幻想,用来揭露它的资产阶级性质。我们承认这种运动的可能性,我们要告诉自己:我们革命社会民主党人不会阻止这个进程,像当年阿基米德对罗马军人叫喊的那样对它喊道:"停住,你会损坏我们的公式!"(第204页)

关于边区

我们的纲领——俄国社会民主工党的纲领——主要着眼于俄罗斯的各种关系。这种情况的发生部分因为参加我们党的只有与农民没有关系的崩得以及还没有对这个问题作过任何考虑的高加索。自然,纲领中可以写进有关个别边区的问题。每个边区的同志们尽可以详细拟定自己的要求,只要它们不违反我们的一般原则,也不是过于琐碎,我们都会满意地把它们纳入纲领(第220页)。

关于自由主义者

发言中提到的说法几乎逐字逐句引自《共产党宣言》。并且我们认为我们的纲领中重复这种说法是有益的。我们之所以认为这是有益的,因为我们希望强调自己的观点同民粹派和空想社会主义者的观点的区别。民粹派和空想社会主义者发表了反对资产阶级的政治斗争的言论,他们确信政治自由的胜利会巩固资产阶级的经济统治。我们准备支持这一运动,因为它会帮助我们自己同现存政治制度的斗争。然而我们是按照同一本《共产党宣言》所说的原则来支持这一运动的,我们一刻也不停止在工人头脑中提高他们的利益同资产阶级利益敌对的对立性的意识。这就是为什么我们对它的支持本身不包含任何有害于我们的东西的缘故(第226—227页)。

———————

我不懂我们究竟在争论什么。马尔丁诺夫同志说,我们应该支持的只是民主主义运动。喏,怎么处理种种自由主义运动?出来反对它们?我们不能这样,不要学马克思在《共产党宣言》中如此辛辣地嘲笑的那些德国"真正的社会主义者"。马尔丁诺夫同志说,我们不应该支持自由主义者,并对此作了解释。我们应该批判他们,揭露他们的不彻底性。这是对的。但我们也应当这样对待所谓社会革命党人。我们应当揭露他们的狭隘性、他们的局限性;我们应当告诉无产阶级,真正革命的现在只有社会民主主义运动。然而在揭露除社会民主主义运动外一切其他运动的狭隘性和局限性时,我们必须向无产阶级说明,同专制制度相比,甚至不给普选权的立宪制度也是前进了一步,因此无产阶级不应当认为现存制度比这种立宪制度好。再说一遍,支持旨在反对现存制度的运动,不意味着对无产阶级说,这个运动是足够宽广的,我们的纲领决不说这个话(第228页)。

————————

我可以简短，因为最后的反对意见没有给我们很多新东西。马尔丁诺夫同志提到可能处在革命和事物现有秩序之间的那些反政府阶层的存在。他向我们指出，我们应当在无产阶级心目中揭露这些阶层。我要问，值不值得在代表大会上讲如此众所周知的事情？代表大会应该珍惜自己的时间。向无产阶级说明我们党必须存在的那种宣传的第一句话应该是对其他一切非社会民主主义的革命党和反对党的批判。拒绝这种批判对我们来说意味着签署死刑判决书。如果1793年的山岳派现在从棺材里站起来，那我们也一定会从我们的原则立场批判他们。但这并不是说，我们就不该在他们同现存制度作斗争时支持他们。马尔丁诺夫同志说，我们应当使自己同资产阶级政党对立起来，——这是无可争论的。整个问题在于我们将怎样做这件事。空想社会主义者，比如所谓"真正的"德国社会主义者，就把自己同资产阶级政党对立起来了。他们向无产阶级证明说，无产阶级不需要资产阶级的政治自由。这样说就意味着把自己跟自由资产阶级对立起来，但不是支持它，而是支持警察国家。而我们的民粹派和主观主义者就恰恰是用这种方式把自己跟自由资产阶级对立起来。我们把自己跟它对立起来的方式则不同。我们在支持自由资产阶级的同时要向无产阶级证明，自由资产阶级给予无产阶级的那种政治自由，对无产阶级虽然不无益处，但不是充分的，因此，无产阶级自己应当武装起来争取它所需要的权利。举例来说明我的意思。设想一个街区的、具体化的警察国家,同时设想一个跟城市警察分局局长进行斗争并希望从他那里为自己而不是为工人阶级夺回权利的资产者,最后设想一个注视着资产者同城市警察分局局长的斗争并问自己"我该怎么办?"的无产者。空想社会主义者回答说:"不要干预这场斗争,这是你的敌人们的家庭纠纷,——他们中间无论谁获胜,你都不会得到什么好处,或者甚至会失掉许多东西"。我们站在现代科学社会主义立场上对无产阶级说:这场斗争的结局对你并非无关痛痒的,城市警察分局长从资产者那里遭到的每一个打击都是进步道路上向前迈进的一步。因此它会给你带来好处。不过资产者在同城市警察分局局长作斗争时考虑的不是你,而是他自己,况且它也对付不了警察分局长,因此你应当自己参加斗争,武装——用法国人的说法——到牙齿,以便不仅推翻城市警察分局长,而且在资产者想夺走你的胜利果实时有能力给他以还击。这就是一切。如果(用李伯尔同志的话说)在我们党的传单中对资产阶级利益和无产阶级利益的对立性强调得不够,那么在谈到我们党的刊物时,我们对此进行了讨论。这一指责同纲领没有丝毫关系。可以怀疑对我们和其他政党之间存在区别企图避而不谈的在任何场合下毕竟不是起草纲领草案的《火星报》和《曙光》杂志编辑部。人们如此经常地在报刊上,在通信中,在会议上责备我们的是什么?就是我们太爱好辩论。那么究竟为什么我们这样爱好辩论呢?因为我们给自己许下了诺言,按照拉萨尔的说法,要用智慧之棒敲击任何一个站在无产阶级和鲜明的无产阶级自我意识之间的人。因此没有理由担心我们对妥协的所谓爱好。我们的纲领草案从头到尾都是符合马克思和恩格斯精神的真正革命的东西,这就是为什么你们可以完全心安理得地通过它的缘故(第230—231页)。

我们的决议指的不是《解放》杂志①,而是特定的自由主义流派,它的机关刊物就是《解放》杂志,——没有别的流派。工人对待这个派别的态度应该是鲜明的和确定的。在顽固保守分子的决议中恰恰没有一般原则,而是主要把注意力转向可能的协议,似乎这样的协议成了当前还没有的要务(第358页)。

关于党纲的意义

同志们,觉悟的无产阶级的政党,俄国社会民主党从现在起有了自己的纲领。针对纲领的某些部分提出了相当多的反对意见。代表大会没有同意其反对意见的那些同志仍然服从多数。我党党员必须尊重党纲。这当然不是说,一经通过的纲领是不能受到批评的。我们过去、现在和将来都承认批评自由。然而凡是希望仍然成为党员的人,都应该即使在自己的批评中也仍然站在纲领的基础上。不管怎么样,如此长久使我们全神贯注的问题总算解决了,我们可以理直气壮地说,我们所通过的纲领给了我国无产阶级

---

① 《解放》杂志,俄国资产阶级自由派刊物。1902—1905年在斯图加特-巴黎出版,主编为彼·别·司徒卢威。——译者

一件牢固可靠的对敌斗争的武器(第234—235页)。

关 于 章 程

我对所讨论的一条章程没有先入之见。还在今天早晨,听了对立双方的意见以后,我觉得"公说公有理,婆说婆有理"。但是关于这个问题谈得越多,我对发言人的讲话听得越是仔细,我心中就越是牢固地形成一种信念:真理在列宁一边。全部问题都归结为,怎样的分子可以加入我们党。按照列宁的草案,只有加入这一或另一组织的人才能视为党员。反对这个草案的人确信,这样会造成某种多余的困难。然而这些困难在什么地方呢?据说有些人不愿意或者不能够加入我们组织中的一个组织。然而为什么不能够呢?作为亲身参加了俄国革命组织的人,我要说,我不认为对于这种参加构成难以克服的障碍的客观条件是可能存在的。至于那些不愿意的先生们,我们也就不需要他们。这里有人说,某一类同情我们观点的教授可能觉得参加这个或另一个地方组织有损自己的尊严。关于这个问题我想起恩格斯的一句话,他说,当你同教授打交道时,应该事先做好最坏的思想准备。(笑声)实际上,例子是极不妥当的。如果哪个古埃及学教授根据他熟记所有法老的名字和知道埃及人向公牛阿匹斯①提出的一切要求就认为加入我们的组织有损他的人格,那么我们不需要这种教授。说到党对站在组织

---

① 阿匹斯(Apis),古埃及宗教的公牛神。古埃及语作"哈匹"。阿匹斯原是尼罗河哈匹的化身,起初大概是专司繁衍牲畜的丰产神。其形象为一公牛,两角之间夹太阳张翼之徽。充当神牛的公牛必须黑色,前额有白色斑点。——译者

之外的人的监督,这等于玩弄词句。事实上这样的监督不可能实现。阿克雪里罗得引证自己在70年代的流放生活是不对的。那时存在着组织得好和纪律严明的中心,在它周围存在着由它创立的各级组织,而在这些组织之外则是混乱、无政府状态。这种混乱状态的组成分子都自称是党员,然而事业并没有因此得到好处,而是遭受了损失。我们不需要效法70年代的无政府状态,而要避免它。马尔托夫草案的拥护者们说,自称党员的权利具有重大的意义。但我不能同意这个说法。如果在什么地方想起70年代的例子是有益的,那恰恰是这样的场合。当热里雅波夫①在法庭上宣称他不是执行委员会成员,而只是它的受到第四等信任的代理人时,这并没有减少而是增加了著名委员会的魅力。现在也将是这样。如果某个人说,他同情我们党,却不属于党,因为遗憾的是他不能满足党的一切要求,那只会提高党的威信。

我也不理解为什么人们认为列宁的草案一旦通过就会对许多工人关上我们党的大门。希望入党的工人不怕加入组织。纪律对他们不可怕。害怕加入组织的是许多渗透着资产阶级个人主义的知识分子。然而这正是好事。这些资产阶级个人主义者通常也都是各种机会主义的代表人物。我们应该使他们离自己远些。列宁的草案能够成为防止他们闯进党内的屏障,光凭这一点所有反对机会主义的人都应该投票赞成这个草案(第245—246页)。

---

① 热里雅波夫(Андрей Иванович Желябов,1851—1881),俄国革命民粹派分子,出身农奴家庭。民意党及其军事、工人和大学生组织的创建人和领导人之一。《工人报》编辑部执行委员会委员。谋刺亚历山大二世的组织者之一。审判"三一分子"案件时他在法庭上发表了纲领性演说。后被处以绞刑。列宁把他与罗伯斯庇尔和加里波第并提。——译者

南方的"总"罢工

(载 1903 年 8 月 15 日《火星报》第 46 期)

德国社会民主党在最近各次国会选举期间赢得光辉胜利以后,欧洲无产阶级生活中最大的和最引人注目的现象是在俄国南方各城市发生的一系列"总"罢工。我们这样讲,自然不是想说,后面这种现象哪怕是在大致跟德国选举热潮中出现的情况相同的规模上鼓动了欧洲社会舆论。完全不是!我们知道,对于欧洲社会舆论说来,迄今为止俄国始终是不大招人喜欢的"陌生人",因而俄国境内发生的事情很少得到西欧方面正确的评价。但是这种无可争辩的情况丝毫不妨碍俄国发生的重大事件具有自己的客观逻辑和自己的历史意义。常常有这样的事情:在国外勉强受到重视而且获得不良评价的俄国现实事件,酝酿着对整个欧洲社会发展进程产生巨大影响的力量对比的重大变化。不久以前在我国南方发生的罢工,无疑也属于这样的事件。它们具有重大的政治意义。它们对俄国沙皇制度是一次新的和极为有力的打击。既然俄国沙皇制度——按照恩格斯的说法——是欧洲反动派的最后堡垒,那么明显的是,我们以下的说法丝毫不会犯反对真理的错误:不管西欧给予上述罢工的注意是多么的少,这些罢工按其意义来说不仅对我们而且对整个欧洲西部都是重要的。参加这些罢工的自觉的、半自觉的和不自觉的工人们捍卫着自己阶级的迫切利益，同时为具有全欧重要性的事业而斗争。俄国无产阶级现在成了文明的欧洲的进步势力之一。这是他们理所当然地可以引为自豪的光荣，这种光荣在我国既不会落到"豪迈贵族"身上，也不会落到"全俄商人们"身上。

我国居民中一切稍微有点觉悟的分子都清楚地懂得南方罢工的巨大政治意义。自由资产阶级机关刊物《解放》杂志认为罢工是"革命寒热病的发作，这种寒热病成了俄国的一种慢性病，而且关于预防和制止犯罪及其一切附生现象的规章彻底地对它不再起作用了"。同一家机关刊物还作了一次有趣的比较。它说，"尼古拉二世政府不愿意改革：这就是说——它酝酿着革命和等待革命到来。从1895年1月17日起很多时间过去了，如果我们把顽固的缙绅贵族的'无谓幻想'按其内容、口吻和情状跟巴库和敖德萨的罢工者的'无谓幻想'比较一下，这种变化就会最明显地出现在我们面前。尼古拉二世在1895年轻率地使自己的大船离开改革之岸以后，就听任以增长着的速度和看来坚定不移地推动他朝向……革命的潮流的摆布"。的确，沙皇这个小少爷的政府非常努力地为革命作准备，而且的确，顽固的贵族的"无谓幻想"无论按其内容还是按口吻或按情状都不像巴库、敖德萨或叶卡捷琳诺斯拉夫的工人们的"无谓幻想"。但这巨大的差别从何而来呢？它是否可以用拒绝停靠"改革之岸"的政府轻率的固执来解释，或者它有更深层的原因呢？要知道我国无产者的"幻想"的"情状"在任何场合下都不是轻率的尼古拉二世造成的，也不是他的反动政府造成的。这种"情状"是由俄国社会关系的整个结构，首先是我国无产阶级的社会地位决定的。这种地位跟"缙绅贵族"的地位很少相似,因此毫不奇怪的是,无产者不会按照贵族的方式去"幻想"。无产阶级是这样一个社会阶级,它——用现代社会主义者如此熟知的说法——如果不使压在它身上的全部巨大的社会上层建筑垮掉,就不能伸直腰杆,不能动弹。正在这时,俄国无产阶级开始动弹了;他们力图伸直自己弯曲的背,而由于这个年轻壮士的这些最初的、在很大程度上还是极不自觉的运动,支撑在它那广阔的背上的那座剥削、无权、暴力和百般欺诈的丑陋建筑物就立即开始分崩离析了。"缙绅贵族"的运动根本不会有,而且从来也没有过如此危险的鲜明棱角;任何时候任何东西都没有因为这些运动而崩溃过。然而正因为如此,沙皇制度才能依旧对自己的命运非常放心,直到俄国无产阶级政治上开始觉醒这个对沙皇制度有致命危险的时刻。

任何特定的政治势力只会对另一种政治势力让步,而我国的"缙绅贵族"从来都不曾是这样的势力。早在1889年,俄国社会民主党人的一位代表在巴黎国际社会主义者代表大会上曾表示坚定地相信,俄国革命运动将作为工人运动取得胜利,否则就根本不会胜利。当时他的这番话甚至使许多社会主义者都感到惊讶。现在任何人都会看到,工人阶级在我国是一支最有影响和唯一的完全可靠的革命力量。因此,这个阶级的运动甚至把那些还在不很久以前十分坚决地否认这种运动在我国的可能性本身的人们的友善的注意力也吸引到自己方面来了。因此,甚至像剥削者的理论代表那样一些敌视俄国工人的人,现在也急于把俄国工人"视为亲戚"……

诚然,我国自由主义的资产者们迄今为止都不大会容忍革命必不可免的思想,而且迄今为止宁愿幻想在尼古拉二世的率领下在"改革之岸"登陆该有多好。但是他们自己越来越多地充满着这样的想法:类似的登陆是他们一切"无谓幻想"中最无法兑现的幻想,因此他们中间最有远见的人现在开始用大量娓娓动听的词藻来谈论工人运动。他们懂得,革命运动是必然的,他们也懂得,革命运动在我们这里将作为工人阶级的运动取得胜利,否则根本不会胜利。

怎么知道呢?也许我们很快会看到年轻人和自以为有献身精神的资产者到"人民中去",以便把工人吸引到自己方面来。社会民主党不拒绝支持这种人,只要他们的宣传将促进无产阶级觉悟较低的阶层中政治意识的觉醒,——它的觉悟较高的阶层不需要他们的宣传,——不过它不会停止同时在无产阶级面前揭露资产阶级解放意图的狭隘和缺陷,如果什么地方表现出这种狭隘和这种局限的话。它不会停止提醒工人,既然革命运动在我们这里只有作为无产阶级的运动才能取得胜利,那么无产阶级运动就只有作为在全世界社会民主党的红旗下行进的运动才会获得最大的力量和成果。

但是暂时我国自由资产阶级不仅本身不会到"人民中去",而且甚至不会支持在没有他们参加下发生的那些人民运动。例子不远。在巴库、巴统、基辅、尼古拉耶夫、敖德萨、梯弗里斯发生的那些——用《解放》杂志的话说——拴住了俄国一切有思想和感觉的人的注意力的罢工丝毫不是"上流社会"的自由主义分子给予工人以重大帮助的一次行动。《解放》杂志自己承认(通过它在敖德萨的通讯记者的嘴），为罢工者募集的金额"暂时估计不多"。这位记者对这一现象的解释是：募款开始进行得太迟了，"这时罢工已经结束，剩下的只是帮助受害的家庭"。他补充说，"部分说来这也可以用缺乏通向各个社会阶层的途径来解释：要知道募集不是公开进行的"。然而这两种解释都是完全不能令人满意的。第一，帮助受害工人家庭的事情是一桩非常重大的事，为此需要自由派解囊。而第二，这位通讯记者在指出缺乏"通向各个社会阶层的途径"时，显然想说，募集经费的社会主义者不善深入到这些"阶层"中去。然而究竟为什么"各阶层"本身始终没有动作呢？难道它们不能找到通向罢工者的"途径"么？要知道罢工运动的发生完全是"公开"的。不，问题就在于决心吓唬政府和用迅速增长的工人运动使自己振作起来的我国自由派不善于和不愿意对这一运动给予如果他们政治上较为明智的话他们是能够给予的那种支持。不妨记住这一点，作为不久以前罢工的教训之一。

且放下贵族出身和非贵族出身的自由资产阶级，转过来谈工人。极为值得注意的是，在最近几次罢工期间，许多工厂的工人之所以常常起来反抗，不是为了本身希望从自己的企业主那里争得某些让步，而唯一是因为他们认为自己有义务支持其他工厂罢工的同志们。这一点甚至合法报刊也是承认的。杜霍维茨基先生在《第聂伯河沿岸地区》中写道，在叶卡捷琳诺斯拉夫，"在布良斯克工厂中工作的计件工资是原先的，是危机以前的，现在在所有其他工厂中已经是低的；而那里工人的物质状况则比无论什么地方都好，然而那里的工作却暂时停止了"。当发现这样的工厂，它的工人们根据不罢工他们也生活得不坏这样的理由而拒绝参加罢工时，罢工者就会对他们说："喏，你们什么都不需要，可你们却支持别人。"这表明运动在很大程度上具有在某些西方国家称为同情罢工的那些罢工的性质。而它们的这种性质证明，甚至在我国无产阶级不大开展的那部分人身上阶级自我意识也在觉醒。某些工人开始感到自己是伟大整体的一部分，他们自己最迫切的利益是同这个整体相联系的，而且在同这个整体的关系上某些道德义务就是以这些利益为基础的。同时由于甚至使资产阶级报纸的通讯记者们高兴地感到惊讶的那种对自身力量的骄傲的、生气勃勃的和愉快的意识，他们心中充满着这种感情。《解放》杂志这位敖德萨的通讯记者写道："有过一个时候，那时整个城市都处在工人群众的控制之下，他们融合成一体，畅行无阻地庄严地排成纵队行进在城市的各条街道上，队伍的洪流吸引了所有在此以前还没有来得及走出自己的作坊和工厂的同仁们。友好的祝贺、朝气蓬勃和满怀欣喜的呼喊、自由的歌声、乐观愉快的欢笑和戏谑在从早到晚相继通过整个城市的无数人群中间飞驰。情绪是最高昂的，愿意相信地上会建立起新的最好的生活。一幅富有感染力同时像田园诗一般动人的图画！"

类似的田园诗在我们的警察国家中自然是不会长命的。它们一旦同秩序的保卫者接触就会烟消云散。不过有趣的是，在这些接触中工人群众表现了很多的机智、沉着和勇敢。同一位记者继续道："工人们一遇到军官和士兵，就小心谨慎地和消极地跟着走到一边，开始同他们谈论最明显的政治问题，而且——指出这一点是有趣的——并没有从他们那里得到任何猛烈的驳斥，而大部分或者是轻轻地表示异议，或者用心平气和而又困惑不解的语调详细询问运动的目的"。另一方面,一旦受到攻击,群众就会保卫自己,用石头、棍棒,有时也用枪炮进行还击。两方面都流了血,而这些流血冲突自然更加增强了工人的不满情绪,而同时它们也给俄国社会民主党清楚地指明今后我们的示威应该是怎样的。在今年夏天大规模的运动以后,一小群人比方说几百人示威性的溜达会立即被警察驱散,只有在我们祖国落后的角落才会是适当的;在运动获得了较大规模的地方,我们的示威应当成为像最近的罢工那样的群众性的运动。而正因为示威在那里应当成为群众运动,就不可能给它们——至少在某一段时期内——安排一个预先规定的期限:在这里一切都取决于不能事先计算的情况。事先可以说的只有一点:我国的社会民主主义运动将越来越成为广泛的群众运动。对于这种运动说来,情况是再有利不过了,而我们的同志们毫无疑问会善于利用它们的。

此外,现在,当工人群众已经表明他们不愿意毫无怨言地忍受警察的殴打时,我们在我们的示威中是不难给予"秩序"的匪徒们以武装还击的。《火星报》早在一年半以前就指出还击的必要性。组织这种还击真正成了日程上的实际问题。

末了,夏季罢工的最后的以及也许最重要的教训是这样一个结论(可惜这个结论建立在最无可争辩的事实的基础上):简直不是逐日而是逐时地正在成熟起来的我国工人群众毕竟还没有完全作好自觉政治行动的准备。

如果他们全部成熟到可以采取这种行动,那就不可能有对"政客"即对政治鼓动员的迫害,这种迫害在某些地方"独立人士"搞得不无成就。既然革命只能由群众完成,那就可以得出结论说,我们正在经历的"革命前夜"具有比某些受到过分愉快的情绪感染的或者过分轻率的乐观主义者所设想的东西延伸得更远的机会。为了帮助这种不可救药的人，除了我们如此经常地加以推荐的和同样经常地引起某些机智的人们机智的嘲笑的那种手段之外没有别的办法：鼓动和组织；组织和鼓动，以及再一次的鼓动和再一次的组织！迄今为止我们的力量组织得多么不能令人满意，这一点从下述事实中可以看出来（我们应当有勇气大声地和公开地承认这个事实）：我们的各个委员会远不是在所想望和必需的程度上领导"总罢工"。至于说到鼓动，任何人都会看出，进行鼓动的理由现在随时随地都遇得到，而且稍有理智的鼓动员的每一次努力都会立即带来最丰硕的成果。

先前，我国革命运动是不大的平民知识分子阶层的运动，他们的全部力量被不大的游击队伍消耗殆尽，每一单个的战士的死亡通常都在他的为数不多的同志们心中燃起了复仇的渴望。现在，无产阶级各个广大阶层都参加了运动，死亡的已经不是个别的人；现在血流成河，现在复仇的渴望在成千上万的工人心中燃烧。然而随着我国运动的增长，复仇者给自己提出的目的也在提高。当局个别代表人物的灭亡对他们已经没有意义。只有如此可耻地压迫着我们国家的整个政治系统的垮台才能满足他们复仇的渴望。而通向这一目标的只有一条路：对工人群众进行政治教育。俄国社会民主党正在为这种教育而努力。这是它特有的一种恐怖主义，而且这种恐怖主义，较之"第一种方式"的恐怖主义对政府可怕得和危险得无法比拟。

不久前的罢工、社会主义和争取政治自由的斗争

（载 1903 年 9 月 1 日《火星报》第 47 期）

众所周知，今年夏天的罢工不仅发生在南方，而且部分说来也发生在中部工业区。这些罢工再一次最鲜明最令人信服地表明，《火星报》和《曙光》杂志所捍卫的革命社会民主党的策略是何等的正确。这一策略的实质在于：作为无产阶级先进部队的社会民主党利用工人同企业主的任何冲突以便尽可能更充分更全面地提高工人的阶级觉悟。与此同时，我国的"经济主义者"却鼓吹所谓阶段理论，并且硬说，只有当政治要求在工人头脑中无须"革命霉菌"帮助而自发产生的时候才能开始同工人谈论政治，——捍卫相反的行动方式的社会民主党人则证明，工人同企业主的经济冲突在我国总是引起，而且不能不引起警察局的匪徒们出来保卫资本的神圣权利，同时我们党绝对必须（决不拖延地）支持工人们同这些匪徒进行必不可免的斗争，并利用这一斗争作为政治上教育无产阶级的不可替代的手段。一句话，具有这种思想方式的社会民主党人主动扮演"经济主义者"如此不明智地加以拒绝的那种"革命霉菌"角色。而这种角色原来是最有前途不过了。作为工人阶级的先进部队，社会民主党现在已经成为俄国社会发展有影响的因

素。而且它越是热心地扮演自己的"霉菌"角色,它的社会影响就越是增长。不过为了能够扮演这种角色,我们应当始终不渝地坚持我们一度接受并久经考验的策略,以同样的努力既避免空想的"经济主义"的卡律布狄斯,又避免资产阶级民主主义的斯库拉①。

再说一遍,今年夏天的罢工再一次鲜明地证明我国革命社会民主党掌握的策略是正确的。就拿科斯特罗马的事件来说吧。在这里,运动的导火线是计件工资的降低,于是最初,没有任何政治意图的群众开始骚动起来了。"应当指出,——我们的一位通讯记者说,——这全都是一些不为任何宣传所动的人,可以说是最原始的劳动者。他们受自发的经济力量的推动;他们想摆脱同新的规定的劳动报酬一起必然日益迫近的饥饿,而且他们充满天真的信念,以为有人应当和能够替他们辩解,他们不停地寻找那些应该知道他们的人"。只有在两次徒劳的晋见省长和警察对这种"原始人"的无数挑剔之后事情才明显,——正如同一位通讯记者所说,——"省长不会帮助他们","应当靠自己的力量来制服固执的工厂主"。在刚刚形成的这种信念的影响下,工人们产生"走上街头,向整个城市宣告自己的处境和同工厂主开始的斗争"。由于我国的条件,这一行动必然会变成政治行动,而罢工者在市区的游行会变成政治示威。罢工者本人都或多或少清楚地懂得这一点:他们情愿同红旗走在一起,制红旗用的材料(一块红布)是他们中间

---

① 古希腊神话,斯库拉(Scylla)是福耳库斯和赫卡拉的女儿。这个怪物住在意大利和西西里岛之间海峡中的一个洞穴中。她的对面住着另一个怪物卡律布狄斯(Charybdis)。航海者在两个怪物之间通过是危险的。但英雄俄底修斯却终于从他们中间通过了。——译者

的一个人——按照我们这位通讯记者的话说——用最后一点值20戈比的东西买来的。光凭这一点,"原始的劳动者"事实上就肩并肩地同自己有觉悟的兄弟们站在一起了,而最近的事件只会巩固和扩大他同他们的精神联系。因此毫不奇怪,"不久以前对政治完全漠不关心的工人们争相阅读委员会出版的传单"(另一位通讯记者)。"革命霉菌"没有放过机会来影响罢工者的世界观,而以纯粹经济原因开始的运动便导致了科斯特罗马工人政治观点的扩大。这样就一定会实现在革命社会民主党不断影响下无产阶级的政治教育。

我们的科斯特罗马委员会在自己的6月1日呼吁书中说道:"政府是我们的敌人,同志们,应当像我们同我们的工厂老板作斗争那样同他们进行斗争。如果我们不进行反对专制政府的斗争,如果我们不夺取政治自由,我们就决不会获得较好的生活,决不会从钱袋的压迫下解放出来。我们需要自由以便组织罢工和要求自己的主人提高工资并改善劳动条件……我们需要自由以便组织大规模的工人会议和在会议上讨论自己的事务,讨论我们怎样获得较好的生活……我们需要自由以便组织经常性的工人联盟和工人协会,成立总金库来支持罢工工人,以便共同建立图书馆和购买书籍,这些书籍会向我们说明我们的处境和我们正在争取的东西,以便发给贫困的同志各种补助金……同志们,我们需要自由是为了提高和改善自己的生活,在政府和资本家面前捍卫自己的利益,力求建立这样的制度,在这种制度下将不会有过寄生生活的资本家,人人都各尽所能,各取所值,以便有可能像人而不是像饥饿的狗一样生活。我们将齐心协力争取自由"等等。

这一切都是对的,这一切原本也都是应该对工人们说的,但我们要指出,这里涉及未来社会制度的那些话中有某种不明确的地方,由于这种不明确,这些话中所包含的思想大概不会对读者的理智产生应有的印象。同一个思想本来可以,也应当用另一种方式和更确切地表达出来,从而指出无产阶级运动的"最终目的":把生产资料转为社会所有制。这个目的应该为无产阶级清楚地意识到,而且我们必须在劳资冲突的一切场合都指出这个目的,在所有这些场合工人们都情不自禁地开始考虑自己在现今社会中所处依附状态的原因。无论向工人说明政治自由的伟大意义对我们何等重要,我们都不应忘记,"工人阶级的经济解放是伟大的目的,任何政治运动都作为手段从属于它",同时,如果在我们的书籍、小册子或呼吁书中目的在手段面前退居次要地位,我们就很难使工人们明白这个对他们极其重要的真理。诚然,在科斯特罗马委员会的传单中,人所共知的一些政治权利对工人的意义,也是从某些局部的、次要的经济目的的观点来说明的。但我们考虑的不是局部的和次要的目的,而恰恰是"伟大的目的",即不是工人阶级依据自己的政治权利迫使资产阶级社会进行的那些改革,而是他们为了夺取政权而进行的、用社会主义生产关系取代资产阶级生产关系的那种革命。只有这种革命才会使工人阶级获得彻底的解放。然而遗憾的是,科斯特罗马委员会的呼吁书只是用不明显和不确切的说法对这一革命作了暗示。这份呼吁书的缺点也就在这里。我们必须避免这种不明显和不确切,因为如果它们在我们的文字宣传和口头宣传中成了习以为常的现象,那么区别革命社会民主党与那些想用关于社会改革的甜言蜜语来回避社会革命的资产阶级政党的分界线就会变得几乎看不出来。

在我国反对沙皇专制制度的社会运动越是有力地增长,这些资产阶级政党就会更多地发展起来,他们想模糊无产阶级阶级觉悟的自然而然的和不可避免的意向就会更加坚决和对我们更加危险。这种意向的第一个(同样不可避免和自然而然的)表现是企图证明现在谈论社会主义是不适时的,因为现在应当把全部注意力集中在争取政治自由和争取工人局部的经济要求的斗争上面。

《解放》杂志通过它在敖德萨的那位通讯记者,已经部分地实现了这种企图。

这位记者在结束自己(刊登在该刊第 4 期(28)附录上)对敖德萨最近一次罢工的描述时写道:"呼吁社会支持罢工者以'社会主义万岁!'的口号结束。正是在这种呼吁书中这一口号未必是恰当的:可能有善良的公民和充分同情现今工人运动的人,然而他们不会完全赞成社会主义学说,也不会为这种学说牺牲金钱;应当找出一切人共有的、产生同情的基础,但未必可以认为无论对社会大多数人或者对大多数罢工者都不明白的社会主义思想是这样的基础"。

如果我们正确地理解了这位记者先生,那么"正是在这种呼吁书中"本来就不该谈论社会主义,主要因为社会主义思想是大多数罢工者不明白的。但是要知道,政治自由的思想大概也是那些按其智力发展还继续属于"原始劳动者"的罢工者不明白的。由此是否可以得出结论说"正是在这份呼吁书中"原本同样不该提到政治自由思想呢?既然如此,"正是在这份"不幸的呼吁书中究竟原本可以提到什么呢?

按照记者先生的意思，社会主义思想也是"上流社会"大多数人不明白的。这自然是公正的。但该"上流社会"不明白这一思想远不等于这一思想是该"上流社会"所理解不了的。如果"上流社会"还没有理解它（虽然按其地位是能够理解它的），那么先进活动家的任务就在于帮助"上流社会"去掌握它。为此先进活动家不仅可以，而且一定要提到它，并在自己的呼吁书中说明它。自然，如果这一思想不符合"上流社会"的状况，如果它比方同"上流社会"的利益背道而驰，那就是另一回事了。在这种场合它对"上流社会"始终会是"不明白的"，既不会鼓舞"上流社会"的斗争渴望，也不会鼓舞它的自我牺牲精神。应当承认，《解放》杂志这位记者先生所指的恰恰是这种场合。大家知道，我国的"上流社会"是由所谓"上层阶级"的人们所组成，他们由于自己的那种地位注定对社会主义的理解"不明白"。正因为如此，这位记者先生才发现在向这个社会呼吁时谈论社会主义是不适当的。但是第一，通讯记者先生忘记了，社会主义者也像其他凡人一样有要求真诚坦白的权利，因此他们能够认为对自己的真正意图保持外交式的沉默是有损于自己和自己党的。第二，那些不同情社会主义的"善良心肠的公民"中任何稍有理性的人都不难懂得，支持由于同企业主和警察局匪徒们的斗争而导致贫困的罢工者的家庭，还不等于促进社会主义立即胜利。如果这些可敬的公民如此"善良"，以致仅仅关于社会主义也许能够在多少遥远的将来取得胜利的思想就会打消他们作牺牲的任何兴致，那么，一个尊重自己和自己事业的党就完全不应该向这样的先生们吁请援助。至于靠忘记社会主义来找出"一切人共有的、产生同情的基础"的善良建议，那么这种基础只能是资产阶级的解放意向的基础,我们在自己的鼓动中是不能站在这个基础上面的,除非实行我们对之没有丝毫爱好的自杀。鉴于这一切,《解放》杂志推荐的这种外交手腕无论如何也不会得到我们的同情。革命社会民主党过去是,而且现在仍然是沙皇专制制度最危险的敌人;唯有它能够培育,而且正在培育一支保证政治自由在我国取得胜利的社会力量。然而这个社会民主党在引导无产阶级进行同沙皇制度的斗争时,时刻不要停止在工人头脑中提高他们的利益跟剥削者的利益敌对对立性的鲜明意识。它坚定地确信,只有意识到这种对立性即转到社会主义立场的那个无产阶级,才有能力坚毅地和成功地同时捍卫自己本身的经济利益和政治自由的利益。而且它不怕大声地说出自己的这一坚定的信念,不管这一信念多么强烈违反某些"善良公民"的社会政治观点。自由事业现在同社会主义事业很紧密地联系着。而且这种联系自然不会被资产阶级外交家关于必须找出"一切人共有的、产生同情的基础"的多少机智的议论所破坏。

白 色 恐 怖

(载 1903 年 9 月 15 日《火星报》第 48 期)

　　《火星报》的读者大概已经知道塔甘罗格军事法庭对我们那些参加 3 月 2 日著名的罗斯托夫示威的同志的案件做出了怎样的判决。现在不断有传闻说,这一判决减刑了,对布拉依洛夫斯基、科洛斯科夫和库克辛的死刑为各种期限的苦役所代替。假定这是真的,不能不指出,即使减了刑,这一判决也是很严酷的。如果被判决有罪的人中间现在没有人担心上绞架,那么他们中许多人将长年的流放、监禁、服苦役,——在某些情况下这可能比死还更坏①。军事法官先生们已经表明自己是这样一种政治制度的完全合格的代表,这种制度一旦取得成功就会使整个俄国透不过气来,而且他们是……根据自由的雇用"忠诚地"为这一制度服务的。但是不管沙皇政府爪牙们的暴行在我们心中引起的愤怒有多么大,也不管我们对我国苦难同胞的同情有多么大,我们对塔甘罗格的判决丝毫不感到惊奇,我们确信,将来对这类案件的判决还会更严厉。沙皇政府不可能采取另外的行动。它知道,——比别的旧式革命者

---

① 当我们确信所述传闻是真的,即布拉依洛夫斯基死刑改为十年苦役,而科洛斯科夫和库克辛死刑改为五年苦役时,这篇文章已经写好了。——作者

更好地知道，——对它说来无产阶级的群众运动是多么致命的危险，而且它总是不择手段地尽一切可能来阻止这一运动，或者哪怕只是使它延缓一下。今天它在秘密警察代理人的帮助下建立起"独立的"工人党，它的高尚使命在于腐蚀工人或在他们头脑中制造混乱，而明天它就唆使公开警察的匪帮攻击敢于坚决捍卫自己迫切利益的和平的罢工者。今天它们向无产阶级许诺沙皇的仁慈；明天它使无产阶级的有觉悟的代表遭受屈辱性的惩罚。今天它制造对"犹太佬"的血腥屠杀；明天它把参加示威的人交付军事法庭。它同时力求蒙蔽、腐蚀和威吓俄国工人阶级。它认为这是自己得救的唯一途径。然而它也看到，沿着这条唯一途径走下去将一天一天地变得更加困难。无产阶级无论人数方面还是精神方面都在发展。他们对上司的尊敬和恐惧正在消失，而代之以对自由的热爱和斗争的渴望。他们的先进阶层果敢地嘲笑警察关于沙皇陛下希望工人吉祥如意的童话，他们用齐声高喊"打倒专制制度！"来回答这种童话。而且这种喊声甚至在不久以前还完全漠视政治的工人居民的落后阶层中也受到同情。反政府的示威获得越来越巨大的规模，每一次示威都使群众产生最强有力的印象，从而为新的、更加巨大的人民运动打下基础。由于这一切，政府之采取极端措施就完全可以理解了。一旦革命者被揭发或者只是被怀疑帮助了无产阶级的群众运动，落在他们身上的惩罚不得不变得越来越残酷。如果塔甘罗格军事法庭只是用绞刑架威胁我们的同志们，那么很明显，政府不局限于只是威胁的那个时刻就为期不远了。白色恐怖——这就是它回答无产阶级群众运动的手段。革命无产阶级对白色恐怖又将给予怎样的回应呢？

下面我们刊登一位工人在塔甘罗格军事法庭最初判决的印象下所写的一封信。这封信是极有教益的。它指出,我们提出的问题现在在政府的种种迫害使有觉悟的无产者产生的、完全可以理解的愤怒情绪的影响下很自然地会在这些无产者那里产生。我们在信中读道:"最近在俄国南方发生的事件在我的眼前消逝了。我清楚地听到遭毒打的受害者的呻吟和喊声,我听到子弹的呼啸和皮鞭的喧闹、沙皇制度强盗们粗野的高声大叫。我清楚地看到受重伤、遭毒打和被杀害的男女工人们……一整片一整片的血流。在这种情况下,在旋风般从我的头脑中飞逝的这一切景象之后,我读了上面提到的对我们的同志们的判决词。我浑身都感到恐怖。还有监狱、流放、苦役,还有死刑……在我的眼前站立着黑色的、使人惊恐不安的绞刑架,我们的同志们就吊挂在那上面,保卫人民幸福的斗士们就吊挂在那上面……极度的愤慨和复仇的渴望囊括一切有思想、有生气和有正直品格的人。这里提出一个问题。复仇!对,但怎样复仇,用什么手段复仇呢?"

这就是一年多以前卡楚尔通过枪击奥波伦斯基用自己的方式已经回答过的那同一个问题。他的回答使得他对示威"感到失望"。

"示威曾经是我和我的同志们心爱的东西,——他在自己的、刊登于《革命俄国报》第 10 期上的一封信中说道,——这里就有斗争!这里直接面对敌人。但很快我就对示威感到失望,而且比对罢工还要更多地感到失望。我曾以为我们出去示威是进行战斗,而结果却只是我们把背送到皮鞭下,把头送到拳头和枪托下……我开始为自己感到羞愧,我开始为同志们感到羞愧。我们希望改变整个国家的制度,却像最不可救药的人一样让自己挨揍。我这样认为,如果我们出去斗争,那就应当像正直的工人认为的那样进行斗争。而且我们最先就应当这样行动,使朋友和敌人都尊重我们。不仅让敌人尊重我们,而且让他们感到害怕"。带着这个目的,卡楚尔便参加了一个所谓的"战斗组织"。他在同一封信中写道:"这就是为什么我决定参加'战斗组织'的缘故。我确信,它会成功地迫使政府不用鞭子和拳头同我们斗争;我相信它会力争使工人运动和农民运动能够自由发展。为了这种事业,任何牺牲都不算大,即使需要我的生命,——我认为把自己的生命献给这种伟大而神圣的事业是自己的幸福!"

最后这句话充满着自我牺牲精神,然而它前面的话却表明,写下这些话的这位有自我牺牲精神的工人,离开现代有觉悟的无产阶级的观点是再遥远不过了。他没有把希望寄托在工人阶级的政治主动性上。他相信只有靠一小撮恐怖主义者,工人运动和农民运动才有获得自由发展的可能。关于工人阶级政治上的——以及一切其他方面的——解放应当是他们自己的事业的意识,对他完全是格格不入的。只有用缺乏这种意识才可以说明他对罢工和示威都"感到失望"并且开始从"战斗组织"那里盼望政治奇迹这样一种情况。应对这种天真的对政治奇迹的信念承担责任的自然是他加入的那个"党",这个党对工人的主动性"感到失望",而且它越不理解俄国现代革命运动的现实条件和实践任务,它就越是喜欢使用响亮的革命词藻。卡楚尔的悲观情绪具体地告诉我们,随着"社会主义者—革命者"先生们对工人阶级影响的扩大,我们必然会得到怎样真正可悲的结果。另一方面,生活同样具体地告诉一切有眼睛的人,这种悲观情绪是完全没有根据的。卡楚尔曾得出确定的信念说,示威的时代过去了;现在我们看到,当他产生这种信念时,示威的时代才刚刚开始。卡楚尔曾以为,同警察冲突,示威者只能"急忙逃之夭夭";现在很明显,在适当条件下示威者可以给警察以极其重大的反击。在卡楚尔看来,示威"比罢工还要更多地"使我们的运动走进死胡同;现在一目了然的是,示威"比罢工还要更多地"提高群众的政治意识,并引导群众走上反对现存制度的全民起义的舞台。在从卡楚尔写好这些信的时候开始以来的比较很短的时间内,群众运动在我国已经扩展到如此广阔、如此空前的规模,以致现在任何对运动未来的怀疑都是不可思议的,而且这些信的作者本人现在大概也不难看出,他把自己对俄国革命运动未来胜利的全部希望都跟"战斗组织"的活动联系在一起是何等严重的错误。以前他的悲观情绪还可以——勉勉强强——用他的阶级自我意识不开展来作辩解。现在这样的辩解已经不可能了,因为现在甚至阶级自我意识不开展的工人也本能地感觉到自己阶级的伟大的社会意义和不可战胜的力量。这就是为什么这些工人现在以这样的决心响应进行群众性抗议的革命号召的道理。使"顽固守旧分子"十分惊奇的是,群众性抗议目前成了我国社会生活首要的问题,因此很自然,在觉悟工人的头脑甚至不会对无产阶级靠自身的力量能够捍卫自身的事业产生丝毫的怀疑。现在觉悟工人在回答怎样才可以报复政府的问题时会毫不动摇地指出:加紧在群众中进行鼓动。因此,比如这位工人——即我们上面引证的这封关于塔甘罗格判决的信的作者——说道:"我们应当用公开的抗议来回答类似的亚细亚式的判决及其执行。我们应当在传单、报纸、小册子上、在街头大声宣布我们的愤怒,我们不能继续做旁观者。通过自己的抗议,我们将破坏我们的敌人立足的基础,我们将使俄国人民不信任和敌视我国专制残暴的政府。目前这是瓦解和粉碎一切敌视光明和正义的力量的唯一方式,我们应该仅仅用这种方式即通过这样的途径进行复仇,也只有这样才复得了仇!"

对,同志,您完全正确。愤怒应当促使我们加紧在群众中进行鼓动。我们要使群众更热烈地同情受害者和强烈地痛恨刽子手,这事实上就是破坏我国反动政府脚下基础的唯一手段。当群众充满这些情感的时候,——所有的人都会看出,这一时刻已经不远了,——那时,现在控制我们国家的、没有良心的和嗜血成性的匪帮,用拉萨尔的话说,只好从事占星术研究,以便根据星体来确定正是在哪一时刻注定他们灭亡。其他的复仇手段在我们这里是没有的,而且我们也不需要其他手段,因为这种手段——而且只有这一种手段——使我们完全有可能战胜我们的不可调和的敌人,并且从我们的双肩卸下"专制制度的沉重枷锁"。

如果白色恐怖是沙皇政府对群众性工人运动增长的自然回答,那么群众性工人运动的新的和加倍的发展则是革命社会民主党对沙皇政府的白色恐怖的必然回答。

我们是在真正的意义下使用这些词的,此外我们还要说,现在真正的——红色的——恐怖分子不是加入这个或那个"战斗组织"以后谋杀某个彭帕杜尔①的生命的那种人,而是促进当代唯一的真正的革命运动即无产阶级群众运动的人。其实,什么是恐怖呢?

---

① 彭帕杜尔(помпадур),意为昏聩无能、刚愎自用的大官僚。语出俄国作家谢德林特写集《彭帕杜尔列传》。——译者

这是一系列的行动，其目的在于恫吓政治敌人，在他的队伍中扩散恐怖气氛。然而从所有为沙皇政府厌恶的现代俄国社会生活现象中任何一种现象都不会恰恰像革命意识在人民群众中的增长那样具有对沙皇政府如此危险的意义和使它产生如此的恐怖。要知道这个政府之所以力求用最高的惩罚措施来吓唬我们，因为我们的鼓动活动使它产生极度的恐惧。要知道它之所以威胁我们，因为它害怕群众性革命运动的可怕力量。因此在群众中进行革命鼓动现在应该承认是最令政府惊骇的和对政府唯一的真正有危险的特种恐怖活动。

从前，执政者只是用或多或少感化的"温和措施和训诫措施"（从哥萨克的皮鞭到行政上的流放，包括逮捕）责怪示威者，这时旧式的恐怖主义斗争就成了最有危险的一种革命斗争，而着手进行这种斗争的人则享有最坚决和最有自我牺牲精神的活动家的名望。人们似乎认为他们多半是英雄。现在，当示威转变为对当局的公开反抗，而这种反抗有导致士兵开枪或军事法庭判决"绞刑"的危险时，我们的老的恐怖主义就不再是特殊勇敢的斗争手段，而只有按其不适应现代合目的的革命策略的要求来说才能认为它是特殊的。现在，英雄主义来自广场：真正的当代英雄现在是领导起来反对自己的压迫者的人民群众的那些革命者。

然而不言自明，这个简单的和明如白昼的思想并没有装进我国革命的古老信徒派教徒的头脑，他们至今都依靠早已——可幸的是——一去不复返的过去时代的种种印象生活。比方《革命俄国报》在其第 30 期上发表关于坚决的行动方式的好处这一全新思想时说道："可是究竟谁还不懂得许多在马路上遭到猛烈扫射的手无寸铁的人会宁愿手执武器地——在巷战中或在街垒上，在队伍向队伍的公开进攻中或在英勇的单独搏斗中——死去呢？"

妨碍不幸的卡楚尔想到确定的阶级观点的这家党的机关报显然是用单独搏斗暗示我们称之为旧式恐怖主义的那种斗争手段。他在这种单独搏斗前面冠以形容词英勇的。《革命俄国报》"还不懂得"现在开始的工人阶级同沙皇政府的单独搏斗为各种英雄行为开辟了较之个别人或个别集团最勇敢最"坚决"的事业更为广阔无比的领域。

历史上没有比把真正的提坦神祇们①推上历史舞台并且作为"上帝的风暴"传遍法国、无情地摧毁"旧制度"一切残余的那个法国大革命的恐怖主义更为可怕的恐怖主义。但是这种恐怖主义是什么呢？这是什么时候开始的呢？它从什么地方取得自己的巨大力量呢？它的拥护者们的策略是什么呢？按照马卢埃公正的说法，它开始于1789年7月14日巴士底狱的攻占。它的力量就是人民革命运动的力量。它的拥护者们的策略的主要特点是无论如何都要支持和加强群众的革命主动性。这种恐怖主义的产生不是由于对群众运动的力量"感到失望"，恰恰相反，而是由于对这种力量的不可动摇的信念。它的代表就是领导法国人民同欧洲反动派的联合力量进行英勇的单独搏斗的那些人。这种恐怖主义的历史对俄国革命者是极有教益的。然而它之所以有教益，正是因为它

---

① 提坦神（Titanes），希腊神话中老一代神祇。天神乌剌诺斯和地神该亚生有六儿六女。六个儿子和他们的儿子称为提坦神。六个女儿和她们的女儿称为提坦女神。他们是各种自然力的体现。在近代，人们把英勇的革命家、为新生活而奋斗的无畏战士、向不合理的罪恶世界提出挑战的天才的独立思想家称为提坦。——译者

不断地向我们强调必须使我们俄国人民群众做好夺取我们全俄国的巴士底狱的准备。

再说一遍,对政府白色恐怖的回答应当是加强群众中的革命鼓动。在这条道路上我们势必要遭受最残酷的迫害。在这条道路上要流许多血,身着警服的摩洛①会从我们队伍中夺去许多同志。但我们不会离开这条道路,因为唯有它才会引向胜利。只要坚持走这条路,我们就会确信,我国革命队伍的力量将不断地扩大,在斗争的人民倒下去的地方将出现新的、越来越众多的自由战士,我们会报复沙皇政府,战胜它,并且彻底摧毁它的丑陋的建筑物。

---

① 摩洛(Moloch),一译莫洛赫。古代迈东各地所信奉的神灵,信徒以儿童为牺牲向他献祭。转义为惨无人道的屠杀暴力。——译者

红色国度中的红色代表大会

(载 1903 年 10 月 1 日《火星报》第 49 期)

德累斯顿"地方委员会"代表卡登同志在向从德国各地会集德累斯顿的许多代表致祝词时说道,萨克森人已经表明自己对于德国社会民主党在他们国家的首府召开自己今年的党代表大会而给予他们国家的那种荣誉是当之无愧的。这个话自然是说得再公正不过了。在德国国会最近几次选举中,萨克森有觉悟的无产阶级获得了他们中间甚至最极端的乐观主义者也未必梦想到的如此重大、如此光辉的胜利。从来自萨克森的代表在国会中所占的23个席位中,现在有22个属于社会民主党人。

萨克森是真正的红色国度,正如卡登同志在自己的讲话中称呼它的那样。然而如果这个红色的国度对于在本国接待伟大德国无产阶级队伍的代表们的荣誉确实是完全当之无愧的,那么反过来,这些代表、代表大会的代表们,除了少数例外则表明自己对于在"红色国度"举行会议的荣誉也是完全当之无愧的。德累斯顿代表大会可以完全公正地称为红色代表大会。它的各项决议中最重要的一个涉及所谓德国的修正主义即伯恩施坦主义,这个决议是对这一派别的死刑判决。由于这一判决,全世界的社会民主党都应当深深感谢德累斯顿代表大会:它整顿了德国的社会民主主义气氛,而且光凭这一点它就会在很高的程度上对国际社会主义运动的进程发生良好的影响。红色代表大会的这个反对修正主义的决议对于来年的国际社会主义代表会议是一个好的预兆。代表英国社会民主联盟在德累斯顿发言的英国人琼斯不无道理地说，民族性的德国的代表大会对于全世界正在斗争的无产阶级来说具有重大的意义。

代表大会上发生的各种意见的斗争，有时采取了很尖锐的形式，而修正主义者们对弗兰茨·梅林的攻击——这一次他的过失只是无情地揭露他们的失算和错误——简直具有令人厌恶的性质。因此某些善良然而神经衰弱的人从代表大会得到很沉重的，甚至近似绝望的印象。然而应当对此负责的不是代表大会，而只是这些善良人们的衰弱的神经。修正主义者们攻击梅林的越轨行为无疑是极其恶劣的。但这些行为只是证明"批判家们"这些可敬的英雄没有出路的处境，而无论如何整个说来不能认为是德国社会民主党的过失，尤其不能认为是德累斯顿代表大会的过失。至于倍倍尔及其某些最亲近的同志反对修正主义的热情讲话，那么它们对任何健全的人只会产生最愉快、最令人鼓舞的印象。值得惊讶的不是德国社会民主党左翼敢于坚决而激烈地抨击修正主义者，而是直到现在它都认为需要客客气气地对待他们。早在几年以前，当德国修正主义理论家爱·伯恩施坦刚刚开始自己的所谓对马克思主义的批评时，*Sächsische Arbeiter Zeitung*[①] 上刊登了

[①] 《萨克森工人报》。这里指普列汉诺夫本人所写的《我们为什么要感谢他?》一文，该文于1898年10月30日、11月2日和3日连续发表在《萨克森工人报》第253—255期上。参见《普列汉诺夫哲学著作选集》，第2卷，三联书店1962年版，第405—418页。——译者

一系列的文章,文章证明,现在的问题是谁埋葬谁:伯恩施坦埋葬德国社会民主党,还是德国社会民主党埋葬伯恩施坦。当时,一位俄国社会民主党人所写的这些文章,在几乎所有而无例外的德国马克思主义看来,似乎是过分尖锐的和不公正的,而它们的基本思想则被大多数读者当作极爱辩论的嗜好弄出来的奇谈怪论对待。现在我们的德国同志们自己就看到,修正主义的胜利就会是社会民主党作为革命无产阶级政党的灭亡,而德累斯顿代表大会就策略问题通过的决议,正如我们上面说过的,乃是对伯恩施坦主义的死刑判决。奇谈怪论原来和真理很相像。如果目前还没有任何一个德国社会民主党人开始谈论埋葬伯恩施坦先生,即把他开除出党,那么这种现象的原因大概是:这个离开自己全部理论阵地、几乎被自己一切拥护者所抛弃、同时由于其固有的极端不讲策略的行为从而越来越严重地使自己名声扫地的可笑的悲哀骑士[①],在他们看来其可怜性比危险性要大得多。我们认为毫无疑问的是他们大错特错了。伯恩施坦先生直到现在为止完全不是像他们所以为的那样不会危害他们的党。他还会给这个党造成不少的损害。不过这是另一个问题。当伯恩施坦先生再次提醒自己那些心肠过分善良的同志注意自己任何一种新的、或多或少耸人听闻的、不策略的越轨行为的"批判"智慧时,我们再来同读者讨论这个问题。我们确信,不必等候多久。[②] 现在我们这里所讲的,实质上是"正

---

① 悲哀骑士,指堂吉诃德,比喻天真的不切实际的幻想家。——译者
② 当电报传来消息,说柏林第二选举区要求把伯恩施坦、布劳恩和格雷先生开除出党时,这篇文章已经写好。但愿一帆风顺!——作者

统思想"捍卫者们表现出来的强烈情绪,而且我们坚决认为,这种情绪不应该使所有确实珍视无产阶级利益的人感到难过,而应该使他们感到高兴。没有热情历史上成就不了任何伟大的事业,只有血管里流淌着热血的人才能成功地跟社会巨恶进行斗争。

国际上一些喜欢"用同志方式进行辩论"的人决不可能理解"正统派分子"跟修正主义者本质上完全不是同志,只要不想背叛自己固有的事业,就必须跟修正主义者进行殊死的斗争。在这两个派别之间隔着深深的和不可逾越的鸿沟。为了相信这一点,比较一下例如上面提到的德累斯顿代表大会的决议和同一个无与伦比的伯恩施坦先生在其臭名昭著的《社会主义的前提》(*Die Voraussetzungen des Sozialismus*)一书中所鼓吹的那种观点就足够了。

德累斯顿代表大会无情地和坚决地谴责"任何抹煞现存的和日益增长的阶级矛盾的意图"。伯恩施坦先生很热心地,不过是不成功地利用资本主义当代辩护士们如此丰富地收藏着的那些统计学上的诡辩和理论上不合逻辑的推论来抹煞这些矛盾。

德累斯顿代表大会最坚决地反对"适应事物现存秩序的政策",并把这种政策同"党的、最终取得如此巨大胜利的和以阶级斗争为基础的老策略"对立起来;伯恩施坦先生是"适应政策"最热心的宣传者和最顽固的保卫者。

德累斯坦代表大会宣称,社会民主党应当始终是社会革命党;伯恩施坦先生顽固地建议它变成社会改良党。

一句话,伯恩施坦先生的观点同革命社会主义学说是根本矛盾的；因此任何使这一学说跟他的观点调和起来的企图，按事情的本质预先注定要遭到彻底的失败。仍然忠实于革命社会主义的、我们德国的同志们越是确信自己的纲领同伯恩施坦先生的观点绝对不可调和，他们就会更加热情地驳斥这些观点，他们就会更加有力地同修正主义者作斗争。不这样也不可能。如果不是这样，那是很奇怪也很可悲的。在按照事物本来状况应该是不可调和的敌人的那些人之间，"同志式的辩论"是不可思议的。

　　喜欢"同志式辩论"的人们也乐于大谈特谈意见自由这个题目。"社会民主党不能限制批评的权利"，他们说。这自然是正确的思想，但是把这个思想用于这种场合则完全不正确。如果社会民主党在伯恩施坦先生的上述著作出版之后立即轻蔑地把他清除出自己的队伍，那么这个事实——其结果大概对社会民主党会很有利——丝毫不会妨碍这个党仍然是思想自由和言论自由最忠实的捍卫者。保障思想自由和言论自由的完全不是意见对立的人们在同一个政党队伍内和平共存，而是国家的法律使一切政党都有权想它们愿想的一切，和说它们所想的一切。德国社会民主党把伯恩施坦先生或任何其他发表资产阶级理论的修正主义者清除出自己的队伍，这绝对不会侵犯这位先生批评他愿意批评的任何观点这一无可争议的权利。它只是利用自己固有的、只把承认它自己的观点的人接纳入自己队伍的权利。当人们说社会民主党应当保障自己的成员有充分的意见自由时，他们忘记了，政党完全不是科学院。费希特在某个地方公正地说道："哲学思考不是行动，行动不是哲学思考"（Tun ist nicht philosophieren, philosophieren ist nicht tun）。当我作哲学思考时我不是在行动，而当我不在行动时，实干的人们没有任何权利要我报告我的哲学思考工作使我得出了什么结果。然而当我开始行动时，我就停止作哲学思考，那时我想与之合作共事的那些实干的人们不仅有充分权利，而且有义务问我，我究竟得出了怎样的结论以及我的结论是否同他们的实践任务相矛盾。党内的意见自由可以也应当加以限制，这正是因为政党是由思想一致的人们自由组成的联盟：一旦一致的思想消失，分道扬镳就不可避免。以意见自由的名义把那些不赞成党的观点的人同党硬拉在一起，无异于压制党的选择自由和妨碍它行动的成功。

不言而喻，思想一致只有在对党极为重要的那些问题中才是必不可少的。然而无论在全世界社会民主党的理论中还是在它的实践中，过去没有、现在没有、也不可能有这样的问题：它们具有对这个党来说比正统派分子同修正主义者对之进行如此热情争论的那些问题更为重要的意义。这个党的整个未来都取决于朝这一方面或另一方面对它们做出决定。

修正主义者们走到了何等闻所未闻的荒唐地步啊：他们想把无限的"意见自由"这个宝物赏给社会民主党，便供述下面一个滑稽可笑的例子。这个例子在我们看来完全不足信，如果它不是完全可靠的话。当德国社会民主党刊物上发生了从此以后著名的关于"副主席"的激烈争论时，佩乌斯同志(哼，哼！)突然说出了这样一个想法：德国国会中的社会民主党党团为了给自己的一个成员争到副主席的位置，不应该对它只有以此为根据才能争取到这个位置的那种必要条件感到难为情：去皇宫作例行拜访以表达对皇帝的效忠之情。为了证实这个出自社会民主党人之口的极为奇怪的想法，佩乌斯同志(？！)提出了这样一个理由：即使威廉二世(当然)总是粗暴地攻击社会民主党人,然而另一方面,意见自由要得到承认,关键在皇帝。这真正是无与伦比!在用欺骗性的和粗暴的指责辱骂您的那个人面前卑躬屈膝、低三下四吧。如果您拒绝这样做,那么,佩乌斯同志(不用说是很聪明的同志!)就会指责您侵犯了别人的意见自由。啊,热爱自由的人!已经无法走得比这更远了,因为——可惜的是或者可幸的是——荒诞的东西也有自己的极限。

某些人还对关于策略的老争论在6月选举结束以后如此迅速地在德国党内突然爆发痛苦地表示遗憾:似乎这场争论损坏了社会民主党赢得的光辉胜利的宏伟印象。然而第一,这一次也同平时一样,争论不是由正统派分子发动的,而是由修正主义者们发动的,他们,以不倦地做出不策略行为的伯恩施坦先生为代表,开始建议社会民主党采用——用一位讽刺家的话说——符合卑鄙性的行为。第二,对外部敌人的胜利绝对不应妨碍正统派分子力求战胜威胁它作为有觉悟的无产阶级的革命政党的存在本身的内部敌人。如果为了无与伦比的6月胜利应当付出同修正主义者和解的可耻代价,那么这种胜利对党说来花费太昂贵了。然而在6月胜利以后,同修正主义者的和平变得比任何时候都更少可能了。"正统派分子"在道义上本来就应该警告获得胜利的无产阶级不要采取会引导他们走进机会主义泥潭并使他们的全部巨大成就变为徒劳无益的活动、使他们的全部坚不可摧的毅力变为不结果实的东西的那种策略。给修正主义者以有力的反击,对"正统派分子"来说是政治上的责任和心理上的必要。这就是为什么一些比较微小的理由——某些修正主义者参加了诽谤社会民主党的资产阶级机关刊物和修正主义的桑丘·潘沙们①可笑地大谈其社会民主党向皇帝行表示效忠的屈膝礼能够为自己带来很大的好处而丝毫不会损害自己的道义尊严——引起了一场对修正主义者的愤怒风暴的原因,这样的风暴在我们那些拘谨稳重的德国同志的队伍中还没有爆发过一次。红色代表大会做出的对修正主义的死刑判决以恰当的方式圆满结束了德国无产阶级的6月胜利。没有这一判决,胜利是不完全的。

我们向红色代表大会热烈鼓掌;不过我们不想用过于美妙的希望来欺骗自己。对修正主义做出了死刑判决。这很好。但是这一判决其实暂时只有精神上的意义。修正主义者依然占据着党组织中强有力的阵地,而这是很不好的,因为他们一定会利用这些阵地来实现有利于自己策略的新企图。老实说,我们认为,德累斯顿代表大会本来能够做出比已经做过的更多的事情来削弱修正主义者的实际影响。

不过必须指出,关于修正主义者在德国党内所占据的阵地问题是一个很复杂的问题。它不可能用代表大会的一纸决定来解决。关键在于工人阶级不能没有德国所谓秀才(我们叫作知识分子)的帮助。不过德国的知识分子强烈地浸透着资产阶级精神。甚至那些跟统治阶级决裂并转到无产阶级方面的"秀才们",大部分也都身上带着不少过去留下来的资产阶级偏见。因此对革命社

---

① 桑丘·潘沙(Sancho Panza),塞万提斯著名小说《堂吉诃德》中主人公堂吉诃德的仆人。他世俗的欲望、常识和平庸的智慧,成为他主人疯狂的理想主义的陪衬。主人耽于幻想,仆人处处求实;主人急公好义,仆人胆小怕事。——译者

会主义的资产阶级"批评"通常会在他们身上产生极其强烈的印象。转入无产阶级队伍的秀才们,可以说天生就有"批评马克思"的倾向。既然他们所受的教育使他们有可能在党内占据鼓动家、政论家、编辑等有影响的位置,那就可以得出结论说,工人大军中的士官和军官的位置常常正是属于修正主义者的。这一点在德累斯顿代表大会上得到了很清楚的说明。不过这里也说明令一切革命者高兴的那个情况:与劳动大军的军官和士官同情修正主义同时,这支队伍的普通成员即有组织的名副其实的工人中间绝大多数都拥护革命的策略,并且尖锐地谴责修正主义,连同它对资产阶级的全部同情,连同它的全部似乎讲求实效的短视行为。只是因为如此修正主义至今为止才没有给德国党造成在其他条件下它可能给这个党造成的那种可怕的损害:"秀才们"的机会主义意图在工人群众的革命情绪上碰得粉碎。不过这种局面无论如何是不正常的和很危险的。在16世纪,在伟大的"农民战争"时代,不懂军事的农民们必然要利用从小贵族队伍中倒戈过来的人的效劳,而这种人却是很懂军事的。起义的农民队伍常常由造反的贵族统率。然而贵族的不满没有农民的不满那样深刻得多。因此贵族远不是像农民那样的彻底的革命者。他们中间每一个人都像浮士德那样胸膛里有两个灵魂。他们可以称为那个时代的修正主义者。他们同他们所领导的农民起来反抗的那个阶级有千丝万缕的精神上的联系,他们很容易同这个阶级和解,而且往往重新转到它那方面,而让自己的农民队伍听任命运摆布。恩格斯说,农民的许多次失败都可以用这种现象来解释。最近几年,当我们看见转到社会主义旗帜下的西欧秀才们多么愿意欢迎任何"重新审查"马克思学说的企图,即欢迎事实上削弱作为无产阶级革命意图在当代最好的思想表现的那种理论的意义和影响的任何企图的时候,常常不由自主地想起恩格斯的这个意见。我们懂得,这种可悲的现象的原因在于"秀才们"的资产阶级出身,而且我们常常问自己:西欧社会民主党究竟怎样对付必然把党组织内有影响的位置提供给按其出身和所受教育与其说他会支持无产阶级革命意向,不如说他害怕这一意向的人们这样一种困难?显然,摆脱这一困难是必要的,但同样明显的是,找到摆脱困难的出路并不容易。这种困难还不止一次地使德国社会民主党以及一般来说整个西方社会民主党想起自己。我们说——西方,因为俄国现在是另一种局势,俄国知识分子的情绪比西欧知识分子要革命得多。不过遗憾的是,它跟修正主义也不是没有亲属关系,这是所有并非"对文献漠不关心"的人都知道的。

德累斯顿代表大会对这一困难给予了很大的注意。这是它的许多功绩之一。在代表大会上发言反对修正主义者的正统派分子们坚定地重申,组织中有影响的位置只能提供给这样一些"秀才",他们作为普通的一般成员以热情的服务表明,他们善于坚持革命无产阶级的立场。我们认为这一措施是绝对必要的,不过我们担心,这一措施将是不够的。如果所有站在工人阶级方面的"秀才们"都处在资产阶级理论的影响下,那么党不由自主地必然会在选举时采取迁就态度,即给修正主义的各个新变种打开大门。为了减少为不利于无产阶级的社会关系所制约的这一危险,必须在无产阶级自己的领土上攻击敌人。批评最新资产阶级学说的无产阶级理论家队伍,应当出来反对"批评马克思"的资产阶级理论家。

而为了使无产阶级出现这样的理论家,国际社会民主党应当首先摆脱开表现在对理论采取轻视态度而近年间在它的队伍中简直像恶性传染病一样到处蔓延的那个虚假的求实精神。只有用这个虚假的求实精神的影响才可以解释这样一种初看起来不可理解的情况:修正主义者们如此长期地能够不受惩罚地通过自己的小资产阶级的宣传来模糊工人的阶级觉悟。我们现在该懂得,我们对自己本身的理论采取漠不关心的态度,只会帮助资产阶级学说在我们队伍中传播。目光短浅的求实精神对修正主义者们是很有益的:他们不欢迎理论。但是使修正主义者健康的东西会致"正统派"于死地。

我们怀着极大的兴趣读完了奥威尔同志发言中这样一个地方:他在谈到1900年巴黎国际代表大会时说道,那时考茨基同志并不像现在这样对米勒兰采取否定的态度。这是完全公正的,无论上述同志怎么反驳这一点。如果出席最近一次巴黎国际代表大会的德国代表团中,在德累斯顿取得如此断然胜利的那种对待修正主义的尖锐态度占了上风,那么考茨基同志有名的"橡皮性决议"①即使作为草案也出不了世,这样一来俄国代表团中的正统派就会避免在投票时同自己的德国同志们分道扬镳的可悲的必然性。

代表大会闭幕时,辛格尔②同志在自己的、通常是精力充沛的

---

① "橡皮性决议",意为"有伸缩性的、含糊的决议"。橡皮或橡胶,俄文为каучук,德文为Kautschuk,该词发音与考茨基(Kautsky)相近。——译者
② 辛格尔(Paul Singer,1844—1911),第二国际和德国社会民主党领袖之一,1890年起任德国社会民主党执行委员会主席。——译者

发言中说道，他的党像过去一样仍然是工人阶级的革命政党。他本可以走得更远，并且说，这个党现在具有比几年以前，当目的在于使它变成和平的资产阶级社会改良党的修正主义运动才开始的时候，更多得多的革命情绪。红色代表大会以惊人的明显性证明了这一点，为此我们衷心地向红色代表大会表示感谢。德国社会民主党万岁！

警察的反犹太人运动

（载1903年10月15日《火星报》第50期）

当基什尼奥夫爆发蹂躏犹太人的暴行的时候，我们立即吁请我们的读者注意沙皇政府在其中扮演的那种同谋犯和教唆犯的卑鄙角色。我们曾把这类的"人民"运动称为沙皇政府的最后一张牌。这个政府发现自己处在极端困难的境地，并力图阻止俄国无产阶级阶级觉悟的提高，以便推迟自己的灭亡。这个论断开始在某些人看来似乎有点出格儿。某些读者曾怀疑我们夸大其词。但是过不了很长时间，那种看起来似乎难以置信的现象原来却是无可怀疑的。现在未必可以在文明世界里找到任何一个人会不知道，基什尼奥夫犹太人的鲜血是出于普列韦先生及其最亲密的同事的意愿才流的。现在大家都懂得，暴力、掠夺和杀人在我国被提升为政治制度，政府认为实行这种制度对"保卫国家安宁"是必要的。现在，不能同这种可耻的制度和解的俄国居民们仍然只是注意地跟踪它的种种表现，并且用他们所控制的一切手段来同它作斗争。

而它的表现却是意义极其重大和意味深长的。就拿不久前戈梅利的暴行来说吧。这种暴行的主要特点是这样一个为一切目击者所确证的情况：从兵营中召到城市来的军队，不是帮助犹太人抗击暴徒进行自卫，而是帮助暴徒制止犹太人反抗。有一切理由认为，如果暴徒们没有得到警察和士兵的支持，犹太人是可以对付他们的。崩得国外委员会的《新闻》上报道的一个事实是很值得注意的。在马市附近，组织起来进行自卫的犹太人队伍遇见了暴徒们。"大家都一致肯定地说，暴徒们会在这里被驱散。但是不知从哪里突然出现了以前从未干预的军队，他们不作任何警告就立即向犹太人开枪。当场就有三个人被打死，许多人受伤"。不要以为军队只是在这种个别的场合才这样干。其实，"几乎所有被杀和受伤的犹太人都是由于士兵和警察的子弹而不是由于暴徒们的手才倒下的"。这真是无与伦比。俄罗斯"热爱基督的军人"给自己的武器盖上流芳百世的光荣！很有必要弄清那些参加过这次袭击犹太人的土匪行径并且不以扮演只有由于喝了伏特加酒而丧失理智的哥萨克酒鬼才相称的暴徒角色为可耻的军官们的名字。

当暴行结束，当公开的暴力行径完成以后就开始进行嘲弄。我们说：嘲弄，因为我们不会用另一种方式称呼莫吉廖夫省长克林根别格先生对犹太人代表团发表的那个讲话。这个顶有意思的"空话"样板令人想起一位诗人的话：

　　有一些讲话——
　　意义暧昧而且毫无价值；
　　但是对它们
　　不能不激动不安地注视……

如果按照莫吉廖夫省长讲话的逻辑价值来评估这篇讲话，那就必须承认，它完全没有一点价值，因为其中的逻辑是绝对的少有。但它缺乏逻辑并不妨碍它表达完全确定的政治倾向，而这种倾向能够使最冷漠的人激动起来。

"25年前我就熟悉莫吉廖夫省，——克林根别格先生宣称，——那时犹太人是可靠的，不参加任何政治运动，那时关于暴行连提也没有人提过。"

因此可以得出结论说，按照克林根别格先生的意见，暴行的原因在于犹太人政治上不可靠。然而这种"不可靠"乃是近几年所结的苦果，其实在我们这里对犹太人的暴行可惜远不是新鲜事：提一提80年代就足够了。因此两者必居其一：或者暴行的原因跟犹太人"不可靠"毫无共同之处，或者过去的暴行跟现在的暴行毫无共同之处。克林根别格先生本人就感觉到这种非此即彼的抉择的必然性，于是急忙补充说，80年代的暴行具有"完全不同的性质"。他认为这些暴行"是信仰基督教的居民受犹太人压迫的结果"。不难看出这种解释多么不能令人满意。为此只要记住使伊格纳季耶夫伯爵遗臭万年的"内政"是怎么一回事。这种政策无疑是建立在压迫的基础上的，但却不是建立在犹太人对基督教徒的压迫的基础上。不过我们无意于在这里扬起"时代的灰尘"。① 假定克林根别格先生说的是实话，我们来看一看他怎么对付他自己的解释。为什么在往昔黄金时代，——即在"25年前"，也就是70年代末，——当"犹太人是可靠的"和"不参加任何政治运动"时，关于暴行连提也没有人提过呢？是因为那时还不存在克林根别格先生所说的压迫么？我们这位发言人根本没有回答这个回避不了的问

---

① "扬起时代的灰尘"，意为"对过去一些分文不值的事情大喊大叫"。——译者

题,因而我们也就有可能猜不出来。如果那时确实还没有压迫,那么绝对不可理解的是,不过几年以后,即在下一个十年的开始时,从哪里出来了压迫?而如果在犹太人政治上可靠的那个幸运的时代存在着压迫,那就不妨问问:为什么那时没有暴行?难道只是因为基督教徒不敢起来反对政治方面可靠的人们么?这就太奇怪了。就连克林根别格先生本人也不会肯定地说这个话,尽管他浑身都有坚决的精神。在这种场合下结果是到处碰壁:不管怎么解释这个有尊位的——然而可惜并不卓越的①——发言人的讲话,终究不得不说,他的讲话根本没有说明任何问题,反而把很多事情搅糊涂了。

但是无论莫吉廖夫这位省长先生所作的解释多么自相矛盾,由此仍然可以看出,按照他的意见,现今对犹太人的暴行,用犹太人压迫基督教徒是根本说明不了的。我们注意到,克林根别格先生的这一意见是同我国反犹太主义者通常的高谈阔论尖锐矛盾的。我们继续听吧。

克林根别格先生情绪激昂地说:"现在犹太人成了一切反政府运动中的领导者、主谋。整个这个崩得和社会民主党都是犹太人。不错,他们处在犹太人和有其他信仰的人们之间,但他们是受教唆者,而教唆者则是犹太人。一般说来犹太人现在是厚颜无耻的、倔强的,对当局失去了任何尊重……诸位请看,下级警士没有任何意义,人们不承认他!随时随地犹太人都表现出对基督徒的粗野的

---

① "有尊位的",原文为превосходительный(有高级官衔的,有"阁下"、"大人"尊号的);"卓越的",原文为превосходный。两词的俄文发音相近。——译者

不尊重态度和无法容忍的态度。例如：几天以前一个骑自行车的人在街上向我的妻子猛冲过来。什么人呢？犹太人。一个中学生在街上嘴里叼着烟卷迎面向我走来，也不鞠躬致意。这个人是谁呢？又是犹太人。一个女中学生在脱外衣时袖子碰了我的妻子，对于妻子的问题'为什么不道歉'，她回答说：'我没有注意'。这又是谁呢？犹太女人。诸位，这就是原因所在。你们本人对所发生的一切都是有过错的。政府是不偏不倚的，我也是不偏不倚的。只要我还是不偏不倚的，我就要说：你们本人是有过错的。而且在这个意义上我将向君王报告。"

克林根别格先生这一段话最终使我们确信，如果俄国的犹太人已经丧失风俗的原始的纯洁，那么某些俄国的彭帕杜尔至今还处在孩子般纯真无邪的那种幸福状态，这种状态丝毫无碍于"向法律进攻"，但完全排除任何严肃的政治思想。崩得在克林根别格先生那里是同袖子碰了上司大人而又（怙恶不悛的女罪犯！）没有向他道歉的女中学生一道上场的；社会民主党则跟在街上抽烟而又（啊，时代！啊，风俗！）不向那个"一省之长"鞠躬致意的中学生手挽手地走出来；无产阶级求解放的意图是同不尊重下级警士并肩行进的。这一切的总和——既有粗鲁的袖子，又有犯罪的烟卷，既有对下级警士的不尊敬，又有革命的社会民主党，——这一切都是犹太人造成的，这一切都可以用犹太人的"厚颜无耻"作为最后的和最深刻的原因来解释。一句话，这里我们面临的是如此平庸、如此可笑、如此惊人的概念混乱，这种混乱连众所周知拥有带馅儿的头脑的伊凡·潘捷列伊奇·普雷希本人也为之羞愧。然而充满克林根别格先生讲话的那双倍胡说八道总是伴随着不祥的曲调："你们本人对所发生的一切都是有过错的"。这个不祥的曲调向我们揭示出戈梅利发生的一切事情的真正意义。如果警察和军队在那里支持了暴徒,那么这件事发生的原因在于我们"不偏不倚"的政府多么乐于要惩罚犹太人,因为他们的队伍中间出了许多反对现存"制度"的人,同时它要让这些人回到原始的"可靠"的道路上来。需要暴行作为政治上矫治犹太人的手段。这就是我们从克林根别格先生讲话中得知的信息。而这一点最好不过地为这位彭帕杜尔先生打算"在这个意义上向君王报告"所证实。要知道如果彼得堡的"统治阶层"没有我们提到的那些对犹太人的教育计划,那么克林根别格先生就会用完全不同的意思向沙皇"报告"。彭帕杜尔先生们也都知道应当怎样"报告","报告"什么和何时"报告"。他们也得看风使舵。

不言而喻,很了解彼得堡政府的教育意图的不是一个克林根别格先生。比方塔夫利塔①省长特列波夫——维·伊·查苏利奇使之永垂不朽的那个特列波夫②的儿子——看来也确信犹太人"对一切"都有过错。他在访问卡缅卡村的犹太教堂时发表了一篇对他以为极不可靠的犹太居民充满责难的讲话。他说:"在一切没有秩序的地方,犹太人都不仅是参加者,而且是罪魁祸首"。我们不想充当预言家的角色,也根本不愿意吓唬塔夫利塔的犹太人,但我们不能不指出,在特列波夫先生的这番话中我们听到了蹂躏犹

---

① 塔夫利塔(Таврида),即现在的克里木(克里米亚)。——译者
② 即费多尔·费多罗维奇·特列波夫(1812—1889),俄国国务活动家,1873—1878年任彼得堡市长。因虐待政治犯于1878年被查苏利奇刺伤。——译者

太人的暴行即将来临的喧闹声。

又如奥尔洛夫的彭帕杜尔巴利亚斯纳,他没有发表讲话,用沉默表示不快。读者自然会从第 49 期《火星报》记得(这样的事人们是不会忘记的),这个机灵的行政领导人给卡博夫卡村长发出指示,命令打击"犹太佬",夺取他们的财富,"喝伏特加酒"。[①] 用不着再补充说,在这个简洁的指令中有过错的又是"犹太人本人",而且如果杜博夫卡的农民们执行了巴利亚斯纳先生的指令,那么他就会在向彼得堡这位低能的贵族少爷"报告"时对事情做出恰当的说明。

跟着彭帕杜尔们走的有各式各样的小喽罗。我们在我们已经引证过的那一期《新闻》上读道:在戈梅利,"暴行之后第二年,当地女子中学一位教师,著名的反犹太主义者波波雷金传唤犹太女学生。当她们以节日前夕情绪过于激动、不可能准备好功课为借口而拒绝回答时,他有足够的勇气用粗暴的指责猛烈地抨击她们,长时间地大谈其犹太人不善于自处,不知道自己的位置等等,等等"。

口号由上面给定。毫不奇怪,各级官僚们就鹦鹉学舌。这是事有必至的。

"再说一遍,如果没有警察,就不会有任何一家小店铺被捣毁,就不会有暴行",——我们的一位通讯记者写道。我们乐于相信这一点。但是过去有警察,也就发生了暴行;现在有警察,将来也会有暴行。应当预先做好对付暴行的准备。能够做什么事来反对它

---

① 正如我们在提到的那一期上已经指出的,我们这里有一份这项指示的印刷品。——作者

们呢?

我们已就基什尼奥夫暴行发表过这样的思想:必须用强有力的反抗来对抗暴徒。

这样的反抗在戈梅利表现出来了。它导致了什么结果呢?如果相信《新闻》,那么它的结果是不大的。"坚决执行自卫的犹太人很快就泄气不想干了,因为没有可能干成任何事情,——士兵们不让"(第147期)。我们自己清楚地知道,同士兵们作斗争不容易,但我们仍然认为,《新闻》对这样的事的看法太黯淡了。我们的通讯记者们肯定地断言,犹太人的自卫远不是没有效果的,同一期《新闻》所报道的材料也与此一致。比如我们从这一期中获悉,"看到不可能用一些独立的小组进行反击以后,防御就集中自己的全部力量,守住莫吉廖夫和札姆科夫的街道"。这已经很不错了。在同一期的另一栏中我们读道:"是什么东西制止了暴行,很难说。但是无可怀疑的是犹太人的反抗在这里起了很大的作用"。因此很明显,坚决进行自卫的犹太人并没有那么快就"泄气不想干了"。同样明显的是,如果反抗的直接结果确实是完全不大的,那么为了未来的利益进行反抗毕竟是必要的。自古以来,蹂躏犹太人的暴行最有害的后果正是:在暴行的影响下,犹太人丧失了勇敢精神和"泄气不想干了"。著名犹太历史学家格列茨在描述14世纪末西班牙发生的暴行时很生动地指出:"当数百名犹太人站在一起,而且任何一个顽童以威胁的姿态进攻他们的时候,他们就像一群惊弓之鸟向各方逃散!"(《犹太人的历史》〔Geschichte der Juden〕,第8卷,第63页)。俄国犹太人以前也是在这样一些原因的影响下用这样的方式行动的。正因为如此,各式各样的克林根别格们都认为他们"不可靠",他们一遇到肇事之徒就作鸟兽散。然而德国谚语不无道理地说:Mut verloren,alles verloren(失去了勇气,就失去了一切)。犹太人越是恭顺地忍受从四面八方落在他们身上的拳击,拳击终止的可能性就越小。幸而现在事情转向另一方面。现在反抗精神正在犹太人身上觉醒。戈梅利犹太人协会的代表们在呈交给内务部长同志的一份报告中说道:"警察惊讶地面对着一个事实,就是,犹太人不是在一听到'打击犹太佬!'的喊声就四散逃走,而是集合起来同工人战斗"。惊弓之鸟为勇敢的人们所代替。为了全体犹太居民的利益,但愿这样的事实不再是规则中的例外;但愿犹太人不怕给暴徒们以还击。局面就是这样形成了:这种还击对于犹太人说来乃是同我们的警察国家作斗争的一种形式。而没有同它的斗争是什么也争取不到的;居民的"可靠"从来还没有使它肯于做出让步。这就是为什么应当给暴徒们以还击的道理,虽然还击的直接效果在有些地方是十分微小的。

同时在跟暴徒们的这种困难然而必要的斗争事业中,犹太人将没有,也不会有比有觉悟的无产阶级更可靠的盟友,无论在这一或另一地区无产阶级的民族构成是怎样的。我们现在已经知道,警察为什么迫害犹太人:因为在犹太人中间有许多社会民主党人。蹂躏犹太人的暴行是警察手中同社会民主党人作斗争的一种手段;而且我们大家都要记住,在某些条件下这种方式可能是最成功的方式之一。社会民主主义运动是无产阶级的不分语言、种族、宗教和民族性的国际运动。参加这一运动的不可能是不善于摆脱民族狂热或种族狂热的工人。因此,为了削弱这一运动,反动派到处都力图支持没有觉悟和觉悟不高的工人们的民族偏见和种族偏见。我国警察的反犹太人运动只是黑暗势力这种阻止无产阶级阶级觉悟提高的意图中最无耻的一种。因此我国有觉悟的无产阶级应当同警察的反犹太人运动进行无情的、不倦的战争。

这里的问题在于社会民主党的存在本身。反犹太主义者的胜利意味着社会民主党作为有觉悟的无产阶级的政党的灭亡。可幸的是,现在不可能有这样的胜利。俄国无产阶级已经脱离襁褓时期,长大成人了,他们不会被反动派的古怪童话弄糊涂。今年在俄国南方发生的多次大规模罢工就清楚地说明了这一点。罢工期间工人们能够轻易地捣毁"犹太佬",——不过他们不仅没有表现出"打击犹太人"的丝毫愿望,而且使他们放心(比如敖德萨的情况就是这样),并对犹太人说:"别怕,别怕,这里不是基什尼奥夫;我们不会触犯你们;对我们来说,无论俄罗斯人还是犹太人全都一样"。工人们的这种行为是社会民主主义宣传影响他们的结果,它使我们有一个衡量这种影响的尺度。反犹太主义者先生们来迟了。各个有影响的中心地区已经不跟他们走了。这说明为什么反犹太主义的匪徒们只出现在落后地区,即只出现在社会民主主义思想对工人群众的影响还不大的地方的缘故。然而就是在这些地区已经可以找到"信仰基督教的"工人,他们懂得自己的阶级利益和自己的阶级义务。虽然在戈梅利的暴徒们中间可惜有不少铁路工人,但是在同一个戈梅利工厂宿舍区伯里察,人们很同情地对待犹太人。"当受惊的伯里察犹太人担心暴行,请求警察局长派遣警卫队时,当地的俄罗斯工人安慰了他们,并答应不会让任何人袭击他们"。诚然,我们从中借用这一报道的文献来源(《新闻》,上面引证的那一期,第一栏)补充说,这是例外的场合,"一般说来在戈梅利的四郊,犹太居民和俄罗斯居民之间的关系更加紧张了"。然而"戈梅利的四郊",这正是尚未受到我们宣传的良好影响的我国偏僻地区之一。现在反犹太主义恶棍们正慢慢地汇集到这些昏暗的角落,可以不无根据地指望在那里受到思想不开展的群众同情的接待。不过在那里他们的支持时间不会长久。工人运动的浪潮很快就会传到这些偏僻地区,那时那里就会出现看清蹂躏犹太人的暴行的一切丑恶,感到这些暴行的一切耻辱和意识到这些暴行的一切危害的"基督教徒";那时那里"信仰基督教的"工人们会起来捍卫犹太人,并对他们说:"别怕我们,别怕:对我们说来,犹太人和俄罗斯人全都一样!"为了更快地加速这一幸福时刻的到来,我们现在一定要组织和不断进行自己同反犹太主义的斗争。我党中央委员会将要召开我党第二次例行代表大会,它自然不会拖延着手做这件事。在这个舞台上即将这样做的宣传工作、鼓动工作和组织工作会带来丰硕的成果。

抵御反犹太主义的传染病,只有一种手段:国际社会主义。而且这是一种可靠的手段;它会不留痕迹地消除这种传染病。同时无论机智的普列韦还是愚笨的克林根别格都阻止不了它的活动。摆脱社会主义,就像摆脱命运一样,是不行的。

普列汉诺夫生平简介

格奥尔基·瓦连廷诺维奇·普列汉诺夫，1856年12月11日出生于俄罗斯唐波夫省利茨佩克县古达洛夫卡村一个破落贵族地主家庭。祖先是鞑靼人。"普列汉诺夫"这个姓氏中有个"汉"（"汗"）字就是证据。父亲是退职上尉。母亲是俄国大批评家别林斯基近亲的后裔。他中学时代就在语言、文学和社会科学方面显示出浓烈兴趣和卓异才能，被同学们誉为"会走路的百科全书"。课余则发奋钻研俄国革命民主主义者的作品。车尔尼雪夫斯基的著作对他的革命世界观的形成起了特别巨大的作用。他19岁参加革命民粹派组织。不久成为职业革命家。1880年年底，为逃避沙皇政府搜捕，亡命西欧达37年之久。

流亡的最初几年，普列汉诺夫接触了西欧的工人运动，认真钻研了马克思、恩格斯的著作。于是就从一个小资产阶级的农民民主主义者和空想社会主义者变成了无产阶级的科学社会主义者，从巴枯宁式的唯心史观信奉者变成了唯物史观的拥护者。与此同时，他还像学生似的在日内瓦大学，后来又在巴黎的索尔朋听教授们讲历史学、人类学、经济学、地质学、有机化学、解剖学、动物学的课和人文科学著名学者的讲演，或者一清早就上图书馆阅读各类科学书籍，做了几十个笔记本的读书摘记和听课记录。他通晓德、英、意、保、波等各种欧洲语言,尤精法语,能够流利地用法语写作和演说。这对于他踏实学习和深入研究先进的西欧文化以及顺畅地同各界人士交流思想都无疑是一个十分有利的条件。

1883年9月,他在日内瓦组织了俄国历史上第一个马克思主义革命团体"劳动解放社"。在这个小团体中普列汉诺夫是公认的思想领袖。在他的领导和直接参与下,劳动解放社翻译和出版了马克思、恩格斯的许多重要著作,并把它们秘密运往俄国散发。在此期间,普列汉诺夫还发表了一系列政治、哲学、经济、科学社会主义、美学、文艺评论和历史等方面的论著,捍卫、论证和发展了辩证唯物主义,特别是历史唯物主义的原理,批判了民粹主义、无政府主义、新康德主义、经济主义等俄国以及国际工人运动中资产阶级和修正主义的思潮,分析了俄国革命提出的种种政治、经济和理论问题,从而培养了一大批年轻的革命骨干,为联合国内外社会民主主义力量和在俄国建立社会民主党进行了大量卓有成效的工作,同时他还建立并且加强了俄国社会民主主义组织同欧洲(主要是西欧)社会民主党的牢固联系,交流了彼此的革命经验,促进了无产阶级的国际团结。由于这些活动,普列汉诺夫成了第二国际的著名领袖、国际工人运动最杰出的领导人之一。据说恩格斯曾经这样评价过普列汉诺夫:他的天才"不亚于拉法格,甚至不亚于拉萨尔"。又说:"我认为只有两个人理解或掌握了马克思主义,这两个人是:梅林和普列汉诺夫。"

普列汉诺夫比列宁大14岁。他不仅是思想上帮助年轻的列宁走上正确的革命道路的引路人之一,而且是帮助他接受辩证唯物主义和历史唯物主义观点的哲学导师之一,同时在一定意义上还是把列宁引入第二国际领导层的推介人。因为正是由于他的引荐列宁才很快结识第二国际各国著名领袖。

1900年8—9月，列宁和普列汉诺夫通过艰巨而曲折的谈判，达成了共同编辑出版《火星报》和《曙光》杂志的协议。同年年底到1903年10月，是普列汉诺夫同列宁并肩战斗的三年，也是他政治上最光辉的岁月。列宁认为，普列汉诺夫和他的"劳动解放社"同志不仅在理论上促进了俄国社会民主主义运动，实行了迎接工人运动的第一步，而且是"为俄国社会民主党打下基础并一直领导党的理论家和著作家"，他们"为党在理论上和实践上的发展做了许多事情"，"俄国社会民主党的建立，是'劳动解放社'即普列汉诺夫、阿克雪里罗得和他们的朋友们的主要功绩"(《列宁全集》，第4卷，第203、226、292页)。

1903年11月，刚建立的俄国社会民主党分裂为以列宁为首的"布尔什维克"(即"多数派")和以马尔托夫为首的"孟什维克"(即"少数派")。作为党的总委员会主席的普列汉诺夫对孟什维克的分裂活动采取退让妥协的政策，并且自己很快就走向了孟什维克一边，开始在组织问题上，随后由于发生了1905年革命，又在策略问题上采取了同布尔什维克尖锐对立的立场。普列汉诺夫的孟什维主义策略给当时俄国无产阶级的革命事业造成了严重的危害。

不过从1903年11月到1914年8月这段时期，普列汉诺夫仍然是一个无产阶级的革命家。他这个时期的总的特点就是动摇性，即在布尔什维克和孟什维克之间摆来摆去。所以列宁称他是一个"特殊的孟什维克"，说他采取了一种"特殊的立场"。所谓特殊立场的意思,不仅是指他在策略和组织问题上好多次脱离过孟什维克,不仅是指他在斯托雷平反动年代抨击了取消派,同布尔什维克结成了战斗联盟,在极其困难的环境下捍卫了党和革命,而且,与此密切联系的,是指他作为"孟什维克—马克思主义者"在理论上,在哲学上坚持了"正义的事业"。列宁特别高度赞扬了他在斯托雷平反动时期俄国先进阶级进行哲学"整顿"中所起的伟大作用,比之为18世纪百科全书派在法国,或者像康德到黑格尔和费尔巴哈的古典哲学在德国所起的那种启蒙作用。

第一次世界大战爆发后,普列汉诺夫主张按照马克思的榜样,在战争中力求区分民族防御战和民族征服战,找出发动战争的罪魁祸首,因此,他要求俄国无产阶级起来反对德、奥等同盟国侵略者,保卫祖国。1917年二月革命后他结束流亡生活回到俄国,继续鼓吹俄国进行卫国战争,号召工人阶级团结在资产阶级临时政府周围,反对列宁提出的变帝国主义战争为国内战争,实行社会主义革命的"四月提纲"。他不同意列宁的帝国主义理论,不同意说帝国主义是腐朽的、没落的、垂死的资本主义,是无产阶级革命的前夜,而赞成考茨基所谓帝国主义是资本主义高度发展时期工业资本主义民族力图愈来愈多地吞并或征服农业区域所实行的一种政策。他显然认为,在欧洲,尤其是在俄国,资本主义仍然有巨大的发展空间,而且,资本主义本身是一种善于自我调节的社会制度。他援引马克思的重要原理说,"在一国的生产方式还促进该国生产力的发展而不是阻碍它的发展以前,它绝不会退出历史舞台"。当时俄国经济相当落后,不仅吃存在着资本主义的苦头,而且吃资本主义生产方式不够发达的苦头。他认为进行社会主义革命的另一前提条件是雇佣工人构成国内居民的多数和在工人阶级中间进行长期的教育工作和组织工作等等。所有这些条件当时俄国都远不具备。因此他继恩格斯之后警告说,工人阶级最大的历史灾难莫过于在还没有准备好以前就夺取政权。但是当十月革命取得胜利之后,他拒绝了白党分子要他出来领导反动政府的建议,没有参加反对新政权的活动。因为他认为自己为无产阶级事业奋斗了四十年,即使这个阶级走上了错误道路,也不愿和不能站在它的对立面,进行反对它的斗争。1918年5月30日,这位卓越的马克思主义者在物资匮乏、病情加剧、孤独凄凉中与世长辞。

作为政治家,普列汉诺夫不是强有力的。他不具备超凡脱俗的领袖气质。他背后没有忠于他的铁杆部队。他领导的"劳动解放社"不过五六个人;而且都是知识分子,几乎没有人从事组织工作。所以他最终都未能成为强大政党或派别的领袖。

普列汉诺夫所以名垂青史,主要是作为博学的著作家、思想家、理论家。自从1890年第一次发表历史哲学专论《评梅契尼可夫的书》直到1917年出版《从唯心主义到唯物主义》,哲学上他始终是一个有独创精神的马克思主义者。即使1903年以后也仍然如此。这特别表现在对马赫主义、造神派、寻神派和其他资产阶级哲学家的批判,以及对俄国社会思想史的研究和大量美学、文艺论著上。但综观他的全部哲学著作,可以说理论上富于创见实践上影响深远的作品,大都是19世纪90年代发表的:如《黑格尔逝世60周年》、《车尔尼雪夫斯基》、《无政府主义和社会主义》、《论一元论历史观的发展问题》、《唯物主义史论丛》、《论个人在历史上的作用问题》、《没有地址的信》等。其中尤以《论一元论历史观的发展问题》为最。这本书代表了他一生所达到的理论水平的最高峰。1903年以后,在哲学原理方面虽然也写出过像《马克思主义基本问题》这样的优秀著作,但从根本上说并没有取得什么重大的进展。然而在运用现成的原理分析宗教、文艺,特别是俄国哲学史和俄国社会思想史方面却产生了丰硕的成果。

普列汉诺夫的著作卷帙浩繁。按照列宁的指示,1923—1927年苏联出版了《普列汉诺夫全集》24卷。后来苏联学者整理并陆续编辑出版了普列汉诺夫的若干遗著、手稿和书信,如《普列汉诺夫遗著》(8卷,1934—1940年),《普列汉诺夫哲学遗著》(3卷,1973—1974年),等等。1956年为了纪念普列汉诺夫诞生100周年,苏联科学院哲学研究所主持编辑出版了5卷本《普列汉诺夫哲学著作选集》(1956—1958年。中译本则出版于1959—1984年),这套取材于《全集》和《遗著》的著作是迄今为止他的哲学著作的最好选本。

从内容看,普列汉诺夫著作涉及的领域非常广泛。包括哲学、多个领域的思想史、美学、文艺评论、经济学、历史学、宗教学、伦理学、社会政治思想、政论等等。其中许多领域,他都做出了重大的贡献,提出了不少的创见,大大促进了马克思主义理论的发展,至今不仅保持着战斗的意义,而且仍然是人们开启智慧的源泉之一。

普列汉诺夫的文章流畅优美,旁征博引,极爱论战,文风清新,明晰泼辣,兼具法国式的奔放风趣、德国式的深邃思辨和俄国式的渊博简洁的特点,是著名的俄国散文家。他的一些文句被人们视为典范的俄语收入权威的俄语辞典。他翻译和校订的马克思、恩格斯著作奠定了现代俄语的马克思主义语汇的基础。这些,也都是他的一项毋庸置疑的不朽的文化功绩。

列宁对普列汉诺夫一生的学术功绩和历史地位曾经有过两条基本的、纲领性的评价。一条说：他是杰出的马克思主义哲学家，他"所写的全部哲学著作""应当列为必读的共产主义教科书"。另一条说：他是俄罗斯民族的文化巨人，他是和车尔尼雪夫斯基齐名的"大俄罗斯"进步"民族文化"的卓越"代表"。

译 者 后 记

格奥尔基·瓦连廷诺维奇·普列汉诺夫(1856—1918年)是国际共产主义运动的杰出活动家,是俄国马克思主义的理论家。他一生走过了复杂、曲折的政治道路。国内外学术界对他一生政治思想和政治活动的阶段划分,有不同看法:有的主张将其划分为三个阶段:1875—1883年为民粹主义者;1883—1903年为马克思主义者;1903—1918年为机会主义者。有的认为将其划分为四个阶段,即把第三阶段再划分为二个阶段:1903—1914年为孟什维主义者;1914—1918年为社会沙文主义者。有的提出应划为五个阶段,即把1903—1914年孟什维主义者阶段再划分为二个阶段:1903—1908年孟什维主义阶段;1908—1914年反取消主义阶段。但国内外学术界一致认为,1883—1903年是普列汉诺夫以马克思主义者面貌出现的黄金时期。

普列汉诺夫在这个时期的贡献之一,就是他同列宁一起创办了无产阶级报刊《火星报》和《曙光》杂志。《火星报》自1900年12月24日创刊,到1903年11月《火星报》第51号止,通称为旧《火星报》。普列汉诺夫是该报的六名编委之一,实际上他和列宁一起担负起该报主编的重担。普列汉诺夫为旧《火星报》(不包括《曙光》杂志)撰写了27篇文章。

普列汉诺夫在这些文章中,宣传和捍卫了马克思主义,以马克思主义理论为武器,分析了俄国社会实际,揭露了沙皇专制制度,为俄国无产阶级和人民群众制定了革命的战略和策略,草拟了俄国无产阶级政党的纲领,批判了伯恩施坦修正主义、经济主义、合法马克思主义、社会革命党的小资产阶级社会主义等形形色色的机会主义流派。

普列汉诺夫在这个时期发表的 27 篇文章是马克思主义宝库中的珍宝。这些文章为我们研究马克思主义发展史、马克思主义哲学史、科学社会主义思想史、国际共产主义运动史、苏共党史等,提供了宝贵的文献和丰富的资料。

普列汉诺夫这 27 篇文章,除少数一两篇外,绝大多数未译成中文。因此,自 1987 年春起,由王荫庭、高敬增、施锐琴、邓维亮、侯成亚进行翻译,全部译稿由王荫庭校订、定稿。全部译文于 1989 年竣稿。这部论文集以普列汉诺夫第一篇文章标题《跨进二十世纪的时候》命名。欢迎专家和读者对译文的缺点和错误进行批评指正。

图书在版编目(CIP)数据

普列汉诺夫文集.第5卷,跨进二十世纪的时候/(俄罗斯)普列汉诺夫著;王荫庭,高敬增等译.—北京:商务印书馆,2021
ISBN 978-7-100-19710-6

Ⅰ.①普… Ⅱ.①普…②王…③高… Ⅲ.①普列汉诺夫(Plekhanov,Georgi Valentino 1856—1918)—文集 Ⅳ.①B512.54-53

中国版本图书馆 CIP 数据核字(2021)第 048612 号

权利保留,侵权必究。

普列汉诺夫文集
第 5 卷
跨进二十世纪的时候
——旧《火星报》论文集
王荫庭 高敬增 等译
王荫庭 校

商 务 印 书 馆 出 版
(北京王府井大街36号 邮政编码100710)
商 务 印 书 馆 发 行
北京艺辉伊航图文有限公司印刷
ISBN 978-7-100-19710-6

2021年6月第1版 开本710×1000 1/16
2021年6月北京第1次印刷 印张 21¼
定价:96.00元